汽车服务工程概论

主 编 刘纯志 龚建春 李晓雪
副主编 王志洪

中南大学出版社
www.csupress.com.cn

应用型本科院校汽车服务工程专业"十三五"规划教材

学术委员会

主 任

张国方

专 家

(按姓氏笔画排序)

邓宝清　　孙仁云　　孙立宇　　张敬东

李翔晟　　苏铁熊　　胡宏伟　　徐立友

简晓春　　鲍　宇　　倪骁骅　　高俊国

廖　明

应用型本科院校汽车服务工程专业"十三五"规划教材
编委会

主　任
张国方

副主任
（按姓氏笔画排序）

于春鹏	王志洪	邓宝清	付东华
汤　沛	邬志军	李军政	李晓雪
胡　林	赵　伟	高银桥	尉庆国
龚建春	蔡　云		

前　言

  汽车服务工程是指自新车出厂进入销售流通领域，直至其使用后回收报废各个环节所涉及的全部技术的和非技术的服务，且延伸至汽车生产领域和使用环节的其他服务。其涉及范围不仅包括汽车产业链上游的原材料和零部件，也包括了下游的汽车营销、汽车维修、保险理赔等服务。

  随着汽车制造业的发展，我国汽车保有量迅速上升，至 2015 年底，我国机动车保有量达 2.79 亿辆，其中汽车（包括三轮汽车和低速货车）1.72 亿辆，新能源汽车 58.32 万辆，这给汽车服务业带来了巨大商机。汽车服务业的迅速发展，使得汽车服务人才紧缺。为了满足社会对汽车服务业人才的需求，编写了《汽车服务工程概论》教材。

  本书总结了全国高校汽车服务工程专业的教学经验，采用理论与实践相结合的方法，系统地将汽车服务工程分为汽车贸易服务、汽车技术服务、汽车金融服务和汽车其他延伸服务 4 类。其中汽车贸易服务主要包括汽车营销服务、二手车服务、汽车零部件与用品服务和汽车物流服务；汽车技术服务主要包括汽车售后服务、汽车维修服务、事故车定损理赔服务、汽车回收再生服务和汽车美容与装饰服务；汽车金融服务主要包括汽车消费信贷服务和汽车保险服务；汽车其他延伸服务主要包括汽车租赁服务、汽车停车服务、汽车代驾服务、汽车法律服务、汽车驾驶培训服务、汽车俱乐部服务、汽车运动、智能交通、汽车展览等服务。本书基本概括了目前汽车服务工程的所涉及的领域，对培养汽车服务业的专业人才有一定的参考价值。同时，本书针对汽车服务工程大学生的创业和就业进行了详细论述，对培养富有创新精神、勇于实践的创新创业人才有一定的指导意义。

  本书在编写过程中，得到了许多汽车服务企业的支持，撰写的同时，参考了大量的图书资料和文献资料。在此，我们特向这些文献、资料的作者表示深深的谢意！

  参加撰写本书的人员有：内蒙古大学鄂尔多斯学院李晓雪（第 1 章 1.1、第 4 章 4.2）、刘荣娥（第 1 章 1.2，1.3，第 6 章 6.3）、刘海军（第 4 章 4.1，第 6 章 6.1，6.2，6.4）、重庆交通大学刘纯志（第 2 章 2.1，2.3）、王志洪（第 2 章 2.2，2.4）、攀枝花学院龚建春（第 3 章 3.1，3.2，3.4，3.5）、黎辉（第 3 章 3.3，第 5 章 5.1，5.2，5.3）、内蒙古大学鄂尔多斯学院王红晓（第 4 章 4.2，4.3）、攀枝花学院文超（第 5 章 5.4，5.5，5.6，5.7，5.8，5.9）。

  由于编者水平有限，加之经验不足，本教材定有不足甚至错误的地方，恳请各个教学单位和各位读者批评指正，对我们的工作提出宝贵意见。

编　者

2016 年 7 月

目　录

2

第1章 绪 论

1.1 汽车服务工程概论

汽车工业的全球一体化发展趋势引入了许多先进的汽车技术和服务理念、现代化的管理手段和科学的管理体系，大大延长了现代汽车服务业产业链。汽车服务不仅涵盖了汽车从生产到报废的后市场范畴，还延伸到汽车的前市场和宏观服务。

汽车服务业是指在汽车产业价值链中连接生产和消费的支持性、基础性业务及这些业务的延伸业务，其不仅包括汽车产品下线后从销售到售后围绕汽车使用过程中消费者所需的一切服务，而且还包括了汽车前市场的汽车产品开发外包、汽车零部件供应商的认证和零部件采购等服务。同时，它还包含产业政策、技术法规、国际贸易环境等宏观服务，形成一个庞大的服务体系(图1-1)。

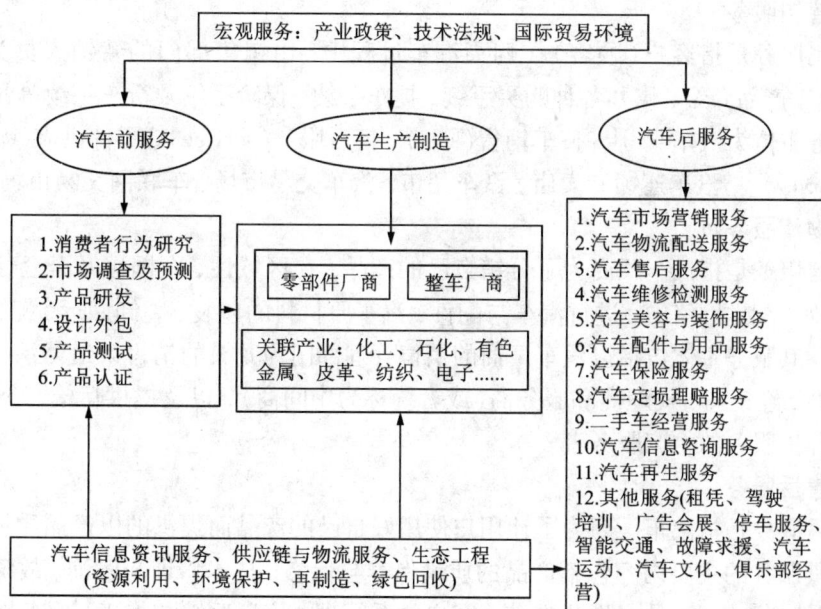

图1-1 汽车服务体系

汽车服务工程主要涉及汽车服务性工作，以服务汽车产品为基本特征，因而它属于第三产业的范畴，有广义和狭义之分。

广义的汽车服务是指自新车出厂进入销售流通领域，直至其使用后回收报废各个环节所涉及的全部技术的和非技术的服务，且延伸至汽车生产领域和使用环节的其他服务。如：原材料供应、产品外包设计、新产品测试、产品质量认证、新产品研发前的市场调研、汽车运输服务、出租汽车运输服务等。

狭义的汽车服务是指从新车进入流通领域，直至其使用后回收报废各个环节涉及的各类服务，包括销售咨询、广告宣传、贷款与保险资讯等的营销服务，以及整车出售及其后与汽车使用相关的服务，包括维修保养、事故保险、金融服务、索赔咨询、二手车鉴定与转让、事故救援、车内装饰或改装和汽车文化等。

本书仅对狭义的汽车服务进行论述，广义的汽车服务不进行讨论。

1.1.1　汽车服务工程的内涵

汽车服务是以汽车为载体创造服务价值的各类动态性服务活动。它既具有服务的一般特性，又具有高技术应用密集的明显特征。其服务范围涵盖了新车出厂进入销售领域，直至其使用后回收报废各个环节所涉及的所有技术和非技术的各类服务和支持，另外还涵盖了汽车生产领域的有关服务，如市场调研、原材料供应等领域的服务工作。汽车服务业为实现汽车的商品价值、使用价值及保护汽车消费者权益提供全程的技术服务支撑。

1.1.2　汽车服务工程的组成

汽车服务工程涉及面广，其大致由以下基本内容组成。

1. 汽车营销服务

汽车营销服务是指客户（顾客）在购买汽车过程中，由销售部门的营销人员为客户（顾客）提供的汽车产品介绍、代办各种购买手续、提车手续、保险手续及行车手续等各种服务性工作。其服务主体为汽车4S店［整车销售（sale）、售后服务（service）、零件供应（spare part）、信息反馈（survey）］、汽车连锁专卖店、汽车超市、汽车交易市场、车联网交易市场。

2. 汽车物流服务

汽车物流服务是指汽车厂商为了分销自己的产品，在区域性、全国性乃至全球性的产品销售网络及物流配送网络中，进行汽车与配件、汽车原材料的包装、装卸搬运、配送，以及物流信息管理。其服务主体包括以汽车厂商的销售管理部门为龙头的销售渠道体系，加入渠道体系的分销商、经销商、代理商和服务商（或者统称为中间商），以及提供运输、仓储、保管、产品配送和养护服务的物流服务者。

3. 汽车售后服务

汽车售后服务是指汽车厂商为了让用户使用好自己的产品而提供的以产品质量保修为核心的服务。其服务的主要内容包括产品的质量保养与保修、技术培训与咨询、故障诊断与维修、配件（备件）供应、产品个性化选装、客户关系管理、信息反馈与加工、服务网络或网点建设与管理。其服务主体包括以汽车厂商的售后服务部门为龙头的服务体系，加入该体系的各类特约维修站或服务代理商。

4. 汽车维修检测服务

汽车维修检测服务是指汽车厂商售后服务体系以外的社会上独立提供的汽车维修、性能检测、养护等服务。其服务主体是社会上独立存在的以上述服务为主要经营内容的可提供单一服务或此类综合服务的汽车服务机构或个人。

5. 汽车美容与装饰服务

汽车美容与装饰服务是指汽车厂商售后服务各体系以外的社会上独立的汽车美容机构、汽车改装机构和汽车装饰机构提供的汽车美容、装饰、装潢等服务。服务内容主要包含汽车清洗、打蜡、漆面护理，汽车内部、外部装饰装潢，以及汽车部件的改装或增设。

6. 汽车配件与用品服务

汽车配件与用品服务是指汽车厂商售后服务配件供应体系以外的汽车配件、汽车相关产品(车用润滑油、脂及有关化工产品等)与汽车用品(汽车养护用品、装饰装潢用品)的销售服务，如汽车配件销售与安装，汽车用品销售与安装等。其服务主体是社会上独立存在的、不属于汽车厂商服务体系的、以上述产品为经营内容的各类销售服务机构或个人。

7. 汽车金融服务

汽车金融服务是指向广大汽车购买者提供金融支持的服务。其主要服务内容为提供客户的资信调查与评估、提供贷款担保的方式和方案、拟定贷款合同和还款计划、适时发放消费贷款、帮助客户选择合适的金融服务产品、承担一定范围内的合理金融风险等服务。其服务主体是向汽车买主提供金融服务的机构，包括银行机构和非银行机构(提供购车消费贷款的汽车财务公司等)。

8. 汽车保险服务

汽车保险服务是指合理设计并向广大汽车客户销售汽车保险产品，为车主提供设计合适的保险品种、推销保险产品、拟订保险合同、收取保险费用等金融保险服务。其服务主体是提供与汽车使用环节有关的各种保险产品的金融服务机构(保险公司)。

9. 汽车定损理赔服务

汽车定损理赔服务是指对汽车事故提供事故现场勘查、事故损失和责任鉴定、办理理赔手续等服务。其服务主体是保险公司、公估行、汽车事故鉴定机构。

10. 二手车经营服务

汽车二手车经营服务是指向汽车车主及二手车需求者提供交易，以二手车交易为服务内容的货源代购、二手车售卖、买卖代理、信息服务、交易中介、撮合交易、拟订合同、汽车评估、价值确定、办理手续收缴税费、车况检测和必要的维修等各种二手车服务。其服务主体是提供汽车交易服务的各类机构或个人。

11. 汽车信息咨询服务

汽车信息咨询服务是指向各类汽车服务商提供行业咨询的服务和向消费者个人提供汽车导购的信息服务，包含市场调查、市场分析、行业动态跟踪、统计分析、信息加工、汽车导购、竞争力评价、政策法规宣传与咨询等。其服务主体是提供各类汽车咨询的服务机构和个人。

12. 汽车再生服务

汽车再生服务是指依据国家有关报废汽车管理的规定，对达到报废规定的废二手车，从用户手中回收，然后进行拆解，并将拆解下来的旧件进行分门别类处理的服务，属于环保绿色服务。其主要包含废旧汽车回收、兑现国家政策(按规定的回收标准向用户支付回收费用)、废旧汽车拆卸、废旧零件分类、旧件重复利用(尚有使用价值的旧件)、废弃物资移送(对不能重复的废弃零部件及相关产品,分类送交炼钢厂或橡胶化工企业)及相关的保管物流服务等。其服务主体是从事上述环节工作的服务机构或个人。

13. 汽车租赁服务

汽车租赁服务是指向短期的或临时的汽车用户提供使用车辆,并以计时或计程方式收取相应资金的服务,包含审查用户提供的资信凭证、拟订租赁合同、提供技术状况完好的租赁车辆和车辆上路需要的有关证照、提供用户需要的其他合理服务。其服务主体是提供汽车租赁的各类机构。

14. 汽车驾驶培训服务

汽车驾驶培训服务是指向广大汽车爱好者提供车辆驾驶教学,帮助他们提高汽车驾驶技术和考试领取汽车驾驶执照的服务,包含提供驾驶培训车辆、驾驶教练和必要的驾驶场地、训练驾驶技术、教授上路行走经验、培训交通管理法规和必要的汽车机械常识、代办驾驶执照及其年审手续等。其服务主体是各类汽车驾驶学校或培训中心。

15. 汽车广告会展服务

汽车广告会展服务是指以产品和服务的市场推广为核心,培养忠诚客户,向汽车生产经营者提供广告类服务和产品展示的服务,包含企业咨询与策划、产品(服务)与企业形象包装、广告设计与创作、广告代理与制作、大众信息传媒信息传播、展会组织与服务、产品(服务)市场推介和汽车知识服务等。其服务主体是提供上述服务及相关服务的专门机构和个人,包括各种企业策划机构、广告代理商、广告创造人、广告制作人、大众传媒、会展服务商、展览馆等。

16. 汽车智能交通服务

汽车智能交通服务是指向广大驾驶者提供以交通导航为核心,旨在提高汽车用户(尤其城市用户)出行效率的服务,包含介绍天气状况、提供地面交通信息、寻址服务、自动生成从用户出发地至目的地的路线选择方案、诱导路面交通流量、紧急事故救援等,最终实现交通导航目的。其服务主体是提供交通导航的服务机构。

17. 汽车救援服务

汽车救援服务是指向汽车驾驶者提供因为突发的车辆事故而导致车辆不能正常行驶,从而需要紧急救援的服务,包含汽车因燃油耗尽而不能行驶的临时加油服务、因技术故障导致停车的现场故障诊断和抢修服务(针对已排故障和常见小故障)、拖车服务(针对不能现场排除的故障)、交通事故报案和协助公安交通管理机关处理交通事故(针对交通肇事)等服务。其服务主体是提供汽车救援服务的机构或个人,如汽车俱乐部或汽车服务商。

18. 汽车文化服务

汽车文化服务是指向广大汽车爱好者提供与汽车相关的以文化消费为主题的各类服务,包含汽车博物馆、汽车展览、汽车影院、汽车报刊、汽车书籍、汽车服饰、汽车模特、汽车旅游、汽车运动等。其服务主体是提供汽车文化产品的各种机构或个人,包含汽车爱好者俱乐部、汽车传媒、各种专业和非专业的汽车文化产品制作人、汽车文化产品及服务的经营者。

19. 汽车俱乐部服务

汽车俱乐部服务是指以会员制形式,向加盟会员提供能够满足会员要求的、与汽车相关的各类服务，包含汽车代驾、汽车文化娱乐、汽车交友等。其服务主体是提供会员服务的各类汽车俱乐部，通常是汽车厂商、汽车经营者、社会团体、汽车爱好者组织等。

1.2 国内外汽车服务业的形成与发展

汽车服务业是指各类汽车服务彼此关联形成的有机统一体，是所有汽车服务提供者组成的产业。这个产业的兴起和发展，是由广大汽车用户对汽车服务的需求决定的，它早期起源于汽车的售后服务和汽车维修服务体系，并发展壮大于其他各种汽车服务项目的开展和从业者的快速增加。

从全球来看，汽车服务业已经成为第三产业中最富活力的产业之一。据统计，全球汽车50%～60%的利润是从服务中产生的，服务已成为汽车价值链上一块最大的"奶酪"。

1.2.1 国外汽车服务业的形成与发展

1. 国际汽车服务业的形成

汽车工业在全世界获得了迅速的发展，成为很多国家的支柱产业，带动了汽车服务业的形成和发展。汽车服务业市场非常大，包括所有与汽车使用相关的业务。发达国家早就进入到了汽车服务时代，汽车租赁、二手车交易、汽车维修和汽车金融等业务，被称之为"黄金产业"。据权威资料统计，近几年，美、英、德等国的二手车交易量都已达到新车销售量的 2 倍以上，日本二手车年销量已连续 6 年超过了新车，二手车交易的利润也超过了新车销售的利润。全球汽车租赁业的年营业额已超过 1000 亿美元。

美国的汽车服务概念形成于 20 世纪初期。20 世纪 20 年代开始出现专业的汽车服务商，从事汽车的维修、配件、用品销售、清洁养护等工作，著名的 Pep Boys，Auto Zone，NAPA 等连锁服务商，都是在这一时期开始创业的。时至今日，它们已经成为美国汽车服务市场的中坚力量。美国 Pep Boys 已经拥有 500 多家大型汽车服务超市，每家面积近 2000 m^2，被称为汽车服务行业的沃尔玛；Auto Zone 发展了 3000 多家 700～800 m^2 的汽车服务中心；而 NAPA 的终端则达到 10000 多家。

进入 20 世纪 70 年代，世界性的石油危机和外国汽车大量涌入美国，不仅对美国的汽车工业带来了巨大冲击，同时也引起了汽车售后服务市场的巨变，经营内容大大扩展，服务理念也大大改变，汽车服务开始向低成本经营转变，注重发展连锁店和专卖店的服务形式。连锁技术的充分运用是美国汽车服务业最大的特点。在美国几乎不存在单个的汽车服务店，无论是全业务的 Pep Boys 汽车服务超市，还是单一功能的洗车店，无不以连锁的形式经营。这种模式不但能满足汽车服务行业发展与扩张的需要，而且能保证服务的专业化、简单化、标准化和统一化，受到了从业者和消费者的普遍欢迎。

美国不但有数千平方米的 Pep Boys 连锁店的大型卖场，也有 Auto Zone 这样的一站式汽车服务中心；有星罗棋布、分散于大街小巷的便利型连锁店，还有各式各样的专业店，比如专业贴膜、专业喷漆、专业改装音响等。多种业态各有优势、相互补充、满足不同层次消费者的不同需求，各有自己的生存与发展空间。例如在美国，一家 Pep Boys 的大卖场周围一般都会聚集很多小店，每间 100～200 m^2，有修换轮胎的、改装底盘的、贴太阳膜的等。每家都充分地把自己的优势发挥到极致，又与其他的商家相结合，成行成市，一起满足消费者的要求，分工已经从生产领域扩展到了服务领域，消费者更依赖专业化，而不再相信全能。

有资料表明，经过近百年的发展，美国的汽车服务业已经在汽车产业链中占据重要位置，其规模达到近 2000 亿美元，而且是整个汽车产业链中利润最丰厚的部分，汽车维修服务业已经成为美国仅次于餐饮业的第二大服务产业，并连续 30 年保持持续高速增长，是美国服务行业的骨干。

2. 国际汽车服务业发展的一些新趋势

1）品牌化经营

一辆车的交易是一次性的，但是优秀的品牌会赢得顾客一生的信赖，这就是品牌的价值所在。品牌可以使商品卖出更好的价钱，为企业创造更大的市场；品牌比产品的生命更为持久，好的品牌可以创造牢固的客户关系，形成稳定的市场。

品牌经营是一种艺术。品牌经营要求企业告别平庸，打动顾客。有人认为汽车工业是重工业中唯一涉及时尚的行业，因为汽车代表着厂家的形象，也代表着用户的形象。

品牌对经营者是一种耐心的考验。品牌如同一个精美的瓷花瓶，价值连城，但是失手打破却是再简单不过的事。一个汽车公司或一家经销商，每天有成千上万个接触顾客的机会，每次机会都可能产生重大影响。

在国外，著名汽车厂家的产品商标同时也是服务商标，特别是汽车修理方面，如果挂出某一个大公司的商标，就意味着提供的服务是经过该公司确认的，使用商标是经过该公司许可的。而国内只认识产品商标，还远远没有认识到服务作为品牌的重要性。

2）从修理为主转向维护为主

汽车坏了就修理还不是真正的服务，真正的服务是要保证用户的正常使用，通过服务要给客户增加价值。厂家在产品制造上提出了零修理概念，售后服务的重点转向了维护。20世纪 80 年代，美国汽车维修市场开始萎缩，修理工厂锐减 31.5 万家，而与此同时，专业汽车养护中心出现爆炸性增长，仅 1995 年一年就增加了 3.1 万家。目前，美国的汽车养护也已经占到美国汽车维修行业的 80%，年均收入超过 100 亿美元。

3）电子化和信息化

随着汽车技术的发展，汽车的电子化水平越来越高，一些汽车产品已经实现了全车几乎所有功能的电脑控制，如动力系统、制动系统、悬架系统、空调系统、转向系统、座椅系统、灯光系统、音响系统等，车载通信系统、车载电子导航系统等也得到越来越多的应用。因此，汽车的维修需要通过专门仪器进行检测，运用专用设备进行调整。汽车修理所需要的产品数据也以电脑网络、数据光盘的形式提供，不再需要大量的修理手册。汽车厂商和修理商也会提供网上咨询，帮助用户及时解决使用中的问题。

4）规模化经营和规范化经营

汽车维修业的规模化经营与汽车制造业不同，不是通过建立大规模的汽车修理厂或汽车维修中心，而是通过连锁分支机构实施经营。美国的保标快修业在美国本土就有 1000 家加盟店，并在全世界扩展自己的网络系统。

规模化经营同规范化经营是密不可分的。在同一连锁系统内，采用相同的店面设计、人员培训、管理培训，统一服务标志，统一服务标准，统一服务价格，统一管理规则，统一技术支持，中心采用物流配送，减少物资储存和资金占用，降低运营成本。

由于汽车产品的复杂化,导致了维修技术越来越复杂,难度越来越高,维修的设备价值也越来越高,已经不能像原来那样每个维修点都购置一套。为此,国外汽车公司开始实行销售和售后服务的分离,即在一个城市之间有几家规模较大的维修服务中心,备有全套的维修器材,而一般销售点只进行简单的修理和维护作业。

在汽车厂家提供越来越周到的售后服务的同时,汽车的维修行业也出现专业化的经营趋势,如专营玻璃、轮胎、润滑油、美容品、音响、空调等。专业化经营具有专业技术水平高、产品规格全、价格相对比较低等优势。与此同时,综合化(一站式)经营也发展很快,如加油站同时提供洗车、小修、一般维护、配件供应等服务。

1.2.2　国内汽车服务业的形成与发展

1. 国内汽车服务业的形成

随着 WTO 效应以及居民消费水平的提高,中国的汽车消费进入快速增长时期,包括汽车制造业和汽车服务业在内的汽车产业面临着巨大的发展机遇,同时我国汽车市场快速发展为汽车服务业发展奠定了良好的产业基础。然而,中国汽车产业的发展现状与其良好的发展前景之间存在巨大的差距,这一点在汽车服务业方面表现得尤为明显。与发达国家相比,我国汽车服务市场的发育程度还很低,主要表现为管理规模偏小,管理水平粗放,假冒伪劣猖獗与服务品牌缺失等。而在发达国家和地区,汽车服务业已相当成熟,主要体现在较大规模的连锁品牌、完善的销售服务网络、庞大的消费信贷等方面,并成为汽车制造厂商的重要利润来源。因此,有必要借鉴国外发展汽车服务业成功经验,以寻求提高我国汽车服务业的发展水平与改善汽车服务企业管理绩效之对策。

服务业的本质特征在于其提供的产品的不可储存性。汽车服务业则是在汽车产业价值链中连接生产和消费的支持性的、基础性的业务及这些业务的延伸业务。在一个成熟的汽车市场中,除掉汽车整车利润后,汽车的销售利润占整个汽车业利润的 20% 左右,零部件供应利润占 20% 左右,而 50% ~60% 的利润是从服务中产生的。汽车服务业已成为国外汽车制造商的主要利润来源,也构成了汽车产业可持续发展的重要支柱。

自 2000 年以来,中国汽车业发展被业界称为"井喷",年增长率达到 30%。2012 年我国汽车工业再次取得良好成绩,产销突破 1900 万辆创历史新高。2013 年我国汽车工业再次取得良好成绩:全国汽车产销 2211.68 万辆和 2198.41 万辆,比上年分别增长 14.8% 和13.9%,比上年分别提高 10.2 和 9.6 个百分点,增速大幅提升。产销突破 2000 万辆创历史新高,再次刷新全球纪录,已连续五年蝉联全球第一。2014 年全国汽车产销分别为 2372 万辆和 2349万辆,同比增长 7.3% 和 6.9%。2015 年中国汽车产销量分别完成 2450.33 万辆和 2459.76万辆,创历史新高,比上年分别增长 3.3% 和 4.7%,总体呈现平稳增长态势,连续七年蝉联全球第一。近年来,我国进入汽车服务市场一个快速增长期,汽车服务产业已经进入中国国民经济主流,成为一个战略性支柱行业。目前,相对于整车销售的利润缩水,中国的汽车服务市场利润率高达 40%。

2. 国内汽车服务业的发展

伴随我国私人汽车保有量的持续增长,汽车服务市场的发展空间将日益扩大。但我国汽车服务市场竞争不充分,95% 以上的汽车品牌与部件终端停留在"作坊时代",服务水平 95%以上令人不满意,"暴利正品"与"假冒伪劣"仍然相伴相生。具体来看,我国汽车服务业的发展现状可归纳为以下几个方面：

1) 汽车服务业法规制度不健全

改革开放以来，为了发展中国民族汽车工业，政府相关部门出台各项法规与优惠政策，以推动整车与零部件工业的发展，并取得举世瞩目的成就；但是相对于汽车制造业来说，汽车服务业的发展明显滞后，主要体现为：汽车服务业长期以来，法制建设落后、缺乏统一管理与整体规划及有效的制度监管，导致汽车服务市场"散、乱、差"，进而使服务市场处于竞争不完全的状况中，这可能影响到我国汽车产业的可持续发展；而且汽车服务业至今没有统一的服务标准和行业规范，在一定程度上造成了从事汽车服务业的服务水平低下，以及企业管理水平参差不齐，难以满足消费者现实与潜在的需求。

2) 规模经济不明显，品牌优势不突出

国内汽车服务市场最显著的特点是企业规模较小、持续经营能力差与品牌优势不突出。在汽车消费市场较成熟的地区，据不完全统计数据表明：在 3484 家汽车售后服务企业（不包括摩托车维修商）中，仅占 9% 的服务企业能提供全方位的服务与执行较为严格服务标准，这类企业一般是 OEM 商的授权或指定服务机构；其余占 33% 能提供一般维修服务、保养与零部件、汽车美容与检测服务；而占 58% 汽车服务企业一般是传统独立的小规模作坊式的维修企业，仅能提供一般清洗服务、非标的配件调换等服务。这样的服务市场结构，难以满足我国汽车市场快速发展对售后服务的强劲需求，同时服务质量难以保证，影响到服务企业规模的扩大与品牌经营战略的实现。同时，与国外连锁化汽车服务巨头相比，我国的汽车服务提供商普遍缺乏较成熟的服务品牌，影响了企业通过差异化服务实现企业可持续发展。

3) 专业化人才不足，人才结构不佳

国内汽车服务业的从业人员相当一部分来自于原国企车队的维修人员，年龄偏大，知识结构老化；另一部分来自于新设的 4S 企业服务人员，人才结构不齐，人员知识结构不合理，制约了汽车服务业快速发展。由于汽车业发展相对较快和相关培训较少，造成目前汽车服务业专业化人才奇缺。

4) 仿制品充斥于市，服务理念落后

在我国汽车服务市场上，尤其是修理、更换配件市场上，主要流通着"进口产品"、含合资企业产品在内的"国产产品"以及"仿制品"三种。根据部分市场的初步调查数据，大致可以看到修理、更换配件市场中三类产品的构成比例：在我国特定的汽车市场中占主要地位的商务用车方面，进口产品为 10%～20%、国产产品为 50%～60%，仿制品为 20%～30%；而轿车方面，进口产品为 10%～20%、国产产品为 30%～40%、仿制品达到了 40%～50%，轿车的仿制品比商务用车要多得多。仿制品充斥于市，反映了我国汽车服务企业在法律意识方面相当薄弱。同时与国外的汽车服务企业相比，我国汽车服务企业自身的服务意识相对落后：国外售后服务的立足点是提高保质期限，保证正常使用期，推行"保姆式"品牌服务，而中国售后服务的立足点是"坏了保证修理"；国外售后服务项目多，零部件、销售、维修和保养"一条龙"，而中国则是维修服务单一性；国外服务连锁化、网络化，而中国普遍是单个企业独立经营，并且很不规范。而且服务从业人员不能及时进行自我知识更新，汽车服务企业缺乏提高服务标准动力，从而不能满足消费者日益提升对汽车服务业的需求。

5) 汽车金融服务对汽车产业贡献较弱

在国外成熟汽车服务市场中，汽车信贷无论是在汽车业利润来源还是对汽车制造厂商销售支持上，都对汽车业产生了积极影响。但在国内，汽车消费者享受汽车金融时，服务手续烦琐，难于实现一站式的服务，增加了消费者的消费成本；而且，缺乏弹性的利率政策难于实现对汽车制造业的金融支持。尽管我国已出台了相关汽车金融机构管理办法，但实质性运作仍然困难重重，因此总体而言对我国汽车产业可持续发展贡献度不高。

对于汽车服务业的发展方向，有关专家指出，中国的汽车服务业正在向"连锁店"和"一站式服务店"两个方向发展。而连锁经营在汽车服务业中是比较理想的模式，它有助于提高整个行业的服务水平。每个城市有着不同的消费方式与价格，每个小区有着不同的条件限制，投资人各有不同的优缺点等等。因此，我们坚信："适合的，才是最好的！"

应该说，在汽车服务行业巨大的市场商机面前，以连锁形式经营的汽车服务企业必将以其立体式、多元化、大规模的经营方式和经营策略而凸显优势。

1.3　汽车服务工程的职业资格证书

1.3.1　国家职业资格证书

国家职业资格证书是用人单位承认的，可以作为求职、加薪、评职称的有效凭证。首先必须明确的是，国家职业资格证书体现的是"国家认证"。从这个角度来说，国家职业资格证书的突出特点是"国家权威""国家承认"。国家职业资格证书制度是劳动就业制度的一项重要内容，也是一种特殊形式的国家考试制度，它是指按照国家制定的职业技能标准或任职资格条件，通过政府认定的考核鉴定机构，对劳动者的技能水平或职业资格进行客观公正、科学规范的评价和鉴定，对合格者授予相应的国家职业资格证书。

国家职业资格证书一般分为五个等级，即分为初级技能(五级)、中级技能(四级)、高级技能(三级)、技师(二级)、高级技师(一级)共五个等级。

国家职业资格证书是国家证书制度的一个组成部分，它通过国家法律、法令和行政条规的形式，以政府的力量来推行，由政府认定和授权机构来实施，在全国范围内通用的，对劳动者的从业资格进行认定的国家证书。它是表明劳动者具有从事某一职业所必须具备的学识和技能的证明，是对劳动者具有和达到某一职业所要求的知识和技能标准，通过职业技能鉴定的凭证，是职业标准在社会劳动者身上的体现和定位。

汽车服务领域相关的国家职业资格证书有：二手车鉴定评估师职业资格证、汽车估损师证、汽车4S店经营管理师、汽车运用工程师证书。目前比较热门的是二手车评估师证书和汽车估损师证书。这两个领域已经或即将要求持证上岗，也属于新兴领域。

1.3.2　汽车服务工程的专项职业技能证书

按照以职业活动为导向，以职业能力为核心，以实用操作技能为主要考核内容的原则，对掌握的职业技能还比较单一、短期内难以取得国家职业资格证书的劳动者，根据国家颁布的考核规范，进行专项职业能力认证，发放专项职业能力证书。每个专项职业能力是一个可就业的最小技能单位，具有一定的技术含量，不可再拆分，不划分等级。专项职业能力证书是劳动者熟练掌握并应用某项实用职业技能的证明，表明证书持有人具备了从事某职业岗位所必需的基础工作能力，全国通用，有效期五年。

汽车服务领域相关的专项职业技能证书有：汽车维修专项技能、汽车美容、汽车音响改装、汽车综合检测与诊断等。

本章小结

本章主要介绍了汽车服务的基本概念、主要特征、分类、国内外现状、发展，以及相关的技能证书。

汽车服务工程主要涉及汽车营销服务、汽车物流服务、汽车售后服务、汽车维修检测服务、汽车美容与装饰服务、汽车配件与用品服务、汽车金融服务、汽车保险服务、汽车定损理赔服务、二手车经营服务、汽车信息咨询服务、汽车再生服务、汽车租赁服务、汽车驾驶培训服务、汽车广告会展服务、汽车智能交通服务、汽车救援服务、汽车文化服务、汽车俱乐部服务等。

思考题

1. 什么是广义的汽车服务和狭义的汽车服务？有何区别？
2. 汽车服务工程的内涵是什么？
3. 汽车服务工程有哪些基本内容？
4. 简述国内外汽车服务业的现状与发展。
5. 什么是汽车服务工程的国家职业资格证书？
6. 什么是汽车服务工程的专项职业技能证书？

第 2 章　汽车贸易服务

2.1　汽车营销服务

2.1.1　汽车营销概述

1. 汽车营销的定义

汽车营销是指经汽车市场调研、分析与竞争研究，为企业生产经营决策提供咨询，并可进行汽车产品营销策划。其应具有以下基本功能：

汽车营销强调企业以消费者为中心，以满足消费者的需求为出发点，只有通过不停地调查和预测消费者的需求，决定采用何种产品和服务，才能实现企业的最终价值。

（1）企业通过市场营销活动，分析外部环境的动向，了解消费者的需求和欲望以及竞争者的现状和发展趋势，结合自身的资源条件，指导企业在产品、定价、分销、促销和服务等方面作出相应的、科学的决策。

（2）企业通过对消费者现在的需求和潜在的需求进行调查、了解与分析，充分把握和捕捉市场机会，积极研发产品，建立更多的分销渠道，采用更多的促销形式来开拓市场，增加销售量和提高效益。

（3）企业通过市场营销活动，从消费者的需求出发，并根据不同目标市场的顾客，采取不同的市场营销策略，合理地组织企业的人力、财力、物力等资源，为消费者提供适销对路的产品，搞好销售后的各种服务，建立较持久的各种关系，获得顾客忠诚。

（4）汽车产品包括实质产品和服务产品两部分，服务伴随着产品的始终。

2. 国内汽车发展现状与发展趋势

汽车工业是我国国民经济的重要产业之一，其较强的关联性和部门综合性必然会带动我国许多工业的发展。且汽车工业属于高新技术密集型工业，其飞速发展也必将带来我国许多工业技术的进步。

近年来，中国汽车工业发展迅速，已经形成了比较完整的工业体系，成为我国国民经济的支柱产业。我国汽车市场被认为是未来发展潜力最大的市场。1990 年以前，我国汽车市场处于公务车阶段，需求量非常低，70% 的需求来自于政府、事业单位的公务用车，30% 左右是企业单位的商务用车，很少有私人用车；1990—2000 年，公务用车的份额开始下降，商务用车的份额加大，私人购车开始慢慢起步；2002 年后，私人购车占整个市场的份额迅速提升，2003 年超过 70%，这标志着汽车市场进入了私人购车阶段。进入这一阶段之后，轿车市场进入到成长期。加入 WTO 后加速了中国汽车工业的国际化进程。目前，几乎所有的汽车跨国公司都已经进入中国，跨国公司通过其国内合资合作企业已经占据了大部分的中国乘用车市场。种种迹象表明，国际汽车巨头与中国本土企业的合作，已经达到了很高的档次和很广的范围，并且中国汽车工业已经开始步入国际化阶段。

2010 年，中国汽车产销量双双突破 1800 万辆，全球汽车产销量蝉联第一；2011 年，我国汽车市场实现平稳增长，汽车产销量双超 1840 万辆，再次刷新全球历史纪录。节能与新能源汽车的积极推进，产业集中度进一步提高，出口高速增长，汽车产业结构进一步得到优化。2012 年，我国汽车产量仍然持续增长，连续四年占据汽车产销第一大国，汽车产销量接近2000 万辆，预计未来将增加更多，我国汽车行业从快速发展进入平稳发展时期。

3. 中国汽车工业加速国际化进程的主要表现

（1）国内汽车业的发展在很大程度上已成为跨国公司全球战略的一部分，这意味着国内汽车企业与跨国公司的合作与融合将进一步升级。

（2）跨国公司加大对中国的投资力度。目前，世界主要跨国汽车公司几乎均已进入中国，其生产布局已经基本完成，面对快速发展的中国市场，几乎所有的跨国公司都在考虑增资扩产。

（3）跨国公司正全方位介入中国市场，竞争将进一步加剧。除了汽车生产外，竞争还将在汽车销售、维修服务、汽车租赁、汽车金融服务等方面全方位展开。

4. 我国汽车工业发展面临的挑战

我国的汽车工业作为国民经济支柱产业的地位已经很显而易见，但同时中国的汽车工业发展也面临更多的机遇与挑战。

1）自主品牌难以发展

近几年，中国的自主品牌凭借低于合资品牌的价格优势抢占了我国的部分汽车市场份额。但缺少品牌影响效力，当合资品牌凭其雄厚的资金优势大打价格战时，自主品牌的优势已荡然无存。而且合资企业强大的研发能力和互补产品线使自主品牌在市场上的操作越发不明朗，面临较大的市场压力。

2）能源消费供需矛盾、汽车产业高速增长与环境、交通矛盾日渐凸显

中国是一个发展中的新兴大国，燃油供与求的矛盾仍将长期存在。"十二五"期间我国汽车产能规模快速增长，这引发一系列的环境、交通等问题，如空气质量下降、交通拥挤等。在此环境下，2011 年绿色汽车产业的发展被得到高度的重视，特别在新能源与环保政策的制定、汽车绿色技术的推广、环保意识的传播等方面更是如此。"十三五"期间，我国汽车工业的发展重点是节能汽车的发展、交通环境的改善、汽车增长运行和社会和谐发展等。

3）零部件产业发展缓慢

目前，我国整车产业的发展和零部件产业的发展处于不协调阶段。根据"十三五"对我国汽车零部件产业发展提出的要求，国家要积极支持对汽车的发动机部件、动力系统、车载设备等核心零部件产业的快速发展。同时，我国整车企业的重点发展战略是培育和发展零部件合作伙伴，政府需扶持多个零部件企业达到国际一流水平。

2.1.2 汽车市场营销环境分析

汽车的市场营销活动是在不断发展、变化的环境下进行的,它既对汽车市场产生影响,又对汽车营销造成制约。这来自市场影响和营销制约的两种力量,就是汽车市场营销环境。分析汽车市场营销环境的目的,一是要发现汽车市场环境中汽车营销的主要因素及其变化趋势;二是要研究这些因素对汽车市场的影响和对汽车营销的制约;三是要发现在这样的环境中的机会与威胁;四是要善于把握有利机会,避免可能出现的威胁,发挥汽车营销者的优势,克服其劣势,制定有效的汽车营销战略和策略,实现汽车市场营销目标。

1. 汽车市场营销环境的概念及意义

汽车营销环境是汽车营销活动的约束条件,是与汽车营销活动相关的、影响企业活动和营销目标实现的各种因素和条件,包括宏观环境和微观环境。宏观环境是外在的、不可控的环境因素。微观环境是内在的或与汽车企业紧密联系,直接影响企业营销能力的各种因素。汽车营销管理者的任务不但在于适当安排营销组合,使之与外部不断变化着的运行环境相适应,而且要创造性地适应和积极地改变环境,创造或改变顾客的需要。这样才能实现潜在交换,扩大销售,更好地满足目标顾客日益增长的需要。

汽车市场营销环境的意义在于:

1)汽车营销市场环境分析是汽车市场营销活动的立足点

汽车企业的市场营销活动是在复杂的市场环境中进行的。社会生产力水平、技术进步变化趋势、社会经济管理体制、国家一定时期的政治经济任务都直接或间接地影响汽车企业的生产经营活动,左右着汽车企业的发展。

2)汽车市场营销环境分析使汽车企业发现经营机会,避免环境威胁

汽车企业通过对汽车市场营销环境的分析,在经营活动中就能发现经营机会,取得竞争优势;同时,避免环境威胁就是避免汽车营销环境中对企业营销不利的影响。如果没有适当的应变措施,则可能导致某个品牌、某种产品甚至整个企业的衰退或者被淘汰。

3)汽车市场营销环境分析使汽车企业经营决策具有科学依据

汽车市场营销受到诸多环境因素的制约,是一个复杂的系统,企业的外部环境、内部条件与经营目标的动态平衡,是科学决策的必要条件。企业通过分析,找出自己的优势和缺陷,发现由此带来的有利条件和不利因素,使企业在汽车营销过程中取得较好的经济效益。

2. 汽车市场营销的特点

汽车市场营销环境主要包括宏观环境和微观环境两方面:宏观环境通常指汽车企业面临的人口环境、经济环境、自然环境、政治法律环境、技术文化环境;微观环境通常指汽车企业本身、竞争者、供应商、经销商、顾客等。在当代汽车工业发展过程中,宏观环境和微观环境的变化对其影响越来越重要。汽车市场营销环境具有以下特点:

1)客观性

汽车市场营销环境作为一种客观存在、是不以汽车企业的意志为转移的。汽车企业只要从事市场营销活动,就必须处理好与供应商、营销渠道企业及消费者的关系,汽车企业的营销行为要受到法律的约束和社会公众的监督,营销决策更要受到经济、法律、社会文化等因素的约束。

2)差异性

汽车市场营销的差异性不仅表现在不同汽车企业受到不同环境的影响，而且同样一种环境因素的变化对不同汽车企业的影响也不同，相同环境的变化对一些企业可能成为有利的机会，而对另一些企业可能造成威胁。因此，汽车企业为适应营销环境的变化所采取的营销策略也有所不同。

3）相关性

汽车营销环境是一个系统，在这个系统中各个影响因素相互依存、相互制约，这是由于社会经济现象的出现，不是由某一个单一的因素决定的，而是受到一系列相关因素的影响，例如，汽车价格不但受市场供求关系的影响，还要受科技进步水平和国家相关税费的影响。

4）动态性

汽车市场营销环境是企业营销活动的基础和条件，是在随着时间的推移、社会经济的发展而不断变化的，这要求汽车企业根据环境因素和条件的变化，不断调整营销策略。从总体上说，当今汽车市场营销环境的变化呈加快趋势。可以说，每一个汽车企业作为一个小系统都与市场营销环境这个大系统处在动态的平衡中。一旦环境发生变化，平衡便被打破，汽车企业必须积极地反应和适应这种变化。有的汽车企业虽然规模庞大、条件优良、人才济济，但由于在一定的历史时期内不能以创造性的反应来迎接挑战，就会被市场所淘汰。

3. 汽车市场营销的宏观环境分析

汽车市场营销的宏观环境通常指一个国家的汽车企业面临的人口环境、经济环境、自然环境、政治法律环境、科技文化环境等，它是汽车企业不可控制的因素。企业可以通过调整经营策略和控制内部管理来适应宏观环境的变化。

1）人口环境

人口环境变化对所有汽车企业的市场营销都有重要影响，其主要包括人口数量和人口结构。人口数量也就是消费数量，反映了市场容量与市场潜力；人口结构涉及年龄、性别、职业、密度、种族、文化程度、地位、经济收入等方面，影响着消费选择与消费结构。在人口统计因素中，应重点关注人口总量及其增长、人口的地理分布、人口的年龄分布和人口的收入分布等因素。

2）经济环境

经济环境可以从世界性的、国家性的、产业性的、个人性的指标来考察。

世界性的指标反映的是整个世界的经济大气候，包括世界经济增长的情况，世界资本与货币的流动情况等。

国家性的指标包括国内生产总值、国民收入、储蓄、就业、通货膨胀率等指标。与许多发展中国家汽车工业的发展历程一样，我国汽车工业发展的周期波动与我国国民经济发展以及对汽车工业投资的力度是同步的。

产业性的指标主要是反映结构及其变动的指标。在我国，产业结构变动主要是伴随社会主义市场经济体制而发生的，这些年已有较大变化，第三产业比例迅速提高。

个人性的指标主要包括工资及其他收入、储蓄、消费及其结构等。个人性的指标是汽车营销环境分析中十分重要的因素。

除上述指标外，通货膨胀、就业水平、汇率变动等因素也是汽车市场营销环境分析常要关注的经济因素。

3）政治法律环境

　　汽车营销的政治法律环境包括政治政策和法律法规等方面。政治形势就是当前国际、国内政治形势大的态势与走向。经济政策主要包括与汽车营销有关的国家财政政策、货币政策、价格政策、劳动工资政策与对外贸易和国际收支政策，如汇率、进出口关税率、资本和技术引进政策等。法律法规主要指国家主管部门及地方政府颁布的与汽车市场营销有关的各项法规、法令、条例等。

　　4) 科技环境

　　科技环境是影响汽车市场营销的科学与技术因素，科学技术的发展必然会给汽车性能、汽车材料、汽车生产、汽车销售等方面带来变化，其中，汽车性能的变化体现在汽车导航系统、安全系统、制动系统、防盗系统、电子技术、电脑技术等方面。汽车材料的变化表现在由传统的钢材发展为采用塑料、橡胶、玻璃等材料或者合成材料(如铝镁合金、铝碳合金、碳素纤维等)，以达到质量轻、耐磨损、抗撞击、寿命长、故障少、成本低等目的。汽车生产的变化可通过世界汽车技术竞争史反映出来，20 世纪 60 年代前是汽车制造的竞争阶段，目的在于提高效率和降低成本；70 年代是汽车性能的竞争阶段，目的是降振减噪和提高寿命；80 年代是汽车造型的竞争阶段，以虚拟成型技术和柔性生产技术为特征；进入 90 年代后，则是汽车仿真设计的竞争阶段，通过快速更新汽车车型来占领市场。

　　科技环境对汽车市场营销的影响主要包括三个方面。第一，科技进步促进汽车生产或销售企业综合实力的增强，国民购买能力的提高会给企业带来更多的营销机会；第二，科技进步可以改善汽车产品的性能，降低成本、提高市场竞争力；第三，科技进步引发市场营销手段和营销方式的变革，极大提高了汽车企业的市场营销能力。

　　5) 社会文化环境

　　汽车市场营销的社会文化环境主要包括了人们的价值观、宗教信仰、消费习惯、审美观念等与汽车消费有关的文化环境。

　　如今我国汽车消费者选购车型的意向，从以往的价格便宜开始转向质量、品牌、售后服务，这些消费价值观的变化，向汽车市场营销提出了更高的要求。

　　不同的宗教信仰在色彩观念上有相当大的差别，以黄色为例，对于信仰佛教的国家，黄色具有神圣之意；在我国和罗马，黄色还曾作为帝王的色彩而受到尊重；在信仰基督教的国家，黄色却被认为是叛徒的衣服颜色，具有卑劣可耻之意；在信仰伊斯兰教的国家中，黄色被视为是丧色，具有不幸和死亡的象征。在这些国家和地区进行汽车市场营销，就必须慎重考虑汽车的颜色问题。

　　6) 自然环境

　　自然环境是汽车市场营销所面临的自然因素，包括地理因素、资源因素、交通状况、生态环境等。汽车生产和消费依赖自然环境，同时也影响着自然环境。

　　汽车对地理环境有着很高的依赖性。只有适应当地地理环境的汽车才会受到消费者的欢迎。例如，二汽生产的东风卡车在华北、西北和青藏高原有着不可动摇的地位，这与二汽目标市场的高性能定位是分不开的。为了使汽车更好地适应目标市场的地理环境，汽车生产厂家不但要针对地理环境进行设计，还要针对驾驶环境进行测试。

　　资源因素对汽车市场营销也有影响，自然资源的减少将对汽车企业的市场营销活动形成长期约束。由于汽车生产与使用需要消耗大量的自然资源，汽车工业越发达，汽车普及程度越高，所消耗的自然资源必然也就越多，这将导致自然资源日益短缺。如石油能源面临枯竭和铁矿日趋减少对汽车产业带来了严重的威胁和挑战,逼迫很多汽车企业开始研究和生产新能源汽车,如电动汽车、太阳能汽车等,同时积极研究各种合成材料代替钢铁来降低成本,从而走可持续发展的道路。

交通状况的好坏对汽车市场营销也有明显的影响。交通畅通比交通闭塞显然更能促进汽车的生产和消费。同时,车的发展也会造成行路的困难,据测算,社会上每增加一辆轿车,就需要道路和停车用地面积约 20 m^2。当轿车拥有量年增长率超过 20% 时,会引起当年以及随后几年的交通恶化,随即反过来会影响汽车的消费。

生态环境的恶化对汽车的性能提出了更高的要求。汽车的大量使用必然会污染环境,所以环境保护对汽车的性能要求日趋严格,这会对汽车企业的产品开发等市场营销活动产生重要影响。所以各汽车企业应积极开发新产品,加强对汽车节能和排放新技术的研究。

4.汽车市场营销微观环境分析

汽车企业不仅要注重汽车市场营销宏观环境的变化,而且要了解汽车市场营销活动所有的微观环境因素,这些因素影响汽车市场营销目标的实现。因此,一个汽车企业能否成功地开展市场营销活动,不仅取决于能否适应宏观环境的变化,而且还取决于能否适应微观环境的变化。

汽车市场营销的微观环境通常包括企业的内部环境、生产供应商、营销中间商、顾客(消费者)、竞争者和有关公众。

1)企业内部环境

汽车市场营销微观环境的第一个重要因素是汽车制造企业内部的环境力量。汽车制造企业的市场营销不是孤立的,它面临着其他许多职能部门,如高层管理(董事会、总裁等)、财务、研究与发展、采购、制造等部门。这些部门、各管理层之间的分工是否科学、协作是否和谐、精神是否振奋、目标是否一致、配合是否默契,都会影响营销管理的决策和营销方案的实施。

2)生产供应商

汽车市场营销微观环境的第二个因素是汽车生产所需要资源的供应商,他们与汽车制造商达成协作关系。

供应商向汽车企业提供生产所需的资源,包括汽车零部件、设备、能源、劳务、资金等。这种因素对汽车市场营销的影响是很大的,所提供资源的价格、质量和供应量,直接影响着汽车产品的价格、质量、销量和利润。因此,汽车企业会从多方面获得供应,而不会依赖于单一的供应商。在汽车零部件采购全球化的今天,汽车生产厂往往在别国采购零部件,对供应商的选择具有更加重要的意义。

3)营销中间商

汽车市场营销微观环境中的第三个因素是将汽车销售给最终消费者的机构,即营销中间商。包括:总经销商、批发(分销)商和经营商等。大多数汽车营销活动都需要他们的努力,因此,在营销过程中必须处理好这些汽车营销中介机构之间的合作关系。

4)顾客(消费者)

汽车市场营销微观环境中的第四个因素是消费者,这是汽车产品的最终消费对象。任何一个汽车企业都不能忽视对它的目标市场的研究。目标市场上消费者不同的需求,要求汽车制造商和经销商提供消费者所需的产品和服务,从而制约着汽车企业的营销策略和服务能力。

5）竞争者

汽车市场营销微观环境中的第五个因素是竞争者。从汽车消费需求的角度划分，企业的竞争者包括愿望竞争者、平行竞争者、产品形式竞争者和品牌竞争者。愿望竞争者是指提供不同产品以满足不同需求的竞争者。对汽车制造商来说，生产摩托车等不同产品的厂家就是愿望竞争者。如何促使消费者更多地首先购买汽车，而不是首先购买摩托车等其他产品，这就是一种竞争关系。平行竞争者是指能够提供满足同一种需求的不同产品的竞争者。例如，自行车、摩托车、小轿车都可以作为家庭交通工具，这三种产品的生产经营者之间必定会存在一种竞争关系，它们也就相互成为对方的平行竞争者。产品形式竞争者是指同生产汽车，但提供不同级别、款式、性能汽车产品的竞争者。如轿车有微型轿车、普通轿车、中级轿车和高级轿车之分，这些就是产品形式竞争者。品牌竞争者是指生产汽车类同，但品牌不同的竞争者。

在汽车行业的竞争中，卖方密度、产品差异、市场进入难度是三个特别需要重视的方面。卖方密度是指同一区域市场中同一级别（或品牌）汽车经销商的数目。该数目的多少，在市场需求量相对稳定时，直接影响到某一级别（或品牌）汽车的市场份额的大小和竞争激烈的程度。产品差异是指不同级别（或品牌）汽车性能等的差异程度。这种不同汽车之间的差异，实际上也存在一种竞争关系。市场进入难度是指某个新汽车企业在试图加入汽车行业时所遇到的困难程度。在新兴的亚洲汽车市场上，新加坡和越南都对外国汽车的进入设置了不少障碍，获得当地政府准许进入这些市场就特别困难。

6）有关公众

汽车市场营销微观环境中的第六个因素，是指所有实际或潜在关注汽车市场营销能力的公众。这样的公众可以是金融领域（银行、投资公司、保险公司等）、营销服务公司（调研公司、咨询公司、广告公司等）、政府、公益组织（中国汽车工业协会、中国汽车工程学会、中国国际贸易促进委员会汽车行业分会）、媒介机构（报社、杂志社、电视台和广播电台等）、当地公众、内部公众（董事会、经理、经营管理人员及员工等）。许多大的汽车公司都有自己的"公共关系"部门，专门负责处理企业与这些公众关系。

2.1.3　汽车市场营销调研

1. 汽车市场营销调研

1）市场营销调研的意义和作用

市场营销调研是伴随着市场的产生而出现的一种正确认识市场的管理活动。它是运用科学的方法，有计划、有目的、有系统地收集、整理、研究分析有关生产营销方面的信息，并提出调研报告，总结有关结论，提出挑战与机遇，以便帮助管理人员了解营销环境，发现问题与机会，并为生产预测与营销决策提供依据。

市场营销调研是汽车企业营销活动的出发点，具有十分重要的作用。

（1）了解市场上的变化。社会上各种因素是在不断发展和变化的，如果对市场变化不进行实时了解，就会出现决策的失误，从而造成不必要的损失。

（2）制定科学的影响规划。通过营销调研，分析市场、了解市场，才能够根据市场的需求及其变化、市场规模和竞争格局、消费者意见及购买行为、营销环境的基本特征科学地制定和调整企业营销规划。

（3）优化营销组合。企业根据营销调研的结果，分析研究产品的生命周期，开发新产品，制定产品生命周期各阶段的营销组合策略。如根据消费者对现有产品的接受程度，对产品及服务的偏好，改进现有产品，开发新用途，研究产品创意、开发和设计；测量消费者对产品价格变动的反应，分析竞争者的价格策略，确定合适的价格上限，综合应用各种营销手段，加强促销活动、广告宣传和售后服务，增进产品知名度和顾客满意度；尽量减少不必要的中间环节，节约储运费用，降低销售成本，提高竞争力。

（4）开拓新市场。通过市场调研，企业可发现消费者尚未满足的需求，测量市场上现有的产品及营销策略满足消费的程度，从而不断开拓新的市场。营销环境的变化，往往会影响和改变消费者的购买动机和购买行为，给市场带来新的机会和挑战，企业可以确定和调整发展方向。

2. 汽车市场营销调研的种类

常见的市场营销调研有以下几类：

1）根据购买主体划分，包括

（1）消费者市场营销调研；

（2）生产者市场营销调研。

这两个市场是相互联系的，它们之间最基本的关系，就是生产者市场的购销活动要以消费者市场为基础。因而，即使产品不与最终消费者发生直接关系，也要对消费者市场进行市场调研。

2）根据汽车市场调研内容划分，包括

（1）汽车市场营销环境调研，如调查政策法规、竞争状况等；

（2）营销组合策略调研，如调查价格走势、产品开发与技术发展趋势、产品与售后服务质量状况等；

（3）竞争对手调研；

（4）用户购车心理与购买行为调研。

3）根据汽车市场调研的地域空间层次的不同划分，包括

（1）国际性市场调研；

（2）全国性市场调研；

（3）地区性市场调研。

各个不同地区对汽车型号、价格的要求将有很大的区别。

4）根据汽车产品是否已经进入市场划分，包括

（1）产品进入市场前调研，主要调研目标市场、产品定位、竞争对手、市场结构等；

（2）产品进入市场后调研，主要调研市场规模、市场占有率、营销策略等。

5）根据市场调研的目的划分，包括

（1）探测性市场调查，是使经营中存在的问题能够明确；

（2）描述性市场调查，是对有关市场现象、市场因素的如实反映；

（3）因果性市场调查，是研究两个或多个市场变量之间的因果关系。

汽车产品进入市场前调研主要应弄明白目标市场是什么。如何进行产品定位、主要竞争者是谁，他们的营销策略怎样、市场结构与购买特点如何、有哪些有利和不利因素以及生产

发展趋势等问题。而汽车产品进入市场后的营销调研则应着重对本企业产品的市场规模、市场结构、市场占有率、与竞争对手相比在营销策略上存在的差距以及营销环境的新变化做出调研。

3.汽车市场营销调研的方法

市场营销调研的方法可以分为间接资料调研方法和直接资料调研方法。

间接资料调研方法是从各种文献档案中收集资料，获取与调查项目有关的信息进行统计分析。它的优点是调研费用低、速度快，调研的范围广、受干扰程度低，而且不受时间、空间的限制，其反映的信息内容较为客观真实。但它也有明显的缺点，如调研的目的性没有直接资料调研强，获得的资料也可能时效性不强，需要进行进一步的加工处理，其数量分析工作的难度也较高等。另外，由于间接资料是各个企业都可能获得的，因而在市场营销调研中，更多的是采用了直接资料调研的方法。

直接资料调研即通过调查收集的资料来进行调研分析，也称为第一手资料。直接资料调研又可分为访问法、观察法和实验法。其中最常见的是访问法(询问法)，它包括直接询问和间接询问。直接询问即调查者与被调查者双方面谈；间接询问指调查者通过电话或是书面问卷工具对被调查者进行调查。

访问法是收集原始资料的最重要的方法，具体形式可分为面谈、电话访问、邮寄问卷、留置调查等多种形式。各种形式各有优缺点，调查者可根据具体情况，选择使用。一般来说，面谈直接灵活，资料可信度和回收效率高，但费用高，时间长，一般来说适用于内容多而复杂的调研，而且对调研者的要求较高；电话访问可以节约时间，但被调查者的母体不完整，调研结果的差别程度也不清楚，因而一般电话访问中的问题应采用"是否法"为宜，而且要求调研人员的语言要流畅；邮寄问卷成本低、调研范围广，但缺点在于问卷的回收率低，所以企业往往采用抽奖等形式来刺激回收率；留置调查即问卷定期回收的调研方法，优点在于被调查者可以有充分的时间来考虑问题，且问卷的回收率高，但它调研的区域有限，费用较高，且不利于对调查人员的有效监督。

除访问法外，企业对有的营销调研也可采取市场实验的调研方式，它是从自然科学的实验求证理论移植到市场调研中来的。它的优点在于可以获得第一手的资料，数据比较客观，可信度较高；而缺点在于实践中可能存在不可控制的实验因素，因而会在一定程度上影响实验结果。另外，实验法只是用于对当前市场现象的影响分析，它对历史情况和未来变化的影响较小，因而它的应用受到局限。一般来说，改变商品品质、变换商品包装、调整商品价格、推出新产品等均可用实验法来测试其结果。如通过对新产品的试销收集市场信息，观察市场反应与企业营销组合要素之间的因素关系等。这类调研对改进和制定更科学的营销策略，效果十分明显。

另外，较常用的市场营销调研方法还有观察法。这种方法的优点在于可以观察到人们不愿意透露的情报，而缺点在于时间长、成本高。它经常被应用于产品的营销现场。

4.汽车市场营销调研的步骤

市场营销调研一般可分为调研准备、初步调研、制定并实施调研计划和调研总结四个阶段，如图 2-1 所示。

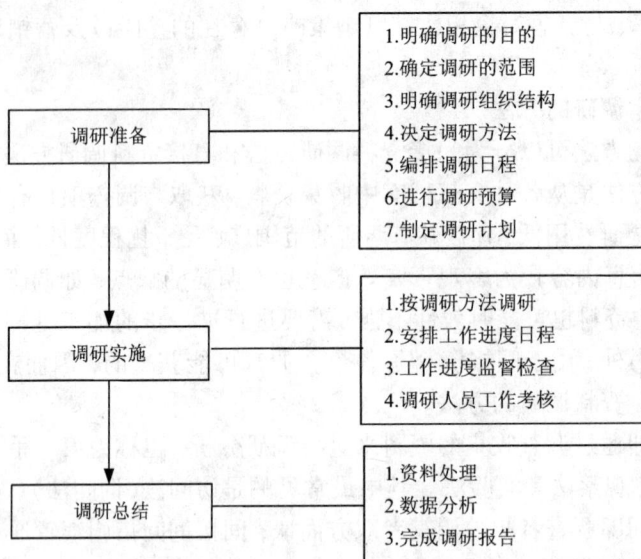

图 2-1 汽车营销调研流程

2.1.4 汽车市场营销预测

我国的汽车市场比较特别,其运行规律极为复杂,经常出现剧烈波动,并且经常会向汽车市场的相关企业反馈一些错误信息,给汽车营销工作带来了困难。因而,在加强研究我国汽车市场运行规律的基础上去分析和研究市场,做好汽车市场营销预测工作,对于提高市场营销水平具有重要的现实意义。

1. 市场营销预测的基本概念

所谓市场预测就是在市场营销调研基础上,利用一定的方法和技术,对一定时期内的市场需求、供给趋势和相关变化趋势进行分析、判断,为企业的营销决策提供科学依据的服务过程。它具有服务性、描述性、系统性的特点。

汽车企业要制定合理的营销决策,不仅要以营销调研为基础,而且要以市场预测为依据。市场预测大致包括市场需求预测、生产商供给预测、产品价格预测、科学技术发展趋向预测、企业生产经营能力预测、竞争形势预测、企业财务及环境意外事故预测等。

汽车市场营销预测步骤如图 2-2 所示。

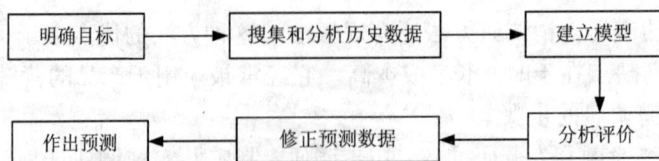

图 2-2 汽车市场营销预测步骤

目前，预测理论产生了近千种预测方法。归纳起来，预测方法大体可分为两大类：一类是定性预测法，即质的预测方法；另一类是定量预测方法，即量的预测方法。前者容易把握事物的发展方向，对数字要求不高，能节省时间、费用小，便于推广，但又往往带有主观片面性，数量不明确；后者则相反。人们在实际预测中，往往运用两种方法相结合的方法，即定量预测的结论必须接受定性分析的指导。只有这样，才能更好地把握汽车市场的变动趋势。

2.定性预测方法

定性预测方法又称判断分析预测法，是根据预测人员根据所拥有的数据和材料，以所掌握的经验和知识，通过综合分析，对市场未来的变化规律作出预测判断。这类方法主要用来对预测对象未来的性质、发展趋势和发展转折点来进行预测，适合于数据缺乏的预测场合，如技术发展预测、处于萌芽阶段的产业预测、长期预测等。定性预测的方法简单易学，但与预测人员本身的经验、知识和技能素质有关。

(1)德尔菲法。

这种方法是按规定的程式，采用反复函询问的方式，它的预测过程与营销调研的过程基本一致。首先，由预测主持人将需要预测的问题一一拟出并分寄给各个专家，请他们对问题填写自己的预测看法；其次，将答案收集后分类汇总。将一些专家的意见相差较大的问题再抽出来，并附上几种典型的专家意见请专家进行第二轮预测。如此反复循环，经过几轮预测后，专家的意见便趋于一致，或者更为集中，主持人便以此作为预测结果。由于这种方法使参与预测的专家能够背靠背地充分发表自己的看法，不受权威人士态度的干扰，因而保证了预测活动的民主性和科学性。

(2)集合意见法。

集合意见法，就是集合企业内部经营管理人员、业务人员等的意见，凭他们的经验和判断共同讨论市场趋势而进行市场预测的方法。由于经营管理人员、业务人员等对市场的需求和变化较为熟悉，因而他们的判断往往能反映市场的真实趋势。

该种方法首先由预测者根据企业经营管理的要求，向研究问题的有关人员提出预测项目和预测期限的要求，并尽可能提供有关材料。然后，有关人员就根据预测的要求及所掌握的资料，凭个人经验和分析判断能力，提出各自的预测方案。接下来，预测的组织者计算有关人员预测方案的方案价值，并将参与预测的有关人员进行分类，计算各类综合期望值，最后确定最终的预测值。

定性预测方法还有社会(用户)调查法(即面向社会公众或用户展开)、小组讨论法(会议座谈形式)、单独预测集中法(由预测专家独立提出预测看法，再由预测人员予以综合)、领先指标法(利用与预测对象关系甚密的某一个指标变化对预测对象进行预测，例如通过对投资者规模的监控来预测汽车需求量及需求结构)、主观概率法(预测人员对预测对象未来变化的各种情况作出主观概率估计)等等。

总之，随着社会经济以及技术的发展，预测方法也在不断地发展和完善，汽车营销预测人员应不断加强理论学习，并通过预测，总结出一些实用方法。

3.定量预测方法

定量预测方法是依据必要的统计资料，借助数学方法特别是数理统计方法，通过建立数学模型，对预测未来在数量上的表现进行预测等方法的总称。汽车市场定量预测方法有：

1)时间序列预测法

时间序列预测法是通过时间序列的历史数据揭示现象随时间变化的规律，将这种规律延伸到未来，从而对该现象的未来作出预测。该方法简单易行，能够充分利用时间序列的各项数据，但是精确度不高，也不能够向外延伸进行预测，只适用于短期预测。

时间序列预测模型有很多种，这里只介绍较常用的简易平均法和指数平滑法两种。

（1）简易平均法。

简易平均法是通过一定观察期时间序列的数据求得平均数，以平均数为基础确定预测的方法。这是市场营销预测中最简单的定量预测方法。

简易平均法有很多种，最常用的有算术平均法、几何平均法和加权平均法。

算术平均法即根据对 n 个观察值计算平均值来作为预测值，它最大的优点是计算十分方便。算数平均法的数学模型为：

$$\overline{X} = \sum_{i=1}^{n} X_i \qquad (2-1)$$

加权平均法是在预测中根据每个预测值的重要性给予不同的权数，而算术平均法对所有观察值不论新旧在预测中一律同等对待，这是不符合市场发展的实际情况的。加权平均法的数学模型为：

$$X_w = \frac{\sum_{i=1}^{n} W_i X_i}{\sum_{i=1}^{n} W_i} \qquad (2-2)$$

几何平均法又称比例平均法，其前提条件是预测对象的发展过程一贯是上升或是下降，同时促其上升或下降的速度大体相近。几何平均法的数学模型是：

$$G = \sqrt[n]{X_1 X_2 \cdots X_n} \qquad (2-3)$$

（2）指数平滑法。

指数平滑法的原理是认为最新的观察值包含了最多的未来信息，因而应赋予最大的权重，越远离现在的观察值则应赋予最小的权重。通过这种加权的方式，平滑掉观察值序列中随机信息，找出发展的主要趋势。指数平滑法的主要过程是：

①选择数学模型。

指数平滑法的数学模型是：

$$S_t^{(1)} = \alpha Y_{t-1} + (1-\alpha) S_{t-1}^{(1)} \qquad (2-4)$$

式中：$S_t^{(1)}$ 为第 t 期的平滑值；

Y_t 为第 t 期的观察值；

α 为加权系数。

指数平滑值可分为一次、二次和高次平滑。一次平滑即是对原始观察值的平滑，如式（2-4）。二次平滑即对一次平滑值再平滑。高次平滑的概念以此类推。

指数平滑预测模型依据观察值呈现的不同趋势，可划分为以下两种：

a. 水平平滑趋势预测模型。

$$Y_{T+L} = S_T^{(1)} \quad (L=1, 2, \cdots, T) \qquad (2-5)$$

式中：T 为最后一期观察值的时间；

L 为预测期长度。

b. 线性趋势预测模型。

$$Y_{T+L} = \alpha_T + b_T \cdot L \quad (L = 1, 2, \cdots, T) \tag{2-6}$$

式中：$\alpha_T = 2S_T^{(1)} - S_T^{(2)}$，$b_T = \dfrac{\alpha}{1-\alpha}(S_T^{(1)} - S_T^{(2)})$。

②建立指数平滑模型。

指数平滑模型的建立包括加权系数 α 的选择、初始值的确定和模型系数的计算。

a. α 的选择。α 表明了预测人员对近期观察值的倚重程度。经验表明，α 一般应由预测人员在式（2-7）计算的 α 值附近，选择不同的 α 值，其原则是检验误差最小。

$$\alpha = 2/(N+1) \tag{2-7}$$

式中：N 为观察值数目。

在选择 α 的过程中，参考下列原则有利于尽快找到合适的 α 值；若观察值的发展趋势比较稳定，应选择较小一点的 α 值，以包含长一些的时间序列信息；若观察值的发展趋势已经发生了系统的改变（如有拐点）或有理由认为近期数据更好地反映了发展趋势，则应该选择较大一点的 α 值。

b. 初始值的确定。指数平滑法模型是一个迭代计算过程，所以首先必须确定初始值 S_0。它们的确定既可以利用一定的数学方法进行计算，又可以根据经验直接确定。

利用数学方法直接计算一般比较复杂，且有赖于足够的观察值数目，意义通常不大，更多情况下，可以采用直接将几个观察值的平均值最为初始数值的方法。

c. 系数的确定。在 α 和初始值确定后，模型中的系数就可以根据式（2-4）确定了。指数平滑法的特点，一是需要存贮的数据少，二是能够用于短期预测。

2）回归分析预测法

回归分析预测法，是根据事物变化的因果关系出发，预测事物未来的发展趋势。回归分析预测法按照变量的个数分为一元回归预测模型和多元回归预测模型，这里我们只以一元回归预测模型为例说明。

一元回归分析法，是在考虑预测对象发展变化本质基础上，分析变量随一个自变量变化而变化的关联形态，借助回归分析，建立它们之间因果关系的回归方程式，描述它们之间的平均变化数量关系，并以此进行预测的方法。

（1）回归预测模型的建立与检验。

一元线性回归预测模型的标准形式（回归直线方程）为：

$$Y = A + BX \tag{2-8}$$

模型的检验通常包括：相关系数检验，模型的 T 检验与 F 检验，回归系数检验。对一元线性回归模型而言，这些检验是等价的。这里我们选择相关系数检验。

相关系数有两种定义形式：

①拟合优度形式：

$$R = \dfrac{\sum\limits_{i=1}^{n}(Y_i - \bar{Y})^2}{\sum\limits_{i=1}^{n}(X_i - \bar{X})^2} \tag{2-9}$$

②相关系数形式：

$$R_2 = \frac{\frac{1}{n}\sum_{i=1}^{n} X_i Y_i - XY}{\sqrt{1/n\sum_{i=1}^{n} X_i^2 - X^2}\sqrt{1/n\sum_{i=1}^{n} Y_i^2 - Y^2}} \qquad (2-10)$$

R 值越大，表明回归方程的线性程度越显著。

（2）一元线性回归预测的步骤。

①确定预测目标和影响因素。根据决策目的的需要，明确进行预测的具体目标，分析寻找影响预测目标的相关因素，并判断选出主要的影响因素，也就是决定自变量和因变量。

②收集整理自变量和因变量观察样本资料。根据预测的需求，通过市场调查，收集纵断面观察样本资料或横断面观察样本资料。

③建立一元回归方程预测模型。

④进行相关分析、方差分析和显著性检验。

⑤根据模型进行预测。经过了相关分析与显著性检验后，利用达到某一显著水平的一元回归方程预测模型进行实际预测，包括计算预测值和置信区间。

3）类比预测模型

该方法是以某个国家或地区为类比对象，研究预测目标与某一个指标之间的数量关系。然后根据本国或本地区该指标的发展变化，测算预测目标值，从而达到预测目的。例如某汽车公司与研究机构曾经以部分国家为类比对象，通过研究人均国民收入和人口数量两个指标与轿车保有量之间的关系，预测我国未来第 t 年的轿车保有量。其类比预测模型为：

$$\left.\begin{array}{l} Y_t = P_t Q_0 R_t \\ R_t = C_{1t}/I_0 (1+i)^n \\ C_{1t} = C_{10}(1+q)^t \end{array}\right\} \qquad (2-11)$$

式中：Y_t 为第 t 年轿车保有量；

P 为第 t 年人口预测数（千人）；

Q_0 为类比国人均轿车保有量（辆/千人）；

R_t 为轿车保有量修正值；

I_0 为类比过人均国民收入（美元）；

C_{1t} 为第 t 年人均国民收入（美元）；

i 为类比国年均通货膨胀率；

q 为人均国民收入增长率；

n 为类比年份与基准年分时差。

如今知类比国基准年份的人均国民收入与人均轿车保有量 Q_0，我国目前的人均国民收入（美元），以及未来的增长率 q，即可以计算出未来第 t 年我国的国民收入，将此 C_{1t} 折算到基准年份后除以类比国民收入 I_0。即可得出 R_t，然后乘以我国第 t 年的人口预测数以及类比国的人均保有量，即可求出我国第 t 年的轿车保有量。

4）弹性系数法

此方法的数学模型为：

$$\left.\begin{array}{l} Y_t = Y_0 (I + I') \\ I = qE_S = QI'/q' \end{array}\right\} \qquad (2-12)$$

式中：Y_t 为第 t 年预测对象预测值；

　　　Y_0 为预测对象目前的观察值；

　　　$I，I'$ 为分别为预测对象在过去和未来的平均增长率；

　　　t 为预测年份与目前的时差；

　　　E_s 为弹性系数，如过去年份汽车保有量的增长率与工农业增长速度（增长率）之比；

　　　$q'，q$ 为分别表示对比指标过去和未来的数值，如工农业增长速度。

如过去几年某地区的汽车保有量年均增长率为 15%，工农业增长速度为 10%，两者之间的系数为 1.5，若未来 t 年内工农业增长速度为 8%，则汽车保有量的增长率即为 12%，代入式（2-12）即可以预测出第 t 年的汽车保有量。

4. 及时调整市场预测结果

1）政策变量

由于国家政策对汽车市场营销的影响很大，因此在建立预测模型时需要考虑政策的变化。政策的制定往往是针对某些经济或是社会问题，因此，预测人员应加强对经济运行和政策的研究，确保预测模型的精确性。

2）市场预测调整

预测结果并不意味着这是一成不变的结果。经济在不断发展，市场也在不断变化，因此对于汽车营销人员应及时根据实际情况调整市场营销预测方案，指导汽车企业不断向前发展。

3）预测精度提高

预测误差是指预测值与实际值之间的偏差，可以反映预测精度的高低。实际的预测误差是要在计划实施之后，通过与实际值比较，分析误差产生的原因，优化预测模型，才能提高预测精度。

2.1.5　汽车市场营销的信息系统

随着汽车营销市场竞争的日益激烈，汽车企业要及时、准确地掌握市场信息并对其进行处理和分析，为企业进行正确决策提供依据。因此，建立一个强有力的市场营销信息系统，这将对增强企业的市场竞争地位具有重要意义。

市场营销信息系统是一个由人员、设备和程序（软件）所组成的系统，它及时地搜集、分类、分析和评价市场信息，并提供准确的市场信息，以便营销决策者用于制定和修订市场营销计划，并保证计划有效实施和控制。

市场营销信息系统是由内部消息系统、市场营销环境监视系统、市场营销调研系统和市场营销决策分析系统四个子系统组成，其构成如图 2-3 所示。

（1）内部信息系统。该系统提供了企业的内部信息，以内部会计系统为主，销售报告系统为辅，收集、整理、归纳企业的销售成本、利润、库存、资金盈利率以及人员状况，企业物资使用情况等数据资料。内部信息是营销人员运用的基本信息，它可以使营销人员通过分析发现问题或机会，进而采取切实可行的改进措施。

（2）市场营销环境监视系统。该系统的任务是收集外部信息，主要包括政府相关政策法规，汽车行业的科技情报，本企业的社会影响，竞争对手情况以及该行业的动态和用户情况等，通过研究分析得出汽车行业的相关预测结果。该系统最重要的是建立信息搜集网。国外

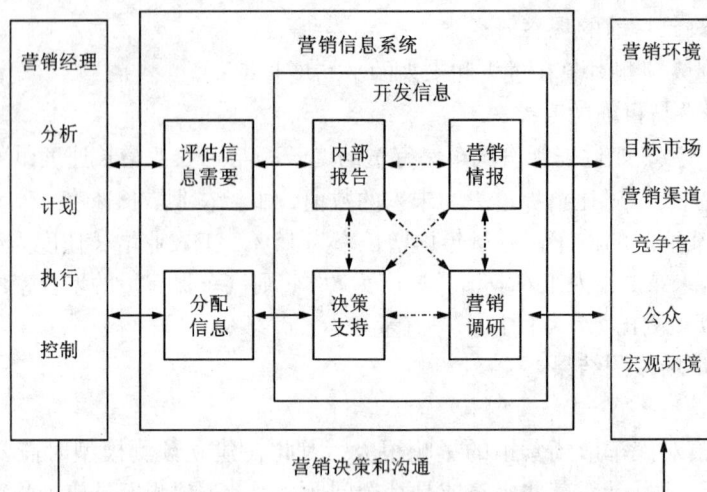

图 2-3　汽车市场营销信息系统

一些大公司的信息网，可随时向企业经营管理部门报告重要情报，如丰田汽车公司在美国无论何地出现了问题，公司总部当天就能够得到情报并做出反应。

（3）市场营销调研系统。该系统的主要功能是通过识别、搜集、分析和传递有关汽车市场营销活动的市场信息，得到与企业面临的特定营销问题有关的营销调研报告，以帮助制定更好的营销策略。

（4）市场营销决策分析系统。该系统用先进的统计程序和模式，对市场营销信息进行分析，从中发现、总结更精确的研究成果，帮助市场营销管理者作出更好的市场营销决策。

2.1.6　汽车产品策略

传统的完成市场营销中各种营销因素可概括为四个要素，即产品、价格、分销和促销。这四个方面的因素是企业营销活动的主要手段，一般称为营销因素或市场因素。而汽车作为特殊的产品，它的市场营销活动除了包括以上四个因素外，同优质的销售服务也是分不开的。这五个因素对于汽车企业来说，其自身是可以控制的，也就是说汽车企业根据市场的需要，可以决定自己的产品机构、制定产品价格，选择分销渠道的促销方法，提供销售服务，对这些营销手段的应用，企业具有自主权。但是如何作出选择，要以企业的外部宏观环境为依据，只有这样，才能针对用户需求发挥增进销售的作用。

汽车企业的汽车市场营销活动是以满足汽车市场需求为目的的，而汽车市场需求的满足只能通过提供某种品牌的汽车产品或相应的汽车服务来实现。因此，汽车产品是汽车市场营销组合中的一个重要因素。汽车产品策略直接影响和决定着其他汽车市场营销策略的基础。在现代汽车市场经济条件下，每个汽车企业都应致力于汽车市场营销组合的开发、汽车产品组合结构的优化、汽车产品和汽车服务质量的提高，以更好地满足汽车市场需求，取得更好的经济效益。

1. 汽车产品概念

在汽车市场营销中，通过满足用户的运输或出行的需求，提供良好的售后服务，让用户获得心理或者精神上的满足。在汽车市场营销产品组合中,产品是包含多层次内容的整体概念,有以下五个层次(图 2 - 4)。

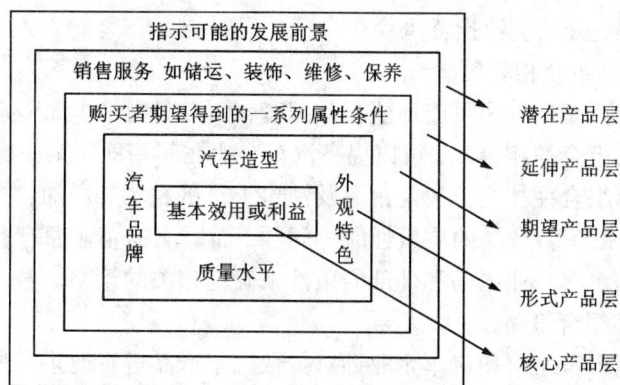

图 2 - 4　汽车市场营销产品组合五个层次

第一层次是汽车核心产品层,它又称为汽车实质产品层,为汽车消费者提供的基本效用或利益。汽车消费者购买某种品牌汽车产品并不是为了占有或获得汽车产品本身,而是为了满足某种需求。

第二层次是汽车形式产品层。它又称为汽车基础产品层,是指汽车核心产品得以实现的基本形式。汽车市场营销学将汽车形式产品归结为质量水平、外观特色、汽车造型和汽车品牌四个标志。

第三层次是汽车期望产品层。它是指汽车消费者在购买该汽车产品时期望得到的东西。期望产品实际是指一系列属性和条件。

第四层次是汽车延伸产品层。它又称为汽车附加产品层,是指汽车消费者购买汽车形式产品和汽车期望产品时所能得到的汽车附加服务和利益,即储运、装饰、维修、维护等。

第五层次是汽车潜在产品层。它是指包括现有汽车产品的所有延伸和演进部分在内,最终可能发展成为汽车产品潜在状态的汽车产品。汽车潜在产品指示汽车产品可能发展前景。

2.汽车产品组合策略

汽车产品组合是指汽车企业生产和销售的所有汽车产品线和汽车产品项目的组合方式,如不同的车型、品牌,同一车型的不同配置等都属于汽车产品组合。

汽车产品组合策略就是对汽车组合的广度、深度和相容度进行决策,以确定一个最佳的汽车产品组合,从而达到汽车企业的预定目标。如一个车型系列中各种不同档次、质量和价格的特定品种,以满足不同消费者的需求,占领不同的消费市场。

1)扩大汽车产品组合策略

(1)加深汽车产品组合的深度。

汽车产品线只是该行业整个范围的一部分,加深汽车产品组合的深度,即增加每一车型系列的品种数目,占领同类产品的更多细分市场,满足广泛的市场需求,增强行业竞争力。位于不同市场地位的汽车企业可以向上(高档)、向下(低档)或双向扩展来加深汽车产品组合的深度。

（2）扩大汽车产品的广度。

汽车企业在生产设备、技术力量所允许的范围内，要充分利用各种资源来扩大汽车产品组合的广度。如增加车型系列或使产品多样化，扩展企业的经营领域，使汽车企业在更大的市场领域中发挥作用，分散企业投资风险。

（3）加强汽车产品组合相容度。

一个汽车企业的汽车产品尽可能地能相关配套，如汽车内饰、汽车涂料和汽车部分零配件等。加强汽车产品组合的相容度，可以提高汽车企业在某一地区某一行业的声誉。

但扩大汽车产品组合往往会分散经销商及销售人员的精力，增加管理的难度，有时会使边际成本加大，甚至由于新产品的质量性能等问题，而影响本企业原有产品的信誉。因此扩大产品组合必须根据汽车企业内部和外部的条件来确定相关的策略。

2）缩减汽车产品组合策略

缩减汽车产品组合策略可使汽车企业针对少数汽车产品进行改进品质和降低成本，同时对留存的汽车产品通过提高质量来增强竞争力。但该策略在一定程度上会缩小汽车企业的市场，增加经营风险，如淘汰某种汽车产品，会引起购买该汽车产品消费者的不满，从而降低汽车企业的信誉，还需处理后续的保修问题等。

3）汽车产品异样化和细分化策略

汽车产品异样化和细分化都属于汽车产品组合策略，汽车产品异样化是指在同一市场中，汽车企业为强调自己的产品与竞争产品有不同的特点，并避免价格竞争，尽可能地显示出与其他产品的区别，力求在市场中占据有利地位。汽车产品细分化是首先假定市场上存在着未满足的需求，因此汽车企业根据此需求生产一些独特的汽车产品进入细分市场。汽车产品异样化实质上是要求汽车消费者的需求服从汽车生产者的愿望，而汽车产品细分化则是从汽车消费者的想法出发，而且承认汽车消费者的需求是不同的，它充分体现了该汽车市场营销的观念。

3. 汽车产品的生命周期及营销策略

1）汽车产品生命周期

汽车产品生命周期，是指从汽车产品试制成功并投入市场开始，到被市场淘汰退出市场为止所经历的全部时间过程。汽车产品生命周期与汽车使用生命的概念不同，汽车产品的使用生命是指汽车产品投入使用到损坏报废所经历的时间，受汽车产品的自然属性和使用频率等的影响。按照国家规定，小、微型非营运载客汽车使用生命从原来的 15 年改为无年限限制，但行驶里程"上限"为 60 万 km。而汽车产品生命周期的长短受汽车消费者需求的变化、汽车产品更新换代速度等多种因素所影响。一种汽车产品在调研阶段，可以说处于胚芽时期，一旦进入市场，就开始了自己的市场寿命。一般来说，汽车产品的寿命周期分为四个阶段，即导入期、成长期、成熟期和衰退期。

导入期是指在市场上投入新产品，产品销售呈缓慢增长状态的阶段；成长期是指汽车产品在市场上迅速为顾客所接受，销售量迅速增长的阶段；成熟期是指汽车产品已经被大多数购买者所接受，市场销售量已经达到饱和状态的阶段；衰退期是指汽车产品已经陈旧老化被市场淘汰的阶段。

各种档次、各种类型的汽车产品不同，其汽车产品周期以及其经历各阶段的时间长短也不同。有些汽车产品寿命周期可能只有 2～3 年，有些汽车产品寿命周期可以长达几十年。

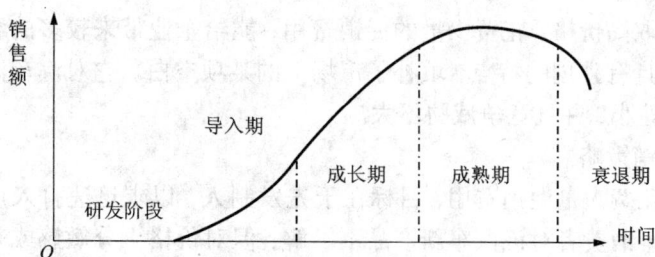

图 2-5 汽车产品的寿命周期

每种汽车产品经历寿命周期各阶段的时间也不尽相同。有些汽车产品经过短暂的市场导入期,很快就达到成长、成熟阶段;而有些汽车产品的导入期经历了许多年,才逐步为广大汽车消费者所接受。

2)汽车产品寿命周期的市场策略

不同汽车产品寿命周期的不同阶段各具有不同的特点,汽车企业营销策略也应该有所不同。对于汽车企业来说,运用汽车产品寿命周期理论主要有三个目的:一是使自己的汽车产品尽快尽早为汽车消费者所接受,缩短汽车产品导入期;二是尽可能保持和延长汽车产品的成长阶段;三是尽可能使汽车产品以较慢的速度被淘汰。因此,善于根据汽车产品寿命周期各阶段的特点,有效利用各种策略,是汽车企业取得营销成功的关键。

(1)导入期的市场策略。

这个阶段的主要特点是:汽车产品刚上市,汽车消费者对汽车产品不了解,汽车销售缓慢增长,市场上同类汽车产品竞争少,汽车产品的广告宣传花费大,汽车企业生产该种产品的能力未全部形成,生产批量小,成本大,利润小甚至是无利。这个阶段是企业承担风险最大的时期,许多汽车新产品经营失败,大都在这个阶段反映出来。因此,尽快尽早地结束这个阶段,让汽车消费者尽快尽早地接受该种汽车产品,是本阶段经营策略的重点。

导入期的市场策略,单就价格与促销费用两个因素考虑,可分为以下四种策略(表 2-1);

表 2-1 导入期市场策略

销售价格 \ 销售费用	高	低
高	高价快速促销	高价低费用
低	低价快速促销	逐步加入市场

①高价快速促销策略。

这种策略是采取高价格获取利润,花费大量促销费用引起目标市场注意,迅速扩大汽车销售量来加速市场的渗透。采取这种策略的条件是:汽车消费者对该汽车产品求购心切,并愿意支付高价,但大部分潜在汽车消费者还不了解此种汽车产品;同时,该种汽车产品应该十分新颖,适应汽车消费者的某一种需求。

②高价低费用策略。

此种策略是采取高价格，花费少量的促销费用，能给企业带来较多的利润。采用这种策略的汽车产品必须具有独创的特点，填补了市场上的某项空白。它对汽车消费者来说主要是有无的问题，选择性小，并且竞争威胁不大。

③低价快速促销策略。

采用低价格，花费大量促销费用，目标在于先发制人，以求迅速打入市场。该策略适合于市场容量大，汽车消费者对该汽车新产品不了解，但对价格十分敏感或是潜在竞争比较激烈，它要求企业在生产中尽力降低成本，以维持较大的推销费用的市场环境。

④逐步加入市场策略。

采取低价格和低促销费用来推出汽车新产品，占领新市场。低价格的目的在于促使市场能够尽快接受汽车产品，并能够有效地阻止竞争对手对市场的渗入；低促销费用以降低售价，增强竞争力。采用此策略的条件是：市场容量大，汽车产品品牌弹性大，汽车消费者对价格十分敏感，有相当的潜在竞争者。

（2）成长期的市场策略。

汽车新产品从导入期进入成长期后，汽车销售量剧增，同时，由于汽车产品基本定型，可以进行大批量生产，分销渠道已经疏通，市场份额增大，利润增长。但是，竞争者也在逐步加入，竞争日益激烈。因此，成长期的主要策略有：

①提高产品质量。

成长期的市场策略主要是保证质量，避免某些汽车产品一旦进入成长期便降低质量、失信于汽车消费者而出现自毁声誉的现象，并在此基础上不断提高质量水平。

②改进产品。

企业要对产品进行改进，提高产品质量，增加新的功能，丰富汽车式样，强化汽车特色，努力树立其品牌产品，提高汽车产品的竞争力，满足汽车消费者更高更广泛的需求，从而既扩大销量又限制竞争者加入。

③拓宽市场。

汽车企业要通过市场细分，寻找到新的尚未满足的细分市场，并迅速占领这一市场。要通过创名牌、建立汽车产品信誉来拓宽市场，还要利用新开辟的分销渠道，增加销售网点，通过方便汽车消费者购买来拓宽市场。

（3）成熟期的市场策略。

汽车产品在成熟期阶段，市场销售量已达到饱和状态，此时销售量虽然在增加，但增长率呈下降趋势。成熟期是汽车企业获得利润的黄金时期。这个时期的策略围绕着如何延长其寿命，不至于过早地进入衰退期，具体来说，有以下几种：

①市场改革策略。

努力开拓和寻找新的目标市场，向市场需求的深度和广度发展。这种策略不需要改变产品本身，只是寻找新的细分市场，创造新的消费方式等。其形式通常有：寻找新的目标市场，使汽车产品进入尚未使用过本汽车产品的市场；刺激汽车消费者增加使用频率；重新树立汽车产品形象，寻找新的买主。

②产品改革策略。

提高汽车产品质量，改变汽车产品的特色和款式，增加新的功能用途，扩大用户的选择余地，从而争取新的汽车消费者。

③市场营销组合改革策略。

改变某些市场组合因素刺激增加销售量。常见的做法是对其汽车产品价格、广告、分销方式等进行重新组合，对营销策略进行具有吸引力及扩张性的拓展。

（4）衰退期的市场策略。

在衰退期阶段，汽车陈旧老化逐渐被市场淘汰，其汽车产品销售快速下降；汽车消费者已在期待汽车产品的出现。在此阶段，汽车产品营销策略应有计划有步骤地转产新产品，及时实现产品的更新换代。如企业决定停止经营衰退期的产品，还应慎重决策，处理好相关售后事宜，继续安排后期配件供应和维修技术支持，以满足老产品的需求，否则，将会影响企业形象。

2.1.7　汽车定价策略

汽车价格是汽车营销组合中最重要的因素之一。一方面，它直接关系到汽车产品被汽车市场接受的程度以及市场占有率的高低、需求量的变化和利润的多少；另一方面，定价策略与产品策略、促销策略和分销策略相比，是企业可控因素中最难以确定的因素。

1. 影响汽车价格的主要因素

汽车价格的高低，主要是由汽车包含的价值的大小决定的。但是，从市场营销的角度来看，汽车的价格除了受价值量的影响之外，还要受以下几个因素的影响和制约：

1）定价目标

企业为产品定价时，首先必须要有明确的目标，不同的汽车企业，其汽车产品的市场不同，因而也就需要采取不同的定价策略。企业定价目标主要有以下几种：

（1）维持生存。

如果企业产量过剩，或企业销路不畅，产品滞存，或企业资金面临不足，或企业面临激烈竞争，则需要把维持生存作为主要定价目标。此时企业应制定较低的价格，只要其价格能够弥补可变成本和一部分固定成本，企业就可以维持下去。有时甚至制定低于成本的价格以便迅速回收资金再投资。企业这种定价目标只能适合于企业的短期目标。

（2）利润最大化。

以最大利润为汽车定价目标，指的是汽车企业期望获得最大限度的销售利润。通常已成功地打开销路的中小汽车企业，最常用这种目标。追求最大利润并不等于追求汽车最高汽车价格。最大利润既有长期和短期之分，也有汽车企业全部汽车产品和单个汽车产品之分。

（3）市场占有率最大化。

市场占有率最大化即为达到最大的市场占有率的定价目标，汽车市场占有率是汽车企业经营状况和汽车产品在汽车市场上的竞争能力的直接反映。较高的市场占有率可以保证企业产品的销路，便于企业掌握消费需求变化，易于形成企业长期控制市场和价格的垄断能力，并为提高企业盈利率提供了可靠保证。

（4）汽车质量最优化。

这是指汽车企业要在市场上树立汽车质量领先地位的目标，而在汽车价格上做出反映。优质优价的市场供求准则，研究和开发优质汽车必然要支付较高的成本，自然要求以高的汽车价格得到回报。从完善的汽车市场体系来看，高价格的汽车自然代表着汽车的高性能、高

31

质量以及其优质服务。采取这种目标的汽车企业必须具备以下两个条件：一是高性能、高质量的汽车；二是提供优质的服务网。

（5）应对和抑制竞争。

这是指汽车企业主要着眼于竞争激烈的汽车市场上以应对或避免竞争为导向的汽车定价目标。在汽车市场竞争中，大多数的竞争对手对汽车价格都很敏感，在汽车定价前，一般要广泛收集市场信息，把自己生产的汽车的性能、质量和成本与竞争者的汽车进行比较，然后制定本企业的汽车价格。通常采用的方法有：

①与竞争者同价；

②高于竞争者的价格；

③低于竞争者的价格。

在现代市场竞争中，价格战容易使双方两败俱伤，风险较大。所以，很多企业往往会开展非价格竞争，如在汽车质量、分销、促销和服务上下功夫，以巩固和扩大自己的汽车市场份额。

（6）保持良好的销售渠道。

对于那些须经中间商销售汽车的汽车企业来讲，保持汽车销售渠道畅通无阻，是保证汽车企业获得良好经营效果的重要条件之一。为了使销售渠道畅通，汽车企业研究汽车价格对中间商的影响，充分考虑中间商的利益，保证对中间商有合理的利润，促使中间商有充分的积极性去销售汽车。在现代汽车市场经济中，中间商是现代汽车企业营销活动的延伸，对宣传汽车、提高汽车企业知名度有十分重要的作用。汽车企业在激烈的汽车市场竞争中，有时为了保住完整的汽车销售渠道，促进汽车销售，不得不让利于中间商。

2）汽车产品的成本

汽车产品成本是汽车企业在汽车研究开发、生产和销售过程投入的费用以及企业为其产品承担风险所付出代价的总和。汽车成本是汽车定价的基础，如果其他条件不变，汽车产品的成本越高则定价越高，成本越低则定价越低。如果说市场需求决定了汽车产品的最高上限，那么汽车成本就决定了汽车产品价格的最低下限。

3）汽车消费者需求

汽车消费者的需求对汽车定价的影响，主要是通过汽车消费者的需求能力、需求强度、需求层次反映出来的。汽车定价要考虑汽车价格是否适应汽车消费者的需求能力；需求强度是指消费者想获取某一品牌汽车的程度，如果消费者对某一品牌汽车的需求比较迫切，则对价格不敏感，企业在定价时，可定得高一些，反之则应低一些；不同需求层次对汽车定价也有影响，对于能满足较高层次的汽车，其价格就比同类汽车高。

4）汽车特征

它是汽车自身构造所形成的特色。一般是指汽车的造型、质量、性能、服务、商标和装饰等，它能反映汽车对消费者的吸引力。汽车特征好，该汽车就有可能成为名牌汽车、时尚汽车、高档汽车，就会对消费者产生较强的吸引力，这种汽车往往供不应求，因而在定价上占有有利的地位，其价格要比同类汽车高。

5）竞争者行为

汽车定价是一种挑战性行为，任何一次汽车价格的制定与调整都会引起竞争者的关注，并导致竞争者采取相应的对策。在这种对抗中，竞争力量强的汽车企业有较大的定价自由，竞争力较弱的汽车企业定价的自主性就较小，通常，它是随市场领先者进行定价。

6）汽车市场结构

根据汽车市场的竞争程度，汽车市场结构可分为四种不同的汽车市场类型，即：

（1）完全竞争市场，又称自由竞争市场。在这种市场中，汽车价格只受供求关系的影响，不受其他因素的影响。这样的市场在现实生活中是不存在的。

（2）完全垄断市场，又称独占市场。这是指汽车市场完全被某一个品牌或某几个品牌所垄断和控制，在现实生活中也属少见。

（3）垄断竞争市场，指既有独占倾向又有竞争成分的汽车市场。这种汽车市场比较符合现实情况，其主要特点是：

①同类汽车在市场上有较多的生产者，市场竞争激烈；

②新加入者进入汽车市场比较容易；

③不同企业市场的同类汽车存在差异性，消费者对某种品牌汽车产生了偏好，垄断企业由于某种优势而产生了一定的垄断因素。

（4）垄断寡头市场。这是指某类汽车的绝大部分由少数几家汽车企业垄断的市场，它是介于完全垄断市场和垄断竞争市场之间的一种汽车市场形式。在现实生活中，这种形式比较普遍。在这种汽车市场中，汽车市场的价格不是通过市场供求关系决定的，而是由几家大汽车企业通过协议或默契规定的。

7）货币价值

价格是价值的货币体现。汽车价格不仅取决于汽车自身价值量的大小，而且取决于货币价值量的大小。汽车价格是汽车与货币交换的比例关系。

8）政府干预

为了维护国家与消费者的利益，维护正常的汽车市场秩序，国家制定有关法规，来约束汽车企业的定价行为。

9）社会经济状况

一个国家或地区经济发展水平以及发展速度高，人们收入水平增长快，购买能力强，价格敏感度弱，有利于汽车企业较为自由地为汽车定价。反之，一个国家或地区经济发展水平以及发展速度低，人们收入水平增长慢，购买能力弱，价格敏感度强，企业就不能自由地为汽车定价。

2. 汽车定价程序

汽车企业在汽车新产品投放市场，或者在市场环境发生变化时需要制定或调整汽车价格，以利于汽车企业销售目标的实现。由于汽车价格涉及汽车企业、竞争者、汽车消费者三者之间的利益，因而为汽车定价既重要又困难。掌握汽车定价的一般程序，对于制定合理的汽车价格是十分重要的。

1）明确汽车目标市场

在汽车定价时，首先要明确汽车目标市场。汽车目标市场是汽车企业生产的汽车所要进入的市场——具体来讲，就是谁是本企业汽车的消费者。汽车目标市场不同，汽车定价的水平就不同。汽车目标市场一般要分析：该汽车市场消费者的基本特征、需求目标、需求强度、需求潜量、购买力水平和风俗习惯等。

2）分析影响汽车定价的因素

（1）汽车产品的特征

汽车产品是汽车企业整个营销活动的基础，在汽车定价前，必须对汽车进行具体分析，主要分析汽车产品的寿命、汽车性能、汽车的质量、汽车对购买者的吸引力、汽车成本水平和汽车需求弹性等。

（2）市场竞争情况

在竞争的汽车市场中，任何汽车企业为汽车定价或调价时，必然会引起竞争者的关注，为使汽车价格具有竞争力和盈利能力，汽车定价或调价前，对竞争者主要分析：同类汽车市场中主要竞争者是谁，其汽车产品特征与汽车价格水平如何，各类竞争者的竞争实力如何，等等。

（3）货币价值

汽车价格是汽车价值的货币体现，汽车价格不仅取决于汽车价值量的大小，而且还取决于货币价值量的大小。

汽车价格与货币价值量成反比关系。在分析货币价值量对汽车定价的影响时，主要分析通货膨胀的情况，一般是根据社会的通货膨胀率的大小对汽车价格进行调整。通货膨胀率高，汽车价格也随之调高。

（4）政府的政策和法规

国家的经济政策和法规对汽车企业定价有一定的约束作用，因此，汽车企业在定价前一定要了解政府对汽车价格方面的有关政策和法规。

为汽车定价不仅要了解一般的影响因素，更重要的是善于分析在不同经营环境下，影响汽车定价的最主要因素的变化状况。

3）汽车定价的流程

（1）确定汽车定价目标

汽车定价目标是在对汽车目标市场和影响汽车定价因素综合分析的基础上确定的。汽车定价目标是合理定价的关键。不同汽车企业、不同汽车经营环境和不同汽车经营时期，其汽车定价目标是不同的。在某一个时期，对汽车企业生存与发展影响最大的因素，通常会被作为汽车定价目标。

（2）选择汽车定价的方法

汽车定价方法是在特定的汽车目标指导下，根据成本、供求等一系列基本因素的研究，运用价格策略理论，对汽车产品价格进行计算的具体方法。汽车定价方法一般有三种：以成本为中心的定价方法、以需求为中心的定价方法和以竞争力为中心的定价方法。这三种方法能适应不同的汽车定价目标，汽车企业应根据实际情况择优使用。

（3）最后确定汽车价格

确定汽车价格要以汽车定价目标为指导，选择合理的汽车定价方法，同时也考虑其他因素，如汽车消费者心理，汽车产品新老程度等。最后经分析、判断及计算，为汽车产品确定合理的价格。

3. 汽车产品的定价策略

汽车企业为了实现自己的营销战略目标，在决定了基本定价方法后，还必须根据产品特点、市场需求以及竞争情况，采取各种灵活多变的汽车定价策略，使汽车定价策略与汽车市场营销组合中的其他策略更好地结合，促使和扩大汽车销售，提高汽车企业的整体效益。因此，正确采用汽车定价策略是汽车企业取得汽车市场竞争优势地位的重要手段。

1) 针对汽车新产品定价策略

汽车新产品定价有三种基本策略：

(1) 撇脂定价策略

这是一种汽车高价保利策略，是指汽车新产品投放市场的初期，将汽车价格定得较高，以便在较短的时期内获得较高的利润，尽快地收回投资。

这种汽车定价策略一般适应以下几种情况：

① 汽车研制、开发这种技术新、难度大、开发周期长的汽车新产品，用高价策略也不怕竞争对手迅速进入市场。

② 这种汽车新产品有较大的市场需求。由于汽车是一次购买，享用多年，因而高价市场也能接受。

③ 高价可以使汽车新产品投入市场就树立起性能好、质量优的高档品牌形象。

这种汽车定价策略的优点是：

① 汽车新产品刚投放市场，需求弹性小，尚未有竞争者，因此，只要汽车新产品性能超群、质量过硬，就可以采取高价，来满足一些汽车消费者求新、求异的消费心理。

② 由于汽车价格较高，因而可以使汽车企业在较短的时间内取得较大的利润。

③ 定价较高，便于在竞争者大量进入市场时主动降价，增强竞争力，同时，也符合消费者对价格由高到低的心理。

其缺点是：

① 在汽车新产品尚未建立起声誉时，高价不利于打开市场，一旦销售不力，汽车新产品就有夭折的风险。

② 如果高价投放市场销路旺盛，很容易引来竞争者，从而使汽车新产品的销路受到影响。

(2) 渗透定价策略

这是一种汽车低价促销策略，是指汽车新产品投放市场时，将汽车价格定得较低，以便使汽车消费者容易接受，很快打开和占领市场。

这种汽车定价策略一般适应于以下几种情况：

① 制造这种汽车新产品所采用的技术已经公开，或者易于仿制，竞争者容易进入该市场。利用低价可以排斥竞争者，占领市场。

② 投放市场的汽车新产品，在市场上已有同类汽车产品，但是，生产汽车新产品企业比生产同类汽车产品企业拥有较大的生产力，并且该产品的规模效益显著，大量生产定会降低成本，收益有上升趋势。

③ 该类汽车产品在市场上供求关系平衡，市场需求对价格比较敏感，低价可以吸引较多顾客，可以扩大市场份额。

这种汽车定价策略的优点是：一方面，可以利用低价迅速打开新产品的市场销路，占领市场，从多销中增加利润；另一方面，低价又可以阻止竞争者进入，有利于控制市场。其缺点是：投资的回收期较长，见效快，风险大，一旦渗透失利，企业就会一败涂地。

以上两种定价策略各有利弊，选择哪一种策略更为合适，应根据市场需求、竞争情况、市场潜力、生产能力和汽车成本等因素综合考虑。

（3）满意定价策略

这是一种介于撇脂定价策略和渗透定价策略之间的汽车定价策略。所定的价格比撇脂价格低，而比渗透价格高，是一种中间价格。这种汽车定价策略由于能使汽车生产者和消费者都比较满意而得名。由于种种价格介于高价和低价之间，因而比前两种定价策略风险小、成功的可能性大。但有时也要根据市场需求、竞争情况等因素进行具体分析。

2）心理定价策略

心理定价策略是一种运用心理学原理，根据消费者购买商品时的心理动机制定价格，引导和刺激购买的价格策略。主要有整数定价策略、尾数定价策略、声望定价策略等。

（1）整数定价策略

对于那些无法明确显示其内在质量的商品，消费者往往通过其价格的高低来判断质量，但在整数定价方法下，价格并不是绝对的高，而只是凭借整数价格来给消费者造成高价的印象。整数定价往往以偶数，特别是"0"作尾数。整数定价策略适用于价格高低不会对需求产生较大影响的商品，这是由于其消费者属于高收入阶层，也甘愿接受较高的价格。部分高档车采用整数定价策略，这样可以满足消费者显示地位、购买精品的虚荣心，同时也可以在消费者心中树立高档、高价、优质的产品形象。

（2）尾数定价策略

尾数定价又称奇数定价、非整数定价，是企业利用汽车消费者求廉的心理，制定的非整数价格，而且常常以奇数作尾数，尽可能在价格上不进位。如标价9.98万元的汽车和10.08万元的汽车，虽然相差仅1000元，但前者给购买者的感觉是还不到"10万元"，而后者却使人认为"10万多元"，因此前者可以给消费者一种价格偏低、商品便宜的感觉，使之易于接受。而且尾数定价可以使消费者认为商品定价是经过认真的成本核算才定价，可以提高消费者对该汽车产品的信任度。

（3）声望定价策略

这是根据产品在消费者心中的声望、信任度和社会地位来确定价格的一种定价策略。声望定价策略就高不就低，如将近20万元的车不是定在19万多，而是定在20万元以上。这种策略可以满足某些消费者的特殊欲望，如地位、身份、财富、名望和自我形象等，还可以通过高价显示名贵优质，因此，这一策略适用于一些传统的名优产品，或具有历史地位的民族特色产品，以及知名度高、有较大的市场影响、深受市场欢迎的驰名商标。但为了使声望价格得以维持，需要适当控制市场拥有量。

3）针对汽车产品组合的定价策略

一个汽车企业常常会有多个系列的多种产品同时生产和销售，同一个企业的不同产品之间的需求和成本是相互联系的。但同时它们之间又存在着一定程度的竞争。因而，这时候的企业定价要结合相关联的一系列产品，组合制定出一系列的价格，使整个产品组合的利益最大化。这种定价策略主要有以下两种情况：

（1）同系列汽车产品组合定价策略

这种定价策略即是要把一个企业生产的同一系列的汽车作为一个产品组合来定价。在其中确定某一车型的较低价格，这种低价车可以在该系列汽车产品中充当价格明星，以吸引消费者购买这一系列中的各种汽车产品；同时又确定某一车型的较高价格，这种高价可以在该系列汽车产品中充当品牌价格，以提高该系列汽车的品牌效应。

（2）附带选装配置的汽车产品组合定价策略

这种定价策略是指将一个企业生产的汽车产品与其附带的一些可以选装配置的产品看作是一个产品组合来定价。譬如汽车消费者可以选装该汽车高档系列的部分配置。汽车企业首先要确定产品组合中应包括的可选装配置产品，其次，再对汽车及选装配置产品进行统一合理的定价。如汽车价格相对较低，而选装配置的价格相对稍高，这样既可吸引汽车消费者，又可通过选装配置来弥补汽车的成本，增加企业利润。

4）按汽车产品寿命周期的定价策略

在汽车产品寿命周期的不同阶段，汽车定价的三个要素：成本、消费者和竞争者都会发生变化，因此，汽车定价策略要适合时宜，要保持有效，必须尽早有所调整。

（1）导入期：汽车消费者在起初接触汽车新产品的价格敏感性与他们长期的汽车价格敏感性之间是没有联系的。大多数汽车消费者对新产品的价格敏感性相对较低，因为他们倾向于把汽车价格作为衡量汽车质量的标志，而且，此时没有可做比较的其他品牌的汽车。但不同的汽车新产品进入市场，反应是有很大差别的。1908 年，福特公司推出的 T 型车就是新的大批量生产技术的产物，它的先驱者已经为其进入市场铺平了道路；而新型的天然气推动的汽车却不容易普及。

（2）成长期：在成长期，消费者的注意力不再单纯停留在汽车产品的效用上，开始比较不同汽车品牌的性能和价格，汽车企业可以采取汽车产品差别化和成本领先的策略。一般来说，成长期的汽车价格最好比导入期的价格低。因为消费者对产品了解增加，价格敏感性提高。但对于那些价格并不敏感的市场，不应使用渗透定价。尽管这一阶段竞争加剧，但行业市场的扩张能有效防止价格战的出现；然而，有时汽车企业为了赶走竞争者，也可能会展开价格战。如美、日、韩三国的汽车企业就是在美国汽车市场走向成长期时才爆发价格战的。

（3）成熟期：成熟期的汽车有效定价着眼点不是努力挣得市场份额，而是尽可能地创造竞争优势。这时候注意不要再使用捆绑式的销售，因为那样只会使组合汽车产品中的一个或几个性能好的汽车产品难以打开市场。这时汽车产品定价的可调范围缩小，但可以通过销售更有利可图的汽车辅助产品或优质的服务来调整自己的竞争地位。

（4）衰退期：衰退期中很多汽车企业选择降价，但遗憾的是，这样的降价往往不能刺激起足够的需求，结果反而降低企业的盈利能力。衰退期的汽车定价目标不是赢得什么，而是在损失最小的情况下退出市场，或者是保护甚至加强自己的竞争地位。一般有三种策略可供选择：紧缩策略、收缩策略和巩固策略。它们的含义分别是：将资金紧缩到自己力量最强、汽车生产能力最强大的汽车生产线上；通过汽车定价，获得最大现金收入，然后退出生产；加强自己的竞争优势，通过削价打败弱小的竞争者，占领他们的市场。

2.1.8　汽车分销渠道策略

汽车企业不仅要有适销对路的产品和合理的价格，还必须通过适当的分销渠道，实现产品从生产者到用户的流通，才能克服生产者同用户之间存在着的时间、地点、数量和所有权等方面的差异和矛盾，并不断增强企业抵御市场风险的能力。要实现这一目标，一个重要而复杂的前提就是企业必须建立一套既能发挥其产品优势，又能适应市场变化的市场营销渠道系统。

1.汽车分销渠道的含义

汽车分销渠道是指：当汽车产品从汽车生产企业转移到消费者的过程中所经过的一切取得所有权的商业组织和个人，是沟通汽车生产者和消费者之间关系的桥梁和纽带。分销渠道包括中间商和代理中间商，其渠道的起点是生产企业，终点是消费者。

汽车销售渠道具有售卖、投放、实现储运、市场预测、结算与资金融通、服务、风险承担、自我管理等多项功能，此外，分销渠道还有促销、信息反馈、为汽车生产企业咨询服务等功能。对于汽车企业来说，汽车能否及时销售出去，销售成本能否降低，企业能否抓住机会占领市场、赢得消费者，在相当程度上都取决于销售渠道是否畅通和优化。

2.汽车销售渠道的模式

销售渠道按其有无中间环节和中间环节的多少，即按渠道长度的不同，可分为零层渠道、一层渠道、二层渠道和三层渠道。不同的汽车企业，从自身的特点出发，采取了各有所异的汽车销售渠道模式。

1)零层渠道模式(汽车生产企业直售型)

汽车生产企业不通过任何中间环节，直接将汽车销售给消费者。这是最简单、最直接的销售渠道。其特点是产销直接见面，环节少，降低了流通费用和购车者的支付成本，能够及时了解市场行情，迅速开发与投放满足消费者需求的汽车产品。但这种销售模式受到人、财、物等方面的限制，需要生产企业自设销售机构，因而不利于专业化分工，难以广泛分销，不利于企业拓展市场。

2)一层渠道模式(汽车生产企业转经销商直售型)

汽车生产企业先将汽车卖给经销商，再由经销商直接销售给消费者。这是经过一道中间环节的渠道模式。其特点是中间环节少、渠道短，有利于生产企业充分利用经销商的力量扩大汽车销路，提高经济效益。我国许多专用汽车生产企业、重型车生产企业都采用这种分销方式。

3)二层渠道模式(生产企业经批发商转经销商直售型和生产企业经总经销商转经销商直售型)

生产企业经批发商转经销商直售型是汽车生产企业先把汽车批发销售给批发商，由其转卖给经销商，最后由经销商将汽车直接销售给消费者。这是经过两道中间环节的渠道模式，也是销售渠道中的传统模式。其特点是中间环节较多，渠道较长，一方面，有利于生产企业大批量生产，节省销售费用；另一方面，有利于经销商节约进货时间和费用。这种分销渠道在我国的大、中型汽车生产企业的市场营销中较常见。

生产企业经总经销商转经销商是汽车生产企业先委托并把汽车提供给总经销商，由其销售给经销商，最后由经销商将汽车直接销售给消费者。这也是经过两道中间环节的渠道模式。其特点是中间环节较多，但由于总经销商不需承担经营风险，易调动其积极性，有利于开拓市场，打开销路。

4)三层渠道模式(生产企业经总经销商与批发商后转经销商直售型)

汽车生产企业先委托并把汽车提供给总经销商，由其向批发商销售汽车，批发商再转卖给经销商，最后由经销商将汽车直接销售给消费者。这是经过三道中间环节的渠道模式。其特点是总经销商为生产企业销售汽车，有利于了解市场环境，打开销路，降低费用，增加效益。缺点是中间环节多，流通时间长。

3. 汽车销售渠道中的中间商

汽车销售渠道中的中间商是指介于汽车生产企业与消费者之间，参与汽车流通、交易业务，促使汽车买卖行为发生和实现的经济组织和个人。中间商是汽车生产企业向消费者销售汽车时的中间环节，它一头连着汽车生产企业，另一头连着汽车的最终消费者，具有平衡市场需求、集中和扩散汽车产品的功能，在汽车销售渠道中起着十分重要的作用。

1）中间商的类型

汽车销售渠道中的中间商按其在汽车流通、交易业务过程中所起的作用，可分为总经销商（或总代理商）、批发商（或地区分销商）和经销商（或特许经销商）。

（1）总经销商（或总代理商）。

总经销商是指受汽车生产企业的委托，从事汽车总经销业务并拥有汽车所有权的中间商。其特点是拥有汽车产品的所有权和经营权，能够独立自主地开展产品购销活动，独立核算、自负盈亏，一般都有一定的营业场所和经营设施，有独立购买产品的流动资金，有承担产品经营风险的能力。而总代理商同样也是受汽车生产企业的委托，从事汽车总经销业务，但不拥有汽车所有权。其特点是其本身不发生独立购销行为，对产品不具有所有权，不承担市场风险，但具有广泛的社会关系，而且信息比较灵通。

（2）批发商（或地区分销商）。

批发商是处于汽车流通的中间阶段，实现汽车的批量转移，使经销商达到销售目的的中间商。由汽车生产企业、总经销商、批发商、经销商、运输商和消费者组成的销售渠道中，批发商处于传统的、由汽车生产企业（总经销商）年度目标和销售任务的要求推动的推动式销售和以市场为导向的拉动式销售之间的过渡位置。批发商可有效协调管理总经销商与经销商、消费者之间连续的物流、信息流和资金流，建立总经销商和经销商、消费者之间紧密的合作伙伴关系，从而提高市场竞争力。通过批发商的转销汽车的交易行为，汽车生产企业或总经销商（总代理商）能够迅速、大量地转售出汽车，减少汽车库存，加速资金周转。

（3）经销商（或特许经销商）。

经销商在汽车流通领域中处于最后阶段，它是直接将汽车销售给最终消费者的中间商，是联系汽车生产企业、总经销商、批发商与消费者之间的桥梁。特许经销商（亦称受许人）是从特许人（一般是总经销商）处获得授权在某一特定区域内直接将特定品牌汽车销售给最终消费者的中间商，按照特许经营合同，受许人可以享用特许人的商誉和品牌，获得其支持和帮助，参与统一运行，分享规模效益。这是一种新型的汽车销售渠道模式。上汽大众通过建立遍布全国的特许经销商网络，进一步提高了渠道服务水平，大大促进了汽车的市场销售。

在汽车销售渠道中，经销商的形式多样，通常按其经营特征可以分为特许经销商和普通经销商两大类。

汽车特许经销商是指由汽车总经销商或汽车生产企业作为特许授予人（简称特许人），按照汽车特许经营合同要求以及约束条件授予其经营销售某种特定品牌汽车的汽车经销商作为特许被授予人（简称受许人）。对于汽车经销商来说，只有具备以下条件才可以成为汽车特许经销商：

①独立的企业法人，能自负盈亏地进行汽车营销活动，有一定的汽车营销经验和良好的汽车营销业绩；

②能拿出足够的资金来开设统一标志的特许经营店面，具备汽车营销所需的周转资金；

③达到特许人所要求的特许经销商硬、软件标准。

符合以上条件就可以通过经销商申请和受许人审核等手续，并经双方签署汽车特许经营合同（或协议），就可正式成为某品牌汽车的特许经销商。

2.1.9 汽车促销策略

1.汽车促销策略的含义

现代汽车营销要求开发优良的汽车产品并给予有吸引力的汽车定价，以便让目标消费者接受。除此之外，还要求汽车经销商与现有的及潜在的消费者之间、汽车生产企业和公众之间都能加强沟通，从而激发消费者的购买欲望，实现汽车产品销售的快速增长。因此，汽车促销策略已成为汽车企业整个营销策略中最重要的一环。

促销是指企业通过人员推销和非人员推销的方式，将有关企业和产品的信息传递给消费者，使消费者了解、偏爱和购买本企业的产品，从而达到扩大销售目的的一种活动。人员促销是推销人员通过交流，帮助、说服消费者产生购买欲望和购买行为的促销活动，主要适用于消费者数量少、比较集中的情况下进行促销。非人员促销是指企业借助广告、公共关系和营业推广等媒介，传递企业或产品信息，促使消费者产生购买欲望和购买行为的一系列活动，适合在消费者数量多、比较分散的情况下进行促销。通常将两种促销方式结合使用。

2.汽车促销组合

汽车促销是汽车企业对汽车消费者所进行的信息沟通活动，通过向消费者传递汽车企业和汽车产品的有关信息，使消费者了解汽车企业和信赖汽车产品。为了支持和促进汽车销售，需要进行多种方式的促销。通过广告，传播有关汽车企业和汽车产品的信息；通过销售促进，加深汽车消费者对汽车产品的了解，进而促进其购买汽车；通过人员促销，面对面地向消费者介绍，帮助消费者选购汽车；通过各种公共关系及宣传手段，改善汽车企业和汽车产品在公众心目中的形象。

汽车促销的方式主要有两类：人员促销和非人员促销。人员促销主要是指派出汽车销售人员进行汽车销售活动；非人员促销又分为广告、销售促进、公共关系等多种方式。汽车促销策略就是这几种方式的最佳选择、组合和运用。各种汽车促销方式主要如下：

1）汽车广告策略

汽车广告是通过报纸、杂志、广播、电视、广告牌等广告传播媒体形式向消费者传递信息。采用广告宣传可以使消费者对汽车企业的产品、商标、服务等加强认识，并产生好感。其信息传播面广，形式多样，渗透力强，可多次重复同一汽车信息，便于消费者记忆。

（1）汽车广告的作用

汽车广告是汽车企业对目标消费者和公众进行说服性传播的工具之一。汽车广告要体现汽车企业和汽车产品的形象，从而吸引、刺激、诱导消费者购买该品牌汽车。其具体作用在于：

①传递信息

通过各种传播媒介向市场提供有关产品的信息，使消费者能在任何时间、地点获取汽车产品的信息。

②激发需求和促进销售

通过广告的启发和诱导，吸引消费者的注意力，使其对产品产生兴趣，从而激发消费者购买欲望。

③树立产品形象，提高企业知名度

对于汽车这样一种高档的耐用消费品，用户在购买时，十分重视企业形象(包括信誉、名称、商标等)，广告可以提高汽车生产企业的知名度和美誉度，扩大其市场占有率。

(2)选择汽车广告媒体

广告媒体种类繁多，功能各有千秋，只有选择好适当的汽车广告媒体，才能使汽车企业以最低的成本达到最佳的宣传效果，对汽车的销售起到推波助澜的作用(表 2-2)。

表 2-2　广告媒体的情况

媒体	优点	局限性
电视	色彩、声音、图像并存，最有效、直观、有较强吸引力，覆盖面广，感染力强，宣传效果好	成本高，媒介干扰多，竞争激烈，广告时间短，难以保存
报纸	制作简单、方便灵活、费用低廉、宣传覆盖面广	时效短、内容繁杂，受版面限制，广告数量和效果受到影响
杂志	对象明确，宣传针对性强，保存时间长，信息充分，制作精良，有极大的吸引力	制作复杂，成本高，价格贵，周期长，灵活性差，信息反馈慢
广播	收听灵活，成本低，传播速度快，受众范围广	听众分散，而且声音转瞬即逝，听过记忆不牢，不易集中消费者注意力
户外广告	灵活，广告展露时间长，费用低，视觉冲击力强	信息单一，目标顾客没有选择，内容不能经常更换
售点广告	营造现场气氛，调动对以往广告的认知。售点的灯箱和大幅海报能引起购物冲动	覆盖面不高，需要与良好的销售服务相配合
网络	有更广泛的目标受众；信息容量大，可详细说明和展示，费用一般较低	传播过程干扰多
直接邮件	顾客选择性好，手段灵活	需经常联系，质量要求高

(3)广告媒体选择的影响因素

企业在合理选择广告媒体时需要考虑以下因素。

①广告媒体的传播范围

企业在选择广告媒体时应把产品销售的地理范围与广告媒体所能传播到的范围统一起来。

②消费者接触媒体的习惯与接受能力

企业应选择目标消费者经常接触的媒体，以便最有效地把信息传递给目标消费者，引导他们产生兴趣，如刊登在汽车杂志上，则更易吸引消费者购买汽车。

③商品的性能和特点

汽车产品本身的性质和特点是选择广告媒体的重要根据。一般而言，较多地采用报纸、专业杂志、商品说明书、信函等印刷媒体，对汽车产品作详细的说明介绍；而通过广播或电视媒体，能形象逼真地介绍汽车产品的功能、特点，能诱发消费者的购买欲望。如在电视里做汽车广告，感兴趣的人就会多，广告效果就比较好，这样更具有感染力和说明力。

④市场竞争状况

广告要随时随地注意竞争对手的动态，并根据竞争对手的媒体策略及时调整自己的策略。如果竞争对手少，影响不是很大，只要在交叉媒体上予以重视。如果竞争对手多且威胁较大，则可以采用正面交锋或迂回战术。

⑤广告媒体的成本

广告费用包括广告作品设计制作费和使用媒体费用等。例如，要进行汽车某品牌的广告播出，在夜间收视黄金时间的电视广告费用远远比其他时间播出的广告费用高出几倍甚至于几十倍。

2）人员促销策略

（1）汽车人员促销的特点

人员推销是企业的推销人员直接向消费者进行介绍、说服工作，促使消费者了解、偏爱本企业的产品，进而采取购买行为的一种促销手段。在这一活动中，推销人员要确认、激活和满足消费者的需求和欲望，并达到双方互惠互利的目标。人员推销的最大特点就是具有直接性，它作为不可取代的销售手段，具有独特的特点。

①机动灵活

汽车推销人员在推销或访问过程中可以直接展示商品，对汽车这样技术含量大的商品可进行操作演示或进行试乘试驾，近距离观察消费者的反应，并揣摩其购买心理变化，因而能立即根据消费者的情绪及心理变化，有针对性地改进推销方式，并提供售前和售后的服务，以适应各个消费者的行为和需要，最终促使交易达成。

②针对性强

在每次推销之前可以选择潜在消费者有针对性地进行推销，目标明确，可以提高推销的成功率。

③亲和力强

作为人际沟通工具，推销人员通过与消费者面对面交流，可加强沟通。同时，双方在交流过程中可以建立起信任和友谊关系，这为长期交易打下了坚实的基础。

④反馈及时

推销人员在与消费者的直接接触中，能及时获得消费者的意见和建议，并迅速反馈给企业以指导企业经营，促使企业随时调整产品结构和营销策略，使产品更符合消费者的需要。

⑤竞争性强

推销人员在一定利益机制的驱动下很容易产生竞争，从而能促使销售业绩不断上升。

⑥推销费用高

推销人员耗费时间多，支出费用大，管理较为困难。

（2）人员推销的过程

不同的推销方式可能会有不同的推销工作程序。通常情况下，人员推销包括以下七个相互关联又具有一定独直性的工作程序。

①寻找潜在购车客户

推销工作的第一步，也是最基础性和关键性的一步，就是找出产品的潜在消费者，哪些消费者能够成为自己的目标消费者。这取决于推销人员的识别能力。推销人员要善于挖掘与识别不同的潜在消费者，并采取相应的应对措施，所以寻找并识别目标消费者应当是推销人员的基本功。

②建立客户资料卡

收集客户信息，建立客户资料卡并存档，以方便与客户建立关系。

③接近消费者

接近消费者是指推销人员直接与目标消费者发生接触，以便成功地转入推销面谈。在汽车销售中，推销人员在接近消费者的过程中，应注重礼仪，稳重自信，把握消费心理，引导、启发消费者的注意和兴趣。

④介绍和示范

在对目标消费者已有充分了解的基础上，推销人员应当根据所掌握的情况，有针对性地介绍目标消费者可能感兴趣的方面。这个阶段是整个推销活动的关键环节，必要时，应主动地进行一些产品的使用示范，全面地向客户介绍车辆、车辆特点及车辆优势以增强目标消费者对产品的信心，提高销售的成功概率。

⑤排除异议

推销不可能是一帆风顺的，在大多数情况下，消费者对推销人员的销售都会提出一些质疑，甚至给予拒绝。排除障碍的有效办法是把握产生异议的原因，对症下药。

⑥达成交易

达成交易是消费者接受推销人员的建议并作出购买决定和行动的过程。此时，推销人员应当注意不要疏漏各种交易所必需的程序，应使交易双方的利益得到保护。

⑦跟踪服务

达成交易并不意味着整个推销活动的结束，推销人员还必须为消费者提供各种售后服务，如加装、维修、退换货和定期访问等，从而消除消费者的后顾之忧并树立信誉，使消费者产生对企业有利的后续购买行为。因此，跟踪服务既是人员销售的最后一个环节，也是新一轮工作的起点（图 2-6）。

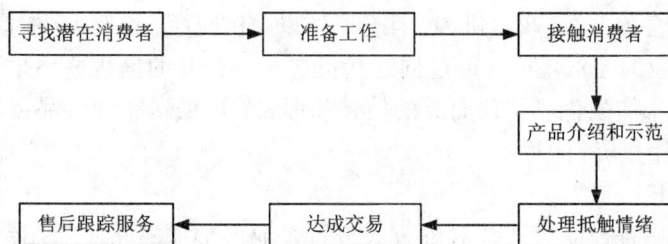

图 2-6　汽车人员促销的过程

3）公共关系

（1）公共关系的含义

为了使公众了解企业的经营活动，有计划地加强与公众的联系，建立企业与公众之间和谐的关系以及树立企业信誉等一系列活动即属于公共关系。它不仅在于汽车产品的公共宣传，而且在于树立汽车企业的形象、汽车产品的品牌形象；有助于妥善处理公众关系，为企业发展创造一个良好的外部环境；通过媒体或直接传播的方式传播信息。

（2）公共关系的特点

公共关系是一种隐性的促销方式，它是以长期目标为主的间接性促销手段，其主要特点有以下几个方面：

①长期性

公共关系的总体目标是树立企业的良好形象，通过各种公关策略的运用，能长时间地促进销售、占领市场。

②沟通双向性

一方面可将企业各方面的信息传播给社会公众，使其了解企业及其汽车产品；另一方面又运用各种手段和技术收集信息，为不断健全、完善企业形象与产品形象提供依据。

③可信度高

由于公共关系的好坏关系到企业及其未来的发展，因此，传播的信息一般比较真实有效，且具有较高的可信度。

④间接促销

公共关系强调企业通过积极参与各种社会活动来宣传企业营销宗旨、联络感情与扩大知名度，从而加深社会各界对企业的了解和信任，达到促进销售的目的。

⑤成本低廉

公共关系主要是利用信息沟通的原理和方法进行活动，它比广告成本少得多，但在一定范围内又具有较大的影响力。

（3）公共关系的活动方式

①通过新闻媒介传播企业信息

汽车企业可通过新闻报道、记者招待会、人物专访和记事特写等形式，利用各种新闻媒介对企业的新产品、新措施与新动态进行宣传，并邀请记者参观企业，还可撰写各种与企业有关的新闻稿件。

②加强与企业外部公众的联系

企业通过同社会各方面（政府机构、社会团体以及供应商、经销商）的广泛交往来扩大企业的影响，改善企业的经营环境。通过同这些机构建立公开的信息联系来争取理解和支持，并通过它们的宣传来加强企业及其商品的信誉和形象，可赠送企业产品或服务项目的介绍、企业月报、季报和年报资料等。

③企业自我宣传

企业还可以利用各种能自我控制的方式进行企业的形象宣传。如在公开的场合进行宣讲，派出公共关系人员对目标市场及各有关方面的公众进行游说；印刷和散发各种宣传资料，如企业介绍、商品目录、纪念册等，有条件的汽车行业还可创办和发行一些汽车刊物，持续不断地对企业形象进行宣传，以逐步扩大影响。

④借助公关广告

通过公关广告介绍宣传企业，树立企业整体形象。公关广告的目的是提高企业的知名度和美誉度，公关广告的形式和内容可概括为三种类型：致意性广告、倡导性广告和解释性广告。

⑤举行专题活动

通过举行各种专题活动来扩大企业的影响。如举办各种周年庆、开工典礼、开业典礼等；开展各种竞赛活动，如知识竞赛、技能竞赛等；举办技术培训班或专题技术讨论会等，从而扩大企业的影响力。

⑥参与各种公益活动

通过参与各种公益活动和社会福利活动，协调企业与社会公众的关系，树立良好形象。这方面的活动包括：安全生产和环境保护、赞助文体等社会公益事业和为社会慈善捐助等。

4）汽车销售促进策略

汽车销售促进策略是一种直接刺激以求短期内达到效果的促销方法，其着眼点在于解决较为具体的促销问题。它与广告、公共关系、人员促销不同，后三者一般是常规的、持续的，而销售促进则是非常规性的，一般用于暂时的和额外的促销工作，作为人员推销和广告促销的补充方式。

选择汽车销售促进的工具时，要综合考虑汽车市场营销环境、目标市场的特征、竞争者状况、销售促进的对象与目标、每一种工具的成本效益预测等因素，还要注意将汽车销售促进同其他促销组合的工具如广告、公共关系、人员促销等互补配合。

（1）用于消费者市场的工具

①分期付款

由于汽车价格一般比较高，普通消费用户一次付款较难接受，因此世界各汽车公司都有分期付款业务。消费者不用支付现金或只支付部分现金即可先取得汽车使用权。

②汽车租赁销售

汽车租赁销售是指承租方向出租方定期交纳一定的租金，以获得汽车使用权的一种消费方式。汽车专业租赁公司，是继出租用车市场后又一大主体市场，是生产企业长期、稳定的用户之一。租赁销售是刺激潜在需求向现实需求转化的有效手段。

③汽车置换业务

汽车置换业务包括汽车以旧换新，二手汽车整新跟踪服务、二手汽车再销售等项目的一系列业务组合。汽车置换业务已成为全球流行的销售方式。汽车置换业务加速汽车的更新改造，通过以旧车折新车的首期付款、营运产生的利润来分期付款。汽车置换业务的投资回报很快，加速折旧及置换还可使企业在税赋方面享有优惠。

④赠品

购买汽车附带赠送小礼品，如不同里程的汽车免费保养卡，免费代办汽车牌照等等。对汽车这样的产品来说，尽管一般的小礼品对销售促进的影响不大，但可以提高消费者满意度，在一定程度上刺激消费者的购买欲望，使某些汽车特别是家用经济性轿车在局部地区的销售直线上升。

⑤免费试车

邀请潜在消费者免费试开汽车，刺激其购买兴趣。免费试车为消费者提供亲身体验，有利于进一步加强消费者的购买欲望，最终达成交易。

⑥售点陈列和商品示范

在汽车展厅通过布置统一标准的室内装饰画、广告陈列架等，向消费者进行展示。

⑦使用奖励

企业为了促进汽车销售，对使用该企业汽车产品的优秀用户给予精神和物质上的奖励。

(2)用于经销商交易的工具

①价格折扣

对经销商的购车给予低于定价的直接折扣,例如鼓励其购买一般情况下不愿购买的汽车型号;增加其进货的数量;如果经销商提前付款,还可以给予一定的现金折扣等,从而刺激其销售的积极性。

②折让

汽车生产企业的折让用以作为经销商宣传其产品特点的补偿。广告折让用以补偿为该产品做广告宣传的经销商;陈列折让用以补偿对该产品进行特别陈列的经销商。例如:一汽大众对其产品的专营公司免费提供广告宣传资料,以成本价提供捷达工作用车,优先培训等。

③免费商品

对销售特定车型的汽车或销售达到一定数量的经销商,额外赠送一定数量的汽车产品,也可赠送促销资金,如现金或礼品等。

(3)用于人员促销的工具

①红利提成

红利提成的做法主要有两种:一是推销人员的固定工资不变,在固定薪资之外,从企业的销售利润中提取一定比例的金额,作为对推销人员努力工作所给予的奖励;二是推销人员没有固定工资,每达成一笔交易,推销人员按销售利润提取一定比例的金额,其提成比例按递增关系,销售利润越大,提取的百分比率越大。

②销售竞赛

销售竞赛的目的在于刺激推销人员在一定时期内增加销售量,汽车企业根据规则给予优胜者一定的奖励,以激发推销人员的热情。

③教育与培训

教育与培训是指向推销人员提供免费的业务培训和技术指导,得到一定认证后方可晋级。

2.2 二手车服务

2.2.1 二手车交易市场概述

1. 二手车的概念

商务部、公安部、国家工商行政管理总局、国家税务总局令 2005 年第 2 号《二手车流通管理办法》取代了 1998 年出台的《旧机动车交易管理办法》,其第二条给出二手车的定义。二手车是指从办理完注册登记手续到达到国家强制报废标准之前进行交易并转移所有权的汽车(包括三轮汽车、低速载货汽车即原农用运输车)、挂车和摩托车,并明确表示"二手车"的内涵与"旧机动车"相同。

在《二手车流通管理办法》中,将二手车的交易、经营、经纪等概念明确划分开来,规定:二手车交易是指二手车经营和直接交易活动;二手车经营是指二手车收购、销售、置换、拍卖、委托代理等经营活动;二手车经纪是指为二手车买卖双方提供信息咨询、撮合交易并收取佣金的中介服务活动；二手车交易市场和二手车经纪公司均不得参与二手车经营活动。在管理办法上对交易市场、经纪公司、经营公司、鉴定评估机构的职责和经营范围进行区分。有助于堵塞行业黑洞，保障买卖双方的合法权益。

2. 二手车市场的定义及特点

二手车市场是机动车二次买卖的重要载体，作为二手车交易的主要场所，其主要功能有：提供二手车置换、拍卖、过户、转籍、评估、收购、销售、寄售、上牌、保险等二手车交易的相关服务。二手车市场是所有机动车商品二次流通的场所，它有着商品经营者和中介服务商双重属性。根据国家相关法律法规，二手车交易市场坚决打击走私车、抢盗车、拼装车和证照不全的车辆。

二手车市场的特点：

1）服务性

二手车市场是二手车交易的场所，为买卖二手车提供了载体。除此之外，现代二手车市场还提供检测评估、跟车验车、售后服务、资金融通等多种服务。

2）流通性

二手车市场是二手车辆物质和资金融通的场所，现在的二手车市场还涉及新旧车辆的置换、旧车更新等流通环节。

3）拥有资源配置性

二手车市场可以有效调节富余缺失，使资源得到优化配置。避免浪费，实现供求各取所需。

4）规范交易性

作为交易的载体还需要有规范的交易性，积极引导市场健康良性发展的责任。其次还有按照国家法律法规的要求，打击违法交易行为，管理市场交易者的责任。

2.2.2　国外二手车市场介绍

在发达国家汽车市场中，新车利润占整个汽车利润的20%，零部件利润约占20%，售后服务领域的利润占60%左右，这其中包括二手车置换、维修保养等服务业务。发达国家的经验表明，随着人均汽车保有量的增长和大众汽车消费观念的成熟，二手车交易量会逐渐增加，进而形成一个供需两旺的巨大市场。而我国虽然已经是全球第一大汽车市场，但我们的汽车保有量仍处于较低的水平。截止到2015年，我国机动车保有量达2.79亿辆，其中汽车1.72亿辆；据相关数据显示，私家车总量超过1.24亿辆，每百户家庭拥有31辆，北京、成都、深圳等大城市每百户家庭拥有私家车超过60辆。在成熟、开放的汽车市场，二手车交易与新车销售比例一般都大于1∶1。美国市场为2.67∶1、英国市场为3∶1、日本市场为1.42∶1。与之相比，中国二手车与新车销售的比例仅为0.3∶1，这一明显差距反映出我国二手车市场与国外规范运营、良性发展的情形相比，在行业管理、交易规则、售后服务等许多方面还存在不小的差距，同时也表明中国二手车市场拥有巨大的发展潜力与空间。

1. 美国二手车市场概况

过去十年，美国新车的年平均销量为1600万辆，而二手车的年销量却高达4000万辆以上，基本上是新车的2~3倍。二手车的热销除了与美国大众对二手车有着异乎寻常的热情有很大关系以外，一个主要原因是美国二手车市场经过数十年的发展已经相当成熟，形成了一套行之有效的市场规则，从价格、质量、服务等多个汽车消费的关键领域给消费者提供了保证和信心。

1）美国二手车市场的法规比较完善

美国的二手车市场总体上是一个具有很强自我规范能力的主体，政府在市场运作、车辆流通等环节的参与和干预力度都非常有限。在政策层面，美国联邦贸易委员会实行的《二手车法规》(Used Car Rule)是针对国内二手车流通管理的一部最重要的规定，主要内容包括以下两方面：

（1）执照申领。《二手车法规》规定，在一个年度(12个月)之内出售5辆二手车以上的经销商必须申领二手车销售执照，执照的发放由各个州自行管理。

（2）《买车指南》(Buyers Guide)。《二手车法规》提供了统一格式的《买车指南》，规定二手车经销商在出售二手车的同时，必须填写完整《买车指南》，并张贴在车内的明显位置，以供买方参考。《买车指南》的主要内容包括车辆的基本信息、质量状况、维修历史、厂家或经销商的质保承诺等重要信息，并且成为购车合同的一个重要组成部分，从而在法律上确保经销商提供的二手车信息的准确性，同时将消费者关心的保修承诺合同化，保证了消费者的权益。

2）美国二手车流通途径

美国二手车市场格局是以经销商为主，二手车连锁店为辅：美国二手车销售主要由经销商、二手车连锁店和私人交易渠道构成。各渠道销量占比分别为60%，25%和15%。经销商在二手车市场中占的比重最大。二手车利润率高于新车并且相对稳定，在经济波动时受到影响较小。在2008年经济危机中，二手车销量缩减速度小于新车销量，更具有防御性。

（1）二手车汽车经销商。多数的汽车经销商同时经营新车和二手车业务，由于这些经销商的信誉比较好，规模也够大，对本品牌车辆的车型、性能更熟悉，有零部件储备和维修售后的优势，虽然这类二手车的价格略高于其他形式销售的二手车，但由于经销商的专业经营和高诚信度，消费者对此表示普遍接受并认可，有不少二手车客户愿意到这里买个放心。

（2）二手车连锁店。规模比较大的二手车连锁店也是二手车销售的一个重要途径，此类连锁店通常对出售的二手车做一些外部整修，对部分二手车提供一定时间的保修服务，出售的价格比汽车经销商稍低。此外，还有一些规模很小的二手车出售点，一般只有20～30辆车，通常不会提供任何保修服务，消费对象多为附近收入较低的群体。

（3）私人卖车。私人出售二手车多以在报纸上刊登广告为主，但由于鱼龙混杂，又缺乏相应的保障，买家需要承受较大的风险，私人二手车的流通量相对比较小。

（4）拍卖。拍卖的二手车多为车龄比较长、车况相对比较差的旧车，甚至还有接近报废的车辆，一般不提供任何保障，但价格非常低廉，主要针对社会低收入群体。

3）二手车质量保证

质量和品质在汽车消费领域居于至关重要的地位，不仅对新车如此，对二手车则更突显出其重要性。上述《二手车法规》中规定的《买车指南》，便是政府强制规定二手车经销商增加透明度，解决买卖双方的信息不对称问题，以保护消费者的合法权益。另外，在实际流通过程中，美国的二手车市场也形成了以下两条非常有效的做法，对于保证二手车质量起到了非常重要的作用。

（1）推广认证制度。

所谓二手车质量的认证制度，就是由汽车生产商或者大型经销商对二手车进行全方位的质量检测，以确保汽车的品质达到一定的出售标准，同时，经过认证的二手车还可以在一定时期内享受与新车同样的售后保障。

尽管认证的二手车要比没经过认证的二手车平均售价高出 1000～1500 美元，但由于认证二手车的质量得到了保证，并可享受保修服务，消费者对二手车质量存在的顾虑便得以解决，极大地激发了消费者购买认证的二手车的热情。

（2）建立历史档案。

美国有专业而且独立的汽车评估公司，利用车辆识别代码（VIN）的唯一性，为每辆车建立档案，撰写"车辆历史报告"。报告的内容包括：所有权及变更、里程数、尾气排放检验结果、使用、维修、抵押、事故等众多重要信息。这些信息来源于生产商、车辆使用者、管理检验部门、消防与警察部门、以及租赁拍卖公司等多个途径，一方面确保了车辆历史报告的全面性，另一方面保证了信息的准确性和公正性。

4）二手车价格

在美国，二手车价格不是由原车价格通过折旧来确定，而是决定于二手车的市场残值，即该车目前在市场上还能卖多少钱。美国没有专门的二手车鉴定估价师，消费者通常参考汽车经销商和二手车连锁店发行的二手车价格参考书。其中，美国汽车经销商协会（NADA）从 1933 年开始发行的《二手车价格指南》是较为权威的一种。该指南按东南西北把美国分为九个区，各地有不同的版本，每月发行一本。

指南中的价格分为：置换价格（trade-in）和零售价格（retail Price）两大类别。置换价格是消费者在车行进行以旧换新时二手车的折价，通常也是经销商回收二手车的批发价，相对较低；零售价格则是车行单独出售的二手车价格，一般比置换价格高 20% 左右。

5）二手车售后服务

美国二手车交易的发达，政策配套完备也是一个重要的方面，最主要的当属多数知名汽车厂商的发动机等主要部件的保修政策。与国内厂商通常 2 万～6 万 km 左右的保修不同，美国知名汽车厂商销售的汽车，通常提供 5 年以上至少 10 万 km 的保修，高级汽车时间更长，公里数也更多，如宝马等就达到 7 年、16 万 km 左右的保修，并明确规定即使更换车主，没有用完的保修照样生效。换句话说，买下一辆开了 4 年 8 万 km 的宝马汽车的车主，可以继续享受余下的 3 年 8 万 km 保修。

6）《凯利蓝皮书》

说起美国的二手车市场，就不得不提到《凯利蓝皮书》（Kelly Blue Book）——美国买卖二手车的"圣经"。在美国的超市、书店、网上都看得见《凯利蓝皮书》的身影，它为美国汽车消费者提供权威的二手车标准参考价。几乎每个想去买二手车的美国人，都能从该书中得到很多有用的信息。

2. 日本二手车市场的发展概况

日本二手车市场最大的特点是已形成一张分布均匀且分布全国的交易网。日本二手车市场是一个成熟的二手车市场，交易过程充满了诚信。在日本，经过检测的二手车上已经详细注明车况，不会存在水分，篡改车辆信息事情很少发生，一旦发生就会公示，并会遭到十分严厉的处罚。这种用制度来约束二手车交易行为是管理中的重要手段。多年的充分竞争和淘汰制度才造就了日本二手车十分诚信的市场。

日本的二手车没有统一的认证标准，最主要的是几个较大的二手车公司的第三方认证标准，如 Gulliver 公司的"监价标准"、AUCNET 公司的"AIS"等。如日产、丰田、本田等汽车公司都认可并使用"AIS"。虽然各个公司的认证标准自成一家，但经过充分的市场竞争和长期的发展，都得到了社会的认同和信赖。一般在经销店里受过专门训练的评估人员在收车后，将二手车情况如实记录，传输给其加盟的二手车公司，很快就能够得到一个检测证明和根据目前市场状况对该车的基本估价。如果这个价格得到卖车人的认可，该经销商就可以出售这辆车了。无论怎样流通交易，经销店里的二手车都要经过检测，被贴上认证标签。

拍卖会是日本二手车流通的一个重要的方式，并且以会员制的形式组成。在日本，虽然不同地区的认证，评估价标准不同，但同一辆车的交易价值非常相近。售出的车辆根据车型和车况，在规定时间和里程数内会有保修。东京 CAA 二手车公司的现场拍卖大厅有 500 个终端，每个终端可以有两个人同时参加拍卖。二手车以基本价值起拍，由于经销商比较专业，二手车一般不会被拍出"天价"，因而单车交易速度特别快，通常 20 s 内就会结束，每天有上千辆的交易量。但如果价格没有达到卖主的期望，控制中心的工作人员就会将该车流拍。远程拍卖在家里或经销店就可以参加。同样，未加盟二手车公司的经销商是不能得到终端设备、参加拍卖的。在举行拍卖的特定时间里，只要看好了，北海道的经销商也能得到东京的二手车。这就是远程拍卖的好处——资源共享。无论远程还是现场，拍卖结束后，车辆的交付在两个经销商之间进行即可，负责组织拍卖的二手车公司只是一个流通的渠道，最后将成交车辆的信息发送给买车的经销商，B to B 交易就完成了。

1）日本二手车市场的制度

（1）评估制度。

新车有出厂标准，消费者比较容易把握，而同一型号的二手车，车况的好与坏可能会有很大差别。普通消费者没有专业知识，很难对车的实际价值作出准确的评估，因此，必须要有一个公正的二手车评估制度。日本在 1966 年成立了财团法人日本评估协会，对规范二手车的评估行为起了重要作用。

规范评估行为，就要有一个准入的问题。根据日本评估协会的规定，要想获得二手车的评估资格，首先它必须是一个二手车的销售店，然后要向评估协会申请实施评估业务，经过评估协会对该店进行审查之后，合格就发给《评估业务确认书》，并制作"评估业务实施店"的标牌挂在店内。同时，在有资格的店内，还应该有通过评估协会组织的技能考试的专业评估师。在日本，这种评估师分两类：大型评估师和小型评估师。评估师的资格有效期为 3 年，通过进修可以晋升。

对二手车价格的评估，在日本有一套通行的计算方法，其方法为：

评估价格：基本评估价 A－标准维修费用及标准杂费 B－各公司调整点 C－加减点 D

式中：基本评估价 A 是根据评估协会发行的指导手册，通过一个二手车行情信息系统推算出来的价格；标准维修费用及标准杂费 B 是为让该车正常使用而进行的必要的维修费用，该数值由各公司自行设定，同时加入了约 15% 的毛利在其中；各公司调整点 C 为根据公司的保修期限、公司进货和销售能力等各自确定；加减点 D 为根据评估协会制订的基准来确定加减点数。

（2）日本二手车销售方面的法规。

①二手车销售资格。日本有一个"旧货经营法"来规范旧货交易，二手车的交易就属于旧

货交易之一。所谓旧货,是指用过一次以上的物品,或者虽然没有用过,但是为了使用的目的而进行过交易的物品,或者修理过的物品。经营旧货(包括网上交易),必须得到当地都道府县警察(相当于我国的公安部门)的许可,并且在经营场所张挂标志。管理人员需要有3年以上经营旧货的经验,能够辨别非法物品(如盗窃来的),有能力核实旧货的来源,如果怀疑旧货来历有问题,要及时向公安部门报告,交易必须有记录而且要保管3年。如果在经营场所以外的地方进行交易(如到客户家里),这称为"行商",要进行"行商"资格登记并获得批准。必要时,公安委员会可以对旧货经营进行干预、指示甚至停止其业务。

②二手车的流通制度。在日本,要求二手车销售商提供公平的价格,并向消费者提供充分的信息,并且要遏制不恰当的宣传和过于贵重的赠品。

为了达到以上目的,由社团法人"汽车公平交易协会"制订了相关的行业规约。协会会员是各汽车厂家,以及新车和二手车的销售商。协会的主要宗旨是制订公平竞争的规约、对普通消费者进行购买指导、接受消费者的咨询和投诉、对销售商的违规情况进行调查并提出改进的措施等。

日本销售二手车的一些规约是:在销售二手车的商店里以及广告媒体上,必须明确说明的内容有车名、主要规格、第一次上牌照的时间、售价(包括各种费用的说明)、已经行驶的里程数、公用车还是私用车、私车验车的有效期、有无维修记录本、有无保修证以及保修期限、定期保养的情况、有无维修记录;如果登载广告,必须要有彩色照片。此外,不许把行驶里程调整减少,以及隐瞒修理过的事实等。

除了这个协会以外,其他的相关团体还有财团法人"汽车检查登记协会"、社团法人"日本汽车工业会"和"日本汽车销售协会联合会"等组织。他们对于如何防止把里程表倒回以及汽车信息登记等都做了一系列的工作。

3. 其他发达国家的二手车市场概况

其他的发达国家二手车市场基本特点都相同,在数量上超过了新车,并且利润超过了新车。特点主要有:

(1)管理体制十分健全,二手车的保值率对新车的销售影响很大,二手车保值率无论是为新车还是二手车销售,稳定市场价格都有着十分积极的意义。

(2)交易量都很大。形成了规模效应,平均高出新车的交易量一倍以上。

(3)价格一般较低。虽然购买二手车需要一定的维修和保养费用,但就算加上这部分成本,也比新车价格低很多。汽车报废周期平均为8~12年,而汽车更新周期平均为4年,可见二手车市场有相当的空间。发达国家成熟二手车市场实行规范化的售后服务标准。在税收、价格评估等方面,北美、欧洲等绝大部分国家和地区在二手车交易中是按照购进销售之间的差价征税,英国按照差价毛率征收增值税。各国通过制定法规和行业协会管理以及品牌汽车企业来确定经营者的资质资格,规范其交易行为。他们通过统一的服务标准,使购买二手车的消费者,在一定时期内享受与新车销售相同的售后待遇。在国外,根据二手车的评估结果,车辆可以拥有符合车况的相应保修期。一般二手车的评估是由第三方评估机构和评估公司来实现。在瑞士,凡是购买二手车的车主都可以得到一张保修单,享受2年的保修期,这种承诺不仅在瑞士有保证,而且在全欧洲都有保证,如果2年之内车主将车转卖,保修期还可以随车主的更换转移给另一个车主。这样的做法,不仅解决了购买二手车的后顾之忧,也促进了二手车的销售。

一般发达国家成熟二手车市场均形成了一套比较完善的收购和销售体制。各国政府也制订了有关二手车贸易的相关法规，以保护消费者的权益。在瑞士，新车5年之内免检，5年之后，每3年检查一次。在意大利，新车行驶4年之后，每2年检查一次。一般情况车辆行驶8年就会自行处理。如果超过10年直接有指定的拆解企业进行回收。这两个国家建立了科学、完善、权威的二手车评估体系。在瑞士有一个科学的二手车评估系统，这个系统是由二手车协会来制定，任何二手车的估价必须遵循这一套科学的评估系统来确定。二手车销售价格的制定，首先要经过技术检测部门的技术人员进行测定，列出测试清单，然后作出此车的估价，销售商根据二手车的估价和原销售价格，最终确定二手车实际销售价格。

2.2.3 我国二手车市场发展分析

1. 中国二手车交易市场发展现状

最初的二手车交易市场多数是由国家职能部门与企业共同兴办的，具有很浓的官办企业色彩。在国家有关政企分离政策指导下，大多数企业已与政府职能部门脱钩，实现了自主经营。但由于历史原因，二手车一直被当作特殊商品进行管理，因此，二手车流通管理所涉及的政府管理部门也比较多，主要有：商务管理部门、工商管理部门、公安交通、治安管理部门、国家税务部门、地方税务部门、城管部门、交通部门等。这些政府职能部门多以监管方式为主，其主要职能是：确定交易双方的主体地位和合法性，验证交易合同，监督管理二手车经纪公司的经纪活动；对进行交易车辆的合法性进行确认，核查车辆的档案和车辆来源，防止非法车辆进入市场，并根据交易凭证办理车辆注册登记手续；根据交易凭证负责国税和地税税收的征稽工作；维护市场秩序，打击违法犯罪活动；确保市场、车辆的消防安全；维护市场周边环境；执行环保相关规定。

为适应市场发展的客观规律，传统的单一交易模式已不能满足市场的需求，这时汽车供应商以及经销商的参与使得二手车市场的经营主体向多元方向发展。它们带来了规模化、专业化的服务保障体系，在行业中树立起二手车经营的品牌理念和诚信机制。上海通用、上海大众、一汽大众、东风雪铁龙等汽车供应商已经在全国开展了二手车置换业务；新车经销商直接在二手车交易市场摆摊设点，或与二手车交易市场、经纪公司联手参与二手车经营；与二手车经营相关的汽车维修企业和其他汽车经营机构已经将二手车业务作为了新的战略重点；各地拍卖企业也纷纷尝试进行二手车实地拍卖和网络拍卖，并取得了较好效果。

据中国汽车流通协会统计显示，截至2012年底，我国现有成规模的二手车交易市场已近千家，市场经营面积总和约2000万 m^2，市场内正规经营二手车服务企业有3万多家，从业人员达15万之多。另外，全国各地还有大量非正规二手车交易市场以及其他小型综合交易市场等二手车交易场所更是不计其数。

2. 中国二手车市场存在的问题

我国二手车市场发展还远未完善，从发展的角度来看，还有很长的一段路要走。当前我国二手车市场存在的问题，有历史遗留下来的，也有在新时期出现的特有问题，这些问题的存在，影响着当今我国二手车市场。

1）缺少统一管理和整体规划

我国二手车交易市场由于历史原因存在多头管理问题，行业间及经营企业间缺少相互沟通。二手车交易行业在本国的经济地位不高，一直未引起国家的高度重视，使其制度上缺乏监督管理力度。

2）评估体系不健全

我国二手车交易起步较晚。改革开放后，一方面，由于人民生活水平的提高，汽车进入家庭的步伐加快，更新换代的步伐也在加快，二手车市场伴随着我国市场经济的发展而发展。另一方面，随着国家机关、企业、事业用车制度的改革，进口车、新车、缉私罚没车、抵债车等不断增加，人们的消费观念、市场需求结构也发生了变化，从而刺激了二手车交易市场的形成和发展。在二手车交易中，价格的评估是很重要的环节。现在面临的主要问题是估价的标准全国不统一，在交易中存在着定价不合理、随意性较大的问题。有的地方为了抢二手车生意，故意低估价格，竞相压价，甚至还出现"私卖公高估价，公卖私低估价"的现象。由于价格压低，使国有资产流失，国家的税收减少。因此，如何建立科学、可操作的二手车评估体系是亟待解决的问题。

3）二手车售后质保问题

服务方式单一是目前许多二手车交易市场的通病，许多交易市场主要是办理工商验证和转籍过户手续，仅是工商、公安部门管理功能的延伸转移，缺乏必要的服务功能、服务设施和服务手段。目前，我国新车品牌的销售基本上建立了信息咨询、配件供应、维修、汽车保险等一条龙服务。而二手车的售后服务还没有建立，特别是与发达国家相比差距较大。如美国在二手车售出之后还提供一段时间的质量保证，通用公司就规定车龄 7 年以内的二手车有 1～2 年的质量保证，这与新车的服务一样，而且，所有车行出售的二手车都必须持有政府颁发的技术合格证书才能上路行驶。一般购买二手车的消费者还有一定时间的使用期，避免消费者利益受损失。这些服务有力地促进了发达国家二手车的销售。

4）买卖双方信息不对称

卖方往往对自己手中的二手车有比较充分的信息，而买方往往缺少这方面的信息，再加上目前我国信用体系不健全，卖方故意隐瞒某些瑕疵，甚至提供虚假信息欺骗买方。这都在很大程度上制约了二手车市场的发展。

5）税收标准不统一

《二手车流通管理办法》未规定二手车交易行为的税收标准，只要求面向二手车经营公司征收的减半后的增值税，即 2% 的增值税，而作为个人交易在二手车交易市场开票则不需要交税。只是规定了直接交易必须在二手车交易市场进行，因此，如何甄别哪些是个人交易，哪些是带有盈利性质的经营行为，这个问题在现实中很难判断。导致大部分二手车交易都"合理"避税了。二手车经营公司为了合理避税，只能到市场上去开票，增加了时间成本。

6）全国范围的二手车流通体系不健全

不健全的二手车流通体系，将会导致国内二手车需求无法得到有效满足，必然会反映到二手车的销售价格，对于希望卖掉手中车辆的消费者来说，由于二手车经营者收购价格低而蒙受损失，有的甚至因此而延长手中车辆的使用时间。

全国性的二手车流通体系对我国二手车市场发展的影响意义深远，可以说，在今后相当长的一段时间，将会成为制约我国二手车市场发展的重要限制条件。

3. 我国二手车市场发展方向

现今中国的二手车市场刚刚起步，市场才能够逐步地迈向专业化和规范化，国内二手车行业依旧存在这样或者那样的问题。目前，国内二手车市场销售渠道单一，手续纷繁复杂，交易管理鱼龙混杂，消费者的权益得不到较好的保证。同时，在交易前缺乏严格监管，交易后缺乏完善的售后。现阶段相对完善成熟的国外二手车市场对中国的二手车市场发展有着很好的借鉴作用。

1）尽快建立科学的二手车价格评估体系

虽然我国二手车产业近两年高速发展，但是二手车市场在高速发展的同时也暴露一系列问题，诸如评估尺度不完满、评估机构缺乏公信力、评估师水平良莠不齐。这从根本上制约了我国二手车市场的生长。鉴于我国的二手车价格评估还不规范，一方面要加强二手车鉴定评估师的培训和再培训，另一方面有关行业应组织研究制定全国统一的价格评估标准。

2）简化交易手续，强化售后服务

针对目前消费者普遍反映交易手续过于烦琐和售出二手车没有服务保障的问题，建议由全国二手车流通行业组织配合国务院商品流通行政管理部门进行深入的调查研究，尽快拟定有关法规和标准交易流程，简化不必要的交易环节和交易手续，为客户提供便捷的服务。同时，还应强制性规定二手车经营企业必须有售后服务保障功能，对售出的二手车必须有一定程度的售后服务保障承诺。

3）建立健全二手车交易诚信体系

我国整个二手车交易诚信体系还不完善，汽车交易中的交易信息、车辆的维护保养信息、车辆的产权转移信息、车主信息等都难以确保真实统一。汽车厂家和经销商的业务员相对缺乏相关鉴别经验，如何避免置换车辆中出现盗抢车、组装车、拼装车、走私车等成为了经销商从事二手车交易的很大障碍。此外，交易中的假身份证、假代码证书、假公章、假合同也会给经销商造成非常大的麻烦和风险，而这些都严重制约了二手车市场发展，对整个市场扩张和利润回收都造成巨大影响。要克服这些问题，就要加快整个二手车交易市场的诚信体系的建设。

4）加强行业组织建设

全国二手车流通行业组织作为国务院商品流通行政管理部门的助手，承担行业发展规划、行业自律、行业信息统计、行业标准制订、行业人才培训等工作，同时接受国务院商品流通行政管理部门的委托，参与行业有关政策法规的制定。

2.2.4　二手车鉴定评估

1. 二手车鉴定评估基础

1）二手车鉴定评估的定义

二手车鉴定评估是指由专业的鉴定评估机构和人员，接受国家机关和市场的委托，按照特定的经济行为和法定的评估标准及程序，运用科学的方法，对二手车进行手续和证照的检查、技术状况的鉴定以及价值的估算的过程。

2）二手车鉴定评估的特点

二手车作为一类资产，可分为生产资料和消费资料两类。作为生产资料时是用于生产经营的车辆，其进行二手车交易时会发生明显的价值转移，如客车、工厂的叉车、工程上的压路机等。而作为消费资料时是服务于日常生活的车辆，进行二手车交易时不会发生明显的价值转移，其价值主要体现在使用年限、已驾驶公里数和车辆保养情况等。二手车鉴定评估具有以下三个特征：

（1）二手车鉴定评估以技术鉴定为基础。由于机动车本身具有较强的工程技术特点其技术含量较高。机动车在长期使用过程中，车辆的有形损耗和无形损耗都因使用强度、使用条件、维修保养等水平的不同而出现不同。因此，评定车辆实物和价值状况，往往需要通过技术检测等技术手段来鉴定其损耗程度。

（2）二手车鉴定评估都以单台为评估对象。由于二手车单位价值相差比较大、规格型号多、车辆结构差异很大，为了保证评估质量，对于单位价值大的车辆，一般都是分整车、分部件逐台、逐件地进行鉴定评估。

（3）二手车鉴定评估要考虑其手续构成的价值。由于国家对车辆实行"户籍"管理使用税费附加值高，因此，对二手车进行鉴定评估时，除了估算其实体价值以外，还要考虑由"户籍"管理手续和各种使用税费构成的价值。

3）二手车鉴定评估的要素

二手车鉴定评估有八个基本要素：鉴定评估主体、鉴定评估客体、鉴定评估依据、鉴定评估目的、鉴定评估原则、鉴定评估程序、鉴定评估价值和鉴定评估方法。

（1）二手车鉴定评估主体。是指从事二手车鉴定评估的机构和人员。它是二手车鉴定评估工作中的主导者，在二手车鉴定评估业务中，对二手车鉴定评估的主体资格有严格的限制条件。如鉴定评估人员必须取得中国汽车流通协会颁布的二手车鉴定评估岗位资格证书，才能获得相应的职业资格。

（2）二手车鉴定评估客体。是指评估的车辆，是鉴定评估的具体对象。被评估车辆可以按照不同标准分为汽车、电车、摩托车、农用运输车、拖拉机和挂车等几类；按照车辆的使用用途，可以将机动车分为营运车辆、非营运车辆和特种车辆。就算同一种车型，由于其使用用途不同，车辆在用状态所需要的税费可能就会有较大的差别，其成本的构成也往往差异较大。

（3）二手车鉴定评估依据。是指二手车鉴定评估工作所遵循的法律、法规、经济行为文件、合同协议以及收费标准和其他参考依据。

（4）二手车鉴定评估目的。是为了正确反映二手车的价值及变动，并为将要发生的经济行为提供价格尺度。经济行为分为两种：车辆所有权发生转移的行为，如交易、转让等；车辆所有权不发生转移的行为，如纳税、典当等。同时，不同车辆鉴定评估的目的往往影响着车辆评估方法的选择。

（5）二手车鉴定评估原则。是指车辆鉴定评估的行为规范，是调节车辆评估当事人各方关系、处理鉴定评估业务的行为准则。二手车鉴定评估原则可分为工作原则和经济原则两大类。

（6）二手车鉴定评估程序。是指二手车鉴定评估工作从开始到最后结束的工作程序。二手车鉴定评估程序如图 2-7 所示。

（7）二手车鉴定评估价值。是指对车辆评估价值的质的规定，它对评估方法的选择具有约束性。例如要评估车辆的现行市价，则选择现行市价法进行评估，如要评估车辆的重置成本，则要使用重置成本法。

（8）二手车鉴定评估方法。是指二手车鉴定评估所运用的特定技术，它是实现二手车鉴定评估价值的手段和途径。目前的评估方法主要有：现行市价法、重置成本法、收益现值法和清算价格法。

```
┌──────────────┐      ┌─────────────────────────────┐
│  受理鉴定评估  │─────→│ 明确评估目的、对象和其他业务基本事项 │
└──────────────┘      └─────────────────────────────┘
        ↓
┌──────────────┐      ┌─────────────────────────────┐
│ 查验可交易车辆 │─────→│ 对不可交易车辆的，除特殊需要外，不进 │
└──────────────┘      │ 行技术鉴定和价值评估            │
        ↓             └─────────────────────────────┘
┌──────────────┐      ┌─────────────────────────────┐
│   签订委托书   │─────→│ 拟定评估计划，安排鉴定评估人员      │
└──────────────┘      └─────────────────────────────┘
        ↓
┌──────────────┐      ┌─────────────────────────────┐
│  登记基本信息  │─────→│ 车辆类别、型号、生产厂家、初次登记日等 │
└──────────────┘      └─────────────────────────────┘
        ↓
    ◇判别事故车◇──是──→┌─────────────────────────────┐
        │否            │ 指出事故部位与事故状态，用代码表示   │
        ↓             └─────────────────────────────┘
┌──────────────┐      ┌─────────────────────────────┐
│  鉴定技术状况  │─────→│ 检查车身及重要部件、计算技术状况分值、│
└──────────────┘      │ 描述缺陷、评定技术等级          │
        ↓             └─────────────────────────────┘
┌──────────────┐
│  评估车辆价值  │
└──────────────┘
        ↓
┌──────────────┐      ┌─────────────────────────────┐
│ 撰写并出具鉴定  │─────→│ 向委托方出具鉴定评估报告         │
│   评估报告    │      └─────────────────────────────┘
└──────────────┘
        ↓
┌──────────────┐
│  归档工作底稿  │
└──────────────┘
```

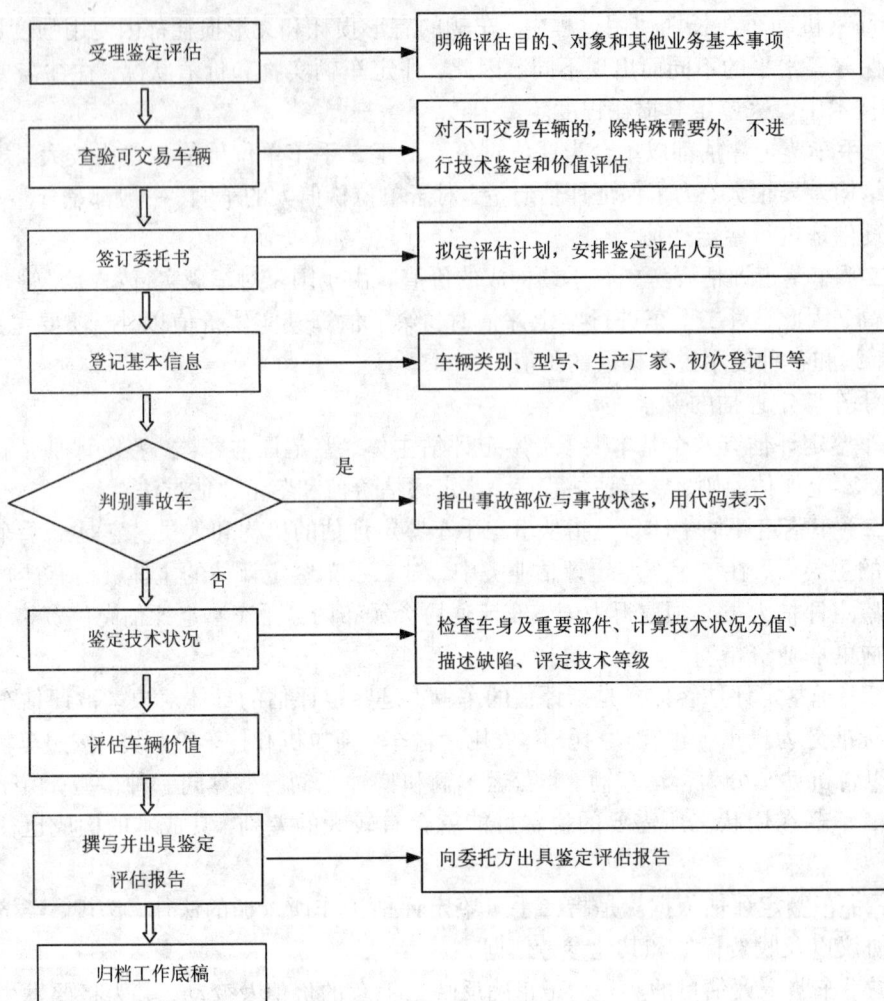

图 2-7　二手车鉴定评估流程

2. 二手车手续检查

二手车手续检查是指进行二手车价值评估前的一系列工作，包括接受委托、核查证件、核查税费、车辆拍照等工作。

1) 接受委托

接受委托是鉴定评估的第一项工作，是以后业务的基础。接受委托时鉴定评估人员的态度和认真程度会直接影响着鉴定评估机构的形象和信誉，因而评估人员要认真对待此项工作。通过洽谈应该了解以下几点内容：

(1) 车主基本情况：了解当前客户是否为二手车的所有人，是否具有处置权等基本情况。

(2) 评估的目的：根据评估服务的经济行为，选择计算标准和评估方法。如进行二手车作为消费品的交易应选择重置成本法进行评估。

(3) 评估车辆的基本情况：了解机动车名称、型号、生产厂家、出厂日期、管理机关初次注册登记的日期、已使用年限、行驶里程、机动车来历等基本情况。

（4）其他的补充要求，如时间要求等。

签订二手车鉴定评估委托书是指二手车评估机构与客户相互之间为实现评估的目的，明确相互权利义务关系所订立的协议。二手车评估委托合同应写明的内容有：

（1）委托方和二手车评估机构的名称、住所、工商登记注册号、上级单位、二手车评估人员资格类型及证件编号。

（2）鉴定评估目的、车辆类型和数量。

（3）委托方须做好的基础工作和配合工作。

（4）鉴定评估工作的起止时间。

（5）鉴定评估收费金额及付款方式。

（6）反映协议双方各自的责任、权利、义务以及违约责任的其他内容。

2）核查证件

二手车鉴定评估必须对机动车来历凭证、机动车行驶证、机动车登记证、机动车号牌等必要证件的合法性进行检查。

3）核查税费

二手车鉴定评估必须对车辆购置税完税证明、车船使用税缴付凭证、车辆保险单等进行合法性核查。

4）车辆拍照

二手车鉴定评估的重要附件之一是二手车的照片，因而在进行鉴定评估之前要对二手车进行拍照。拍照要求：以平拍方式，与待拍车辆成45°，照片中二手车轮廓分明、牌照清晰、车身颜色真实。

3. 二手车的价值评估法

1）重置成本法评估二手车价值

重置成本法是指在当前市场条件下重新购置一台全新的被评估车辆或相近的车所需要的全部成本减去被评估车辆的全部贬值的差额作为被评估车辆现时价值的评估方法。

目前存在的计算模型有：

$$P = B - (D_s + D_G + D_J) \qquad (2-13)$$
$$P = B \times C \qquad (2-14)$$
$$P = B \times C \times K \qquad (2-15)$$
$$P = B \times C \times K \times \varphi \qquad (2-16)$$

式中：P 为被评估车辆的评估值；B 为重置成本；D_s 为实体贬值；D_G 为功能性贬值；D_J 为经济性贬值；C 为成新率；K 为综合调整系数；φ 为变现系数。

各种参数的得到方法：

（1）重置成本 B

①市场上有与待评估车辆品牌、型号和配置完全相同的新车出售，则

$$重置成本 = 新车净车价 + 车辆购置税 \qquad (2-17)$$

②待评估车辆已停产而市场上有与之类似的车辆出售，

$$重置成本 = 新车售价 - 单车成本变动值 + 车辆购置税 \qquad (2-18)$$

式中：变动成本是指车辆的改进造成分摊在每一部车上的制造成本变动量。

（2）实体贬值 D_s

实体贬值是车辆的有形损耗。目前最常用的是成新率估算法，成新率是反映二手车新旧程度的指标，同时，如果车辆存在碰撞等造成损失要算在实体贬值中。

$$实体性贬值 = 重置成本 \times (1 - 成新率) \qquad (2-19)$$

（3）功能性贬值 D_G

功能性贬值是一种无形损耗，其主要是由于技术进步引起劳动生产率的提高，现在再生产制造与原相同车辆的社会必要劳动时间减少、成本降低而造成二手车功能相对落后而导致的贬值。

（4）经济性贬值 D_J

经济性贬值是指由于国家宏观经济政策、市场需求、通货膨胀和不断增强的环境保护要求等外部经济环境的变化引起的车辆贬值。

（5）成新率 C

成新率是反映二手车新旧程度的指标。二手车成新率是表示二手车的功能或使用价值占全新机动车的功能或使用价值的比率。通常有以下几种计算方法：

①使用年限法

a. 等速折旧法：

$$C = (1 - Y/G) \times 100\% \qquad (2-20)$$

b. 加速折旧法之年份数求和法：

$$C = \left[1 - \frac{2}{G(G+1)} \sum_{n=1}^{Y} (G+1-n) \right] \times 100\% \qquad (2-21)$$

c. 加速折旧之双倍余额递减折旧法：

$$C = \left[1 - \frac{2}{G} \sum_{n=1}^{Y} \left(1 - \frac{2}{G} \right)^{n-1} \right] \times 100\% \qquad (2-22)$$

式中，G 为规定使用年限；Y 为已使用年限。

采用使用年限法计算的前提条件是，车辆日常正常使用，包括正常使用时间和强度。

②行驶里程法

$$成新率 = (1 - 已行驶里程/规定行驶里程) \times 100\% \qquad (2-23)$$

该方法反映了车辆新旧程度和车辆的使用强度的关系，其使用前提条件是车辆里程表的记录必须是原始的、没有被人为更改过。但是里程表很容易被人为变更，因此在实际中较少直接采用此方法进行评估。

③部件计算法

$$C_b = \sum_{i=1}^{n} (C_i \times \beta_i) \qquad (2-24)$$

式中：C_b 为二手车成新率；

C_i 为二手车第 i 项部件的成新率；

β_i 为二手车第 i 项部件的价值权重。

该方法费时费力，但是该方法评价比较客观、接近实际，同时还考虑了二手车每个部件的损耗和更换部件所添加的附加价值。但是由于该方法实施不易，因而比较适合价值较高的车辆。

（6）综合调整系数 K

在计算成新率时应考虑到车辆技术状况对成新率的影响,其中因素有:技术状况、使用和维修状态、原始制造质量、工作性质、工作条件。K 的计算方法为:

$$K = K1 \times 30\% + K2 \times 25\% + K3 \times 20\% + K4 \times 15\% + K5 \times 10\% \qquad (2-25)$$

式中,$K1$ 为技术状况调整系数;$K2$ 为车辆使用和维护调整系数;$K3$ 为原始制造质量调整系数;$K4$ 为工作性质调整系数;$K5$ 为工作条件调整系数。其中各系数的选取方法如表 2 - 3 所示。

表 2 - 3　各系数选取方法

影响因素	因素分级	调整系数	权重(%)
技术状况	好	1.0	30
	较好	0.9	
	一般	0.8	
	较差	0.7	
	差	0.6	
维护	好	1.0	25
	较好	0.9	
	一般	0.8	
	较差	0.7	
制造质量	进口车	1.0	20
	国产名牌车	0.9	
	进口非名牌车	0.8	
	走私罚没车、国产非名牌车	0.7	
工作性质	私用	1.0	15
	公务、商务	0.7	
	营运	0.5	
工作条件	较好	1	10
	一般	0.8	
	较差	0.6	

(7)变现系数 φ

由于二手车变现系数影响因素很多,估计难度较大,一般在评估中省略。

(8)各种方法的适用条件

从理论上讲方法一最优、考虑的因素最多,但是要求评估人员对二手车的营运成本、经济寿命和收益有比较准确的把握,因而应用难度大。方法二适用于整车观测法和部件鉴定法来估算成新率。方法三适用于年限法中的加速折旧法来估算成新率。方法四适用于年限法中的等速折旧法和行驶里程法来估算成新率。

（9）计算步骤

确定重置成本；确定成新率；确定综合调整系数；计算评估值。

2）收益现值法评估二手车

（1）定义

收益现值法是指通过估算被评估作为生产工具的二手车在剩余寿命期内的预期收益并折现为评估基准日的现值，借此来确定二手车价值的一种评估方法。即以二手车未来所创造的价值来评定其现在的价值。在营运二手车交易中，人们购买的目的往往不是在于车辆本身，而是车辆获利的能力。

（2）应用前提和适用范围

被评估二手车必须是经营性车辆，且具有继续经营和获利的能力。继续经营的预期收益可以预测而且必须能够用货币金额来表示。二手车购买者获得预期收益和所承担的风险也可以预测，并可以用货币衡量。被评估二手车预期获利年限可以预测。

（3）计算公式

$$P = \sum_{t=1}^{n} \frac{A_t}{(1+i)^t} + \frac{P_n}{(1+i)^n} \tag{2-26}$$

式中，P 为折算后的总现值；t 为收益期；n 为收益总年期，即剩余使用年限；A_t 为未来第 t 个收益期的预期收益额；P_n 为最后二手车的残值；$A_t/(1+i)^t$ 为第 t 个收益期的折现值；$P_n/(1+i)^n$ 为残值的折现值。但是一般营运车辆的最终残值几乎等于零，可以忽略不计，故公式可简化为：

$$P = \sum_{t=1}^{n} \frac{A_t}{(1+i)^t} \tag{2-27}$$

（4）计算步骤

①收集有关营运车辆的收入和费用资料；

②估算预期收入；

③估算营运费用；

④估算预期净收益；

⑤选用适当的折现率；

⑥选用适当的计算公式求出收益限值；

⑦收益现值法的优缺点。

优点：与投资决策相结合，容易被交易双方接受；能真实和较准确地反映车辆本金化的价格。

缺点：预期收益额和折现率以及风险报酬率的预测难度大；受主观判断和未来不可预见因素的影响较大。

3）现行市价法评估二手车价值

（1）定义

现行市价法又称市场法、市场价格比较法，是指以市场上最近售出的与被评估车辆可类比的车辆作为参照物，通过比较彼此间的异同，并据此对参照物的市场成交价进行调整，从而确定被评估车辆价值的一种评估方法。此方法是目前最直接、最有说服力的评估方法之一，因为其充分利用二手车市场的信息和已有的结论来进行评估。

（2）应用前提

①存在一个市场发育成熟的、交易活跃的二手车公开交易市场。因为这样才会容易存在有相同的或类似的二手车交易，有充分的交易数据可取，才能真实地反映市场行情。

②交易市场上能够找到与被评估二手车相同或相类似的已成交过的参照车辆，并且参照车辆是近期的、可比较的。所谓近期，是指参照车辆交易时间与被评估二手车评估基准日相差时间相近，一般在一个季度之内。所谓可比较，是指参照车辆在规格、型号、功能、性能、配置、内部结构、新旧程度及交易条件等方面与被评估二手车不相上下。

（3）适用范围

现行市价法特别适用于产权转让的畅销车型的评估，畅销车型的数据充分、市场交易活跃。评估人员熟悉其市场交易情况，采用现行市价法评估二手车时间会很短。

（4）评估的具体方法

①直接市价法。是指在市场上能找到与被评估二手车相同或基本一致车辆的现行市价，并依其价格直接作为被评估二手车评估价格的一种方法。这里所指的相同或基本一致车辆是指车辆型号、使用条件和技术状况相同或基本类似，生产和交易时间相近。

②类比调整法。是指在市场上找不到完全相同的车辆，但能找到类似的车辆，以此为参照车辆并根据车辆技术状况和交易条件的差异对参照车辆的价格做出相应调整，进而确定被评估二手车价格的一种评估方法。

③成本比率估价法。是利用二手车交易价格和重置成本之比反映二手车的保值程度，通过分析大量二手车市场数据，得到一类车的保值率与其使用年限的函数关系，利用这个基本相同的关系来评估车辆的评估方法。

（5）基本程序

收集资料—选定相同或相似参照物—分析、比较—计算评估值。

（6）优缺点

优点：能够客观反映二手车目前的市场情况，其评估的参数、指标，直接从市场获得。评估值能反映二手车市场现实价格。结果易于被各方面理解和接受。

缺点：需要公开及活跃的二手车市场作为基础。然而在我国很多地方二手车市场建立时间短，发育不完全、不完善，寻找参照车辆有一定的困难。可比因素多而复杂，操作难度较大。

4）清算价格法评估二手车价值

（1）定义

清算价格法是以清算价格为标准，对二手车进行的价格评估。清算价格是指企业由于破产，要求在企业清算之日预期前卖出车辆可得到的变现价格。

（2）应用前提

①以具有法律效力的破产处理文件或抵押合同及其他有效文件为依据；

②车辆在市场上可以快速出售变现；

③所卖收入足以补偿因出售车辆的附加支出总额。

（3）适用范围

适用于企业破产、抵押、停业清理要出售车辆变现。

（4）计算方法

①现行市价折扣法。是指对清理车辆,在二手车市场找一个相应的参照物,然后估定一个折扣率并以之确定其价格的清算价格。

②意向询价法。根据向潜在购买者询价的办法取得信息,最后经评估人员分析确定其清算价格的一种方法。

③拍卖法。是由法院按照破产清算的法定程序或由卖方根据评估结果提出一个拍卖的底价,在公开市场上由买方竞争出价,谁出的价格高就卖给谁。

(5)二手车鉴定评估报告

二手车鉴定评估报告是评估机构或评估师在完成鉴定评估工作后,向委托方提供鉴定评估工作的总结。它是二手车交易市场履行评估委托协议的总结。

4. 二手车技术状况鉴定

二手车鉴定评估的关键是对其技术状况进行鉴定。其鉴定的方法主要有静态检查、动态检查和仪器检查。

1)静态检查

二手车静态检查是根据评估人员的经验和技能初步判断车辆静态基本情况。如检查车辆是否有碰撞、发动机是否有严重磨损、内部设施是否正常使用等。主要可分为识伪检查和外观检查两大部分。具体如图 2-8 所示。

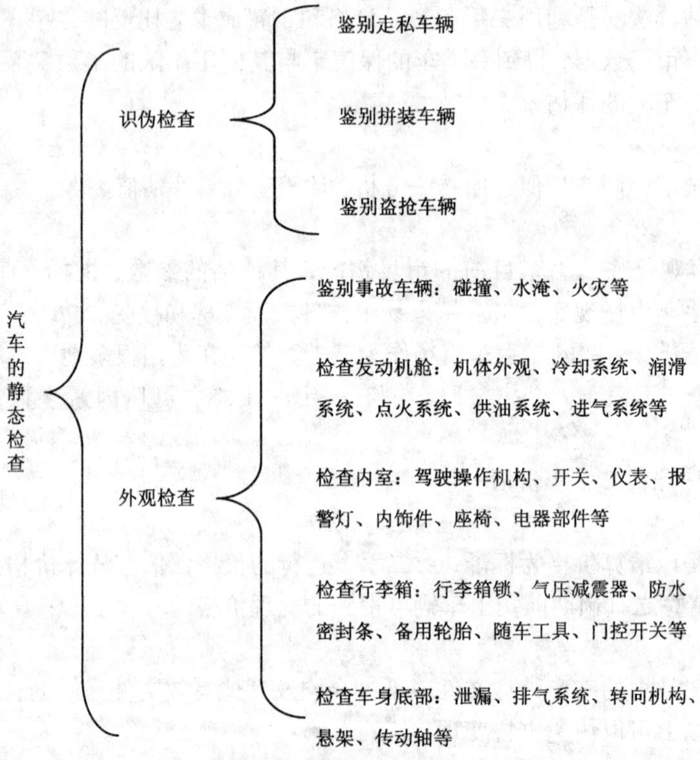

图 2-8 静态检查流程和项目

2)动态检查

在进行完静态检查之后，应该对二手车进行动态检查以检查其在运行情况下的车辆完好程度。在进行路试动态检查前应该做好检查机油、制动液等各种开车前准备工作如图 2 - 9 所示。

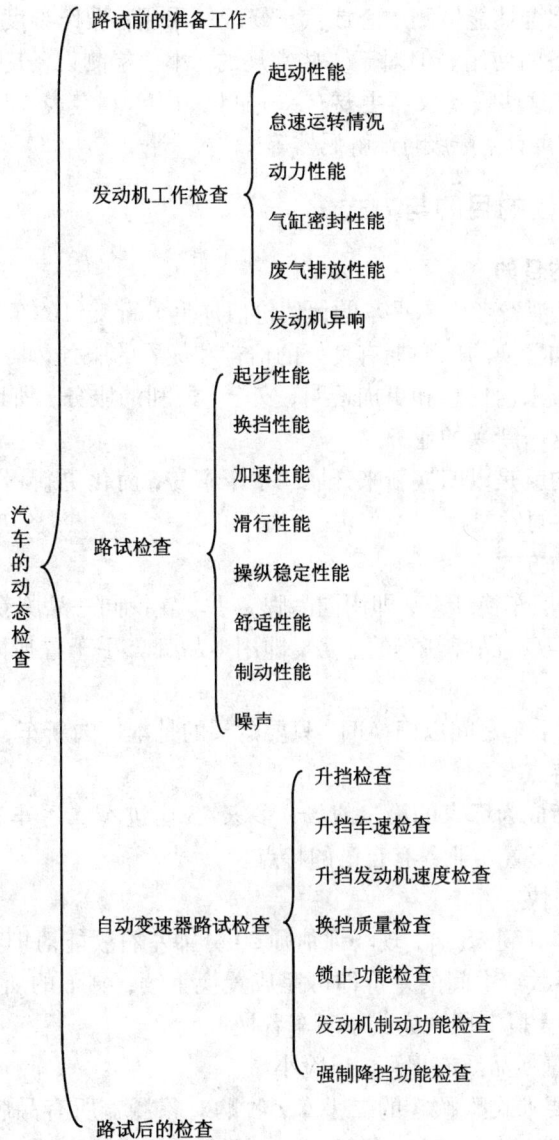

图 2 - 9 动态检查流程和项目

3）仪器检查

利用静态检查和动态检查，可以对汽车的技术状况进行定性的判断，即初步判定车辆的运行情况是否基本正常、车辆各部分有无故障及故障的可能原因、车辆各总成及部件的新旧程度等。当对车辆各项技术性能及各总成、部件的技术状况进行定量、客观的评价时，通常需要借助一些专用仪器、设备进行。

　　对二手车进行综合检测时，需要检测车辆的动力性、燃料经济性、转向操作性、排放污染、噪声等整车性能指标，以及发动机、底盘、电器电子等各部件的技术状况。

　　检测汽车性能指标需要的设备很多，其中主要有底盘测功机、制动检验台、油耗分析仪、平板制动器、前照灯检测仪、发动机测功机、示波器、四轮定位仪、车胎平衡仪等设备，这些设备一般在汽车的综合性能检测中心或汽车修理厂采用，操作难度大，二手车鉴定评估人员不需要掌握这些设备的使用。但对于一些常规的、小型检测设备应能掌握，以迅速快捷地判断汽车的常见故障，这些设备仪器主要有：气缸压力表、真空表、万用表、正时枪、燃油压力表、废气分析仪、烟度计、声级计、解码器等。

2.2.5　二手车置换的目的与方式

1.二手车置换的目的

　　二手车置换，是消费者用二手车的评估价值加上另行支付的车款从品牌经销商处购买新车的业务。由于参加置换的厂商拥有良好的信誉和优质的服务，其品牌经销商也能够给参与置换业务的消费者带来信任感和更加透明、安全、便利的服务，所以现在越来越多想换新车的消费者希望尝试这一新兴的业务。

　　二手车置换目的就是以旧换新来开展二手车贸易，简化更新程序，并使二手车市场和新车市场互相带动、共同发展。

2.二手车置换的方式

　　(1)同品牌内的旧车换新车，即用同品牌二手车置换同一品牌新车(以旧换新)。

　　(2)多品牌置换某一品牌新车的业务，即用本品牌二手车置换同一车系的不同品牌任一款车。

　　(3)不同品牌二手车之间以旧换旧，只要购买的是本厂的新车，置换二手车不限品牌。

3.二手车置换特点

　　二手车置换逐渐成为厂家的第二战场，多家4S店进军二手车置换市场，与传统二手车交易方式相比，二手车置换业务有自己的特点。

　　1)周期短、时间快

　　车主只需将旧车开到4S店，现场评估师20分钟左右就能对旧车评估出价格，车主选好心仪的新车后，只要缴纳中间的差价即可完成置换手续，剩下的所有手续都有4S店代为办理，并且免代办费，大概1周就完成了新车置换。

　　2)4S店二手车置换品质有保证，风险小

　　4S店按照厂家要求收购顾客的二手车，收购对象涵盖所有品牌及车型。对于消费者而言，4S店所提的车都是汽车厂商直供销售的，没有任何中间商，车辆状况、车辆质量让车主安心，消除了不懂车不知道怎么挑车的疑虑。

　　以前卖旧车买新车，要经过二手车谈价、旧车过户、收钱、与汽车经销商谈新车价格、交钱购车等一系列程序。现在只需在品牌二手车经销商处评估旧车，有专业人士为顾客提供专业、透明的车辆评估及报价服务，所有手续都由经销商代办，二手车车价抵扣新车车价，然后补齐差价，即可开着新车走。这就大大方便了消费者，同时促进了汽车市场中产品和资金流通的速度。

　　3)有利于净化市场，增强市场竞争力

消费者对 4S 店的信任，会让一大批违规操作的组织或个人在这个领域没有立足之地。以汽车厂商为主导的品牌二手车置换模式，将打破二手车市场"自由散漫"的传统，重新构建全国二手车交易新的游戏规则。

4）汽车厂商的多重促销手段，让车主受益

随着汽车国产化技术的成熟，以及限购政策的制约，汽车厂商把二手车置换作为角逐的主战场，并配合国家出台的政策补贴，纷纷在打出降价的同时，又推出了"原价"量换、置换送高额补贴、再送礼品或免费活动等四重优惠活动，这是打动众多车主换车的根源。

5）4S 店借助电商平台精准有效推广

互联网是目前信息传导最快、最有效、性价比最高的新媒体，很多汽车厂商都把它作为推广的主阵地，特别是卡酷汽车网、太平洋汽车、汽车之家、爱卡汽车、网易汽车、搜狐汽车、新浪汽车这七大受众高的垂直媒体，不但给车主带来了丰富的汽车生活享受，也给汽车厂商带来高转化率的投资回报。

4. 二手车置换流程

二手车置换一般流程示意图如图 2 - 10 所示。

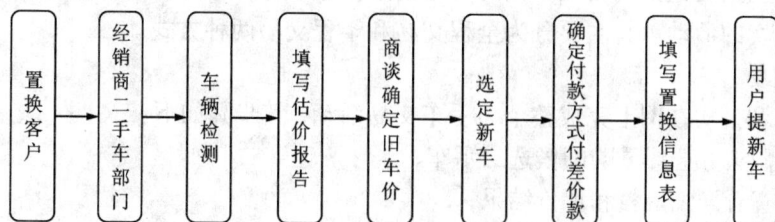

图 2 - 10　二手车置换一般流程示意图

首先，顾客要了解置换市场信息，应该做到三多——多看、多查、多问，不但要货比三家，还要看看新车价格，这样才能在谈价时占得先机。消费者可以通过电话或直接到品牌销售店进行咨询，了解新车情况以及旧车置换业务的优惠政策，同时也可登陆网站进行置换意向登记。

其次，要进行车辆检测。建议车主到可信度高、权威性高的检测机构去进行车辆检测。在同一系列中，旧车的收购价以基本型为基础，即最便宜的那一款价格为参考，同时根据不同配置，收购价格适当增加，但是幅度不会很大。车主可以根据自己的车型属于哪一系列先给自己的爱车做个价格评估，做到心中有数，以免上当受骗。需要说明的是，豪华型汽车受基本型汽车的制约，由于豪华型汽车配置更具科技含量，档次也更高，折旧率也会相对低些，旧车商家一般会根据发动机排量、性能，结合配置的高低确定收购价。

另外，汽车销售有淡季和旺季的区别，一般来说每年的长假之前以及年底之前都是二手车销售的高峰期，车辆的价格相对要略高于平时；另外，在新车价格稳定的情况下二手车价格出售也相对稳定，一些有价格空间的车型降价会影响到二手车的价格。

旧车的事情解决了，就轮到新车了，选择一款称心的新车，确定其价格。新车需交钱款 = 新车价格 - 旧车评估价格。如果旧车贷款尚未还清，可由经销商垫付还清贷款，款项计入新车需交钱款。

顾客补足新车差价后，办理提车手续。过户一定要留心车辆手续是否齐全。买车手续齐全，就会减少不必要的开支。当然，卖车手续齐全，价格也会相应高一些。

顾客如需贷款购新车，则置换旧车的钱款作为新车的首付款，销售店的销售顾问会协助顾客办理购车贷款手续，建立提供因汽车消费信贷所产生的资信管理服务，并建立个人资信数据库。

双方签订旧车购销协议以及置换协议后，销售店办理旧车过户手续，顾客提供必要的协助和材料。一切工作都完成后，车主就可以安全放心地提车了。

2.2.5　二手车拍卖

1. 二手车拍卖的目的和方式

二手车拍卖是指二手车拍卖企业以公开拍卖形式将二手车转让给最高竞价者的经营活动。二手车拍卖是二手车销售的一种有益补充，也是二手车交易体系中不可或缺的环节。拍卖分为两种，即现场拍卖和网上拍卖。

2. 二手车网上拍卖流程

二手车网上拍卖是指利用互联网的高速信息传递、丰富的信息共享和大量客户以互联网为平台进行拍卖的活动。其主要分为全程交易和半程交易两种方式。

1）全程交易

是指用户和公司在网上完成整个二手车交易活动，其步骤如下：

第一步：购买方选择欲购的候选二手车；

第二步：查看详细资料和评价结果；

第三步：定购二手车；

第四步：网站发出欲购指令；

第五步：网站接受购买方欲购指令并向购买方要求身份认证和主要资料；

第六步：进行购买方主要资料和身份认证；

第七步：网站向经销商传达买方欲购指令；

第八步：经销商接受指令并向网站发出线下交货预备日期选择表；

第九步：网站向购买方发出该列表；

第十步：购买方选择交割日期并挂至网站；

第十一步：网站向购买方要求日期确认；

第十二步：网站接受确认后将交割日期传至经销商并要求确认；

第十三步：网站接受经销商日期确认，网上交易完成。

2）半程交易

开始基本与全程交易相同，不同之处在于在用户选定了欲购二手车之后，直接查询该二手车所属经销商的联系方式，然后与该经销商进行线下交易。

3. 二手车现场拍卖流程

1）二手车委托拍卖流程

二手车拍卖需要提供车辆行驶证、购置凭证、车船税证、保险凭证等有效证件，才能进行委托拍卖。

拍卖流程如图 2 – 11 所示。

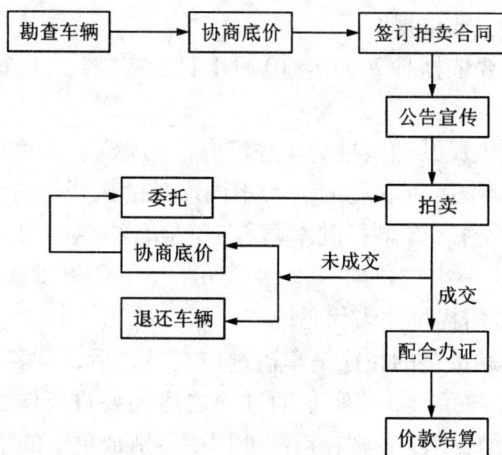

图 2 - 11　二手车委托拍卖流程图

2) 二手车竞买流程

竞买人参加二手车竞买时, 应提供竞买人身份证或企事业单位代码证和保证金, 之后领取竞买号牌参加竞买。其流程如图 2 - 12 所示。

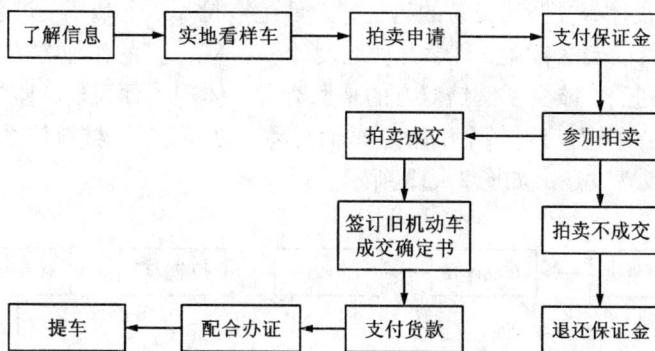

图 2 - 12　二手车竞买流程图

2.2.6　二手车交易

1. 二手车交易概念

二手车交易指以二手车为交易对象, 在国家规定的二手车交易中心或其他经合法审批的交易场所中进行的二手车的商品交换和产权交易。

2. 二手车交易市场

二手车交易市场是指依法设立、为买卖双方提供二手车集中交易和相关服务的场所, 是二手车信息和资源的聚集地, 是买主和卖主进行二手车的商品交换和产权交易的场所。

3. 相关管理部门

业务与行业管理由商务部负责, 行政管理由工商、税务、公安交管、环保、治安等部门负责，涉及国有资产的还应服从国有资产管理部门的管理。

4. 业务与行业管理的主要依据

业务与行业管理的主要依据是2005年10月1日颁布的《二手车流通管理办法》。

5. 二手车交易手续

公安部72号令《中华人民共和国机动车登记方法》规范了二手车交易过户、转籍登记的行为，由于各地实际情况不同，在执行时有所不同。总的来说，二手车交易中，需要的证件或证明一般有：车辆登记证书、车辆行驶本(需在年检合格期间内)、车辆购置附加费证明、购买车辆的原始发票(或上一次过户票)、车主身份证(单位提供法人代码证书)、车船使用税、买方车主身份证(单位需提供法人代码证书)。

二手车交易中出现问题最多的往往是车辆过户交易之后，很多人认为车辆登记证书、行驶证已经过户就完成了过户手续，其实车辆过户之后还要进行购置附加费、保险的车主变更，这样才能方便继续缴纳费用，否则在后续使用中将造成更多的不便。

6. 二手车交易流程与工作程序

1)主要流程

二手车交易采取的是在市场集中交易办理证照的方法，由市公安局车辆管理所派驻警官驻场监管和指导，重点环节由警官进行审核把关，具体操作性事务由市场工作人员协助完成。它既保证了驻场警官对整个操作过程的有效监管，也充分提高了市场工作人员的责任感、积极性，从而使二手车交易的证照办理工作有条不紊地进行。

二手车的交易程序，根据其交易的特性，为杜绝盗抢车、走私车、拼装车和报废车的面市，切实维护消费者的合法权益，科学合理地设计了"一条龙"的作业方式，使二手车交易在规范有序的程序内进行，减少了购销双方的来回奔波，体现了便民、可监控和有序的交易环境。其主要环节是：车辆查验、车辆评估、车辆交易、初审受理、材料传送、过户制证、转出调档、材料回送、收费发还。如图2-13所示。

图2-13 二手车交易环节

2)主要工作程序

(1)直接交易、中介交易类的工作程序如图2-14所示。

(2)经销类的工作程序如图2-15所示。

7. 二手车交易注意事项

1)二手车手续

消费者对要买的二手车的手续要有一个详细的了解。有些买车人因为图便宜选择购买一些手续不完备、不能过户的二手车，这样不仅买家会有麻烦，卖家也会存在相同的麻烦。二手车交易需要的手续有车辆登记证、行驶证、购车发票、保险单以及交易双方的身份证。

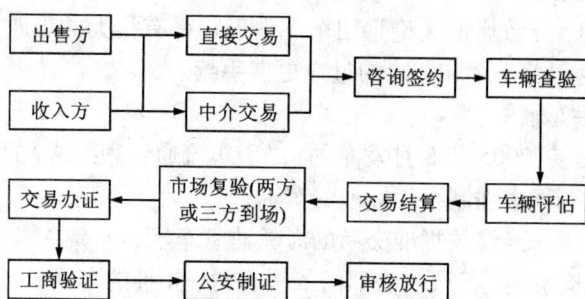

图 2 - 14　二手车直接、中介交易程序

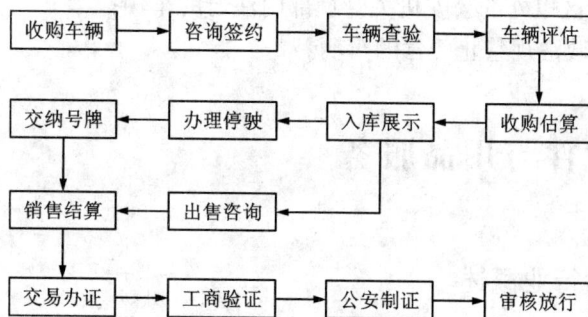

图 2 - 15　二手车经销交易程序

2）二手车里程表是否作假

汽车里程表主要分为两种，即机械式和电子式。机械式里程表利用的是齿轮转动的工作原理，只要拨动里程表计数器的齿轮，就能随意调整读数。而后者的回调难度要大一些，但也不是不可能。很多人都习惯通过了解车辆的使用年限及公里数来判断原车主的用车情况，这个想法是没有问题的，但判断车况不能单凭里程表，因为这个是可以改动的，建议消费者提高警惕。

3）车况是否隐瞒问题

买二手车一是要进行目测检查，包括检查车辆发动机型号和出厂编号、底盘型号是否与行车执照上的记载吻合。

二是车辆的技术状况检查，包括检查车辆是否发生碰撞受损、车门是否平衡、油漆脱落情况和车辆的金属锈蚀程度等。

三是车厢内部、附属装置、车辆底部检查，要看座位的新旧程度、座椅是否下凹，以及行李箱的随车工具是否完整，车窗玻璃升降是否灵活、仪表是否原装、踏板是否有弹性等。

四是发动机检查，包括观察发动机的外部状况，看汽缸外有无油迹露出；检查发动机油量，拿出机油量度尺看机油是否混浊不堪或起水泡；揭开水箱盖看风扇皮带是否松紧合适等。

4）过户手续完整办理

二手车交易最关键也最容易忽略的问题就是车辆相关手续的过户。很多车主为了贪图省事，没有办理过户手续，导致后期无论是用车还是理赔都有很大的难题。建议消费者在购买二手车后尽快办理车辆相关手续和车险的过户更名手续。

5）不能交易的二手车辆

以下车辆不允许交易（2005年8月发布的《二手车流通管理办法》的规定）：

（1）已报废或者达到国家强制报废标准的车辆；

（2）在抵押期间或者未经海关批准交易的海关监管车辆；

（3）在人民法院、检察院、行政执法部门依法查封、扣押的车辆；

（4）通过盗窃、抢劫、诈骗等违法犯罪手段获得的车辆；

（5）发动机号码、车辆识别代号或车辆车架号与登记号不相符或者有凿改迹象的车辆；

（6）走私，非法拼、组装的车辆；

（7）在本行政区辖区以外的公安机关管理部门注册的车辆；

（8）国家法律、行政法规禁止经营的车辆。

2.3　汽车零配件与用品服务

2.3.1　汽车零部件行业概述

汽车零部件及配件行业是汽车工业发展的基础，处于整个汽车产业链的中游，其上游产业为原材料行业，包括钢铁、机械、橡胶、石化、电子、纺织等行业，下游行业为整车制造行业（汽车总装、冲压、车身焊装、车身油漆）和售后服务行业（汽车销售、汽车修理、汽车金融）如图2-16。汽车零部件行业的发展状况主要取决于下游整车市场和服务维修市场的发展，近5年来，随着整车消费市场和售后服务市场的迅猛发展，我国的汽车零部件行业发展迅速，且发展趋势良好，不断转型升级，向专业化方向转变。

从汽车零部件行业在产业链的位置可以看出，汽车零部件的市场按照用途主要分为两类，一类是汽车整车制造行业的外包订单，称为OEM配套市场；另一类是汽车售后服务过程中，用于汽车修理，维护，改装等方面的汽车零部件需求，称为AM市场，即售后维修服务市场。其中整车配套市场及售后服务市场的市场需求规模占比约为80%，20%。

1）OEM市场

OEM市场是指为汽车制造企业整车装配供应零部件的市场。20世纪80年代以来，整车制造商为降低生产成本、提升生产效率，将汽车零部件的生产交由专业化的企业完成，通过市场的竞争来提高汽车零部件产品的技术水平、降低汽车零部件的成本。整车制造商从传统的纵向经营、追求大而全的生产模式逐渐转向以开发整车项目为主的专业化生产模式，上述经营模式的变化推动了汽车零部件制造行业的OEM市场的发展。

整车制造商与零部件企业的合作模式为：整车制造商通过"质量、技术、价格、服务"等指标选择零部件供应商；零部件企业基于行业本身所具有的生产复杂性及专业化特征，并满足整车厂商对于服务质量的严格要求，逐步形成金字塔式的多层级供应商体系结构，按其业务功能划分为一级、二级、三级等零部件企业，一级零部件企业都具有系统或总成件的研发

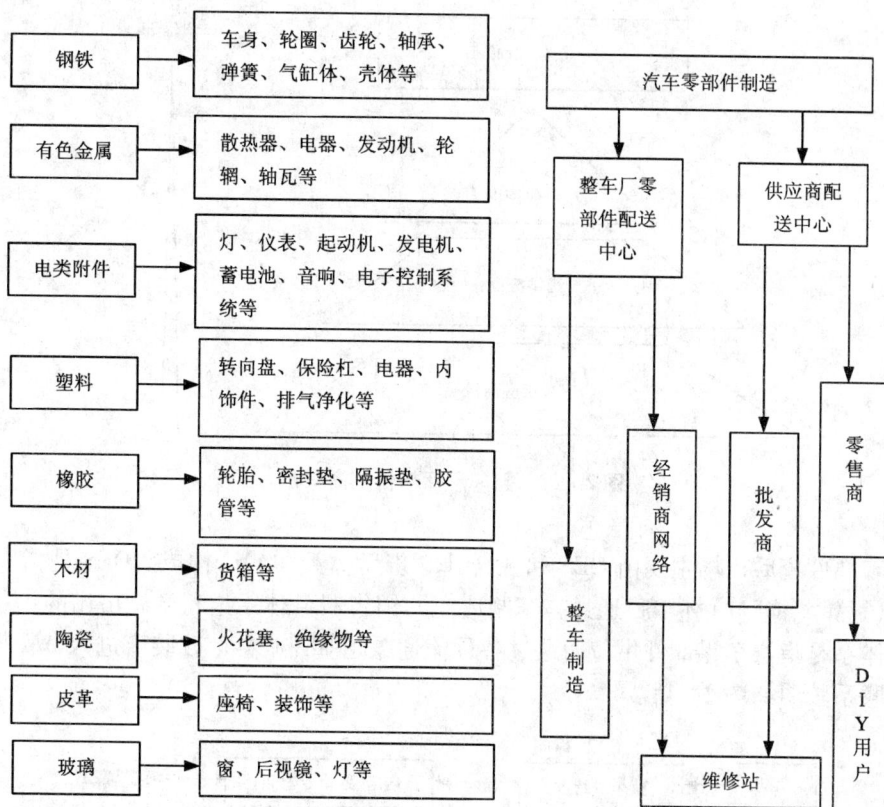

图 2-16　汽车零部件制造业产业链图

能力，生产关键零部件总成直接向整车厂供货，双方之间往往具有长期、稳定的合作关系；二级零部件企业进行标准件或定制件的生产，向一级零部件企业供货，三级以下零部件企业主要生产通用零部件如图 2-17。随着所处金字塔层级的降低，产业进入壁垒和技术要求也相应降低，因此该层级内零部件供应商数量也就越多，市场竞争也就越激烈。通常整车制造商与一级零部件企业维持了一个长期合作的关系，外部零部件企业很难进入其采购体系。合作主要体现在资本与业务方面的合作，资本方面的合作主要是指整车制造商一般参股或控股零部件企业的情形，业务方面的合作主要是指整车制造商会对零部件企业进行技术指导，且对相关产品进行共同开发。同时，零部件企业也可自由与多家整车企业开展合作，有效规避单一供货渠道风险。目前，全球汽车零部件市场供应体系已形成了多层次的供应商格局和多层次的竞争格局。

2）AM 市场

AM 市场的汽车零部件需求主要来源于汽车维修、保养、改装等，市场最终客户为已拥有汽车的消费者。随着汽车保有量的持续增长、消费者对汽车及零部件的保养、维护和改装意识的不断增强、消费者个性化追求的不断高涨，AM 市场容量不断增长，已成为汽车零部件产业的重要组成部分。与 OEM 市场相比，AM 市场具有产品需求稳定，市场需求以多品种、小批量为主，市场集中度相对较低，流通环节较多等特点。

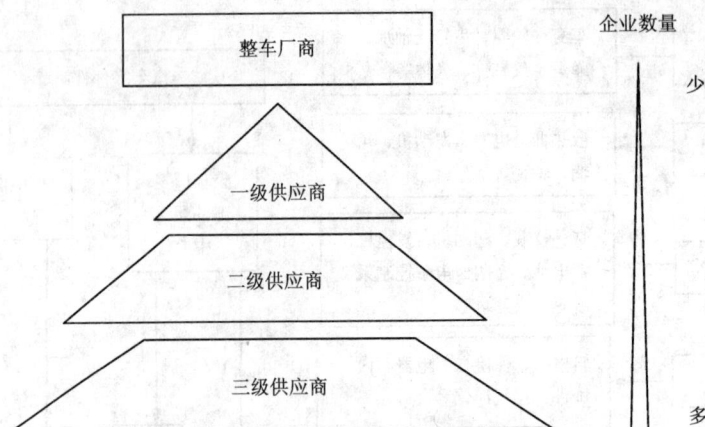

图 2 − 17　整车厂商与供应商关系

汽车零部件售后市场主要由 OES 和社会独立售后体系(IAM)构成。OES 是指汽车零部件供应商(通常指 OEM 供应商)通过整车制造商的销售服务体系进行 AM 市场的销售;社会独立售后体系是指汽车零部件供应商通过各种流通渠道如维修店、改装店进入 AM 市场,与整车厂的联系较弱如图 2 − 18。

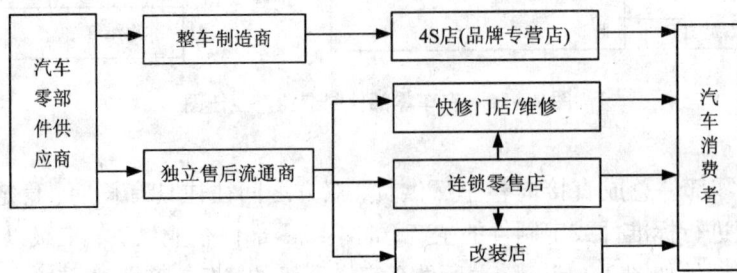

图 2 − 18　AM 市场供应体系

2.3.2　国外市场发展概况

1. 全球汽车零部件市场发展概况

作为汽车工业的重要组成部分,汽车零部件工业是汽车工业发展的基础。随着世界经济全球化、市场一体化的发展,汽车零部件在汽车产业中的地位越来越重要。

近年来,在经济全球化的大潮中,世界范围内的汽车零部件行业也在发生着变化。首先,零部件区域向全球化转变,零部件企业总数大幅减少,逐渐形成多个专业性集团公司;其次,劳动密集型零部件产品向低成本国家和地区转移,与大型跨国公司形成层级供应关系。零部件工业价值链的重新分工和全球资源的重新配置使得全球采购范围进一步扩大,极大地提高了零部件工业的规模经济效益,降低了生产成本,促使零部件企业技术水平和新产品研发能力的不断提升,缩短了新产品的研发周期。

当前，零部件生产企业的大型集团化，正在导致金字塔结构中"整车制造商"与"一级供应商"之间的结构先行发生相应的变化，零部件一级供应商的数量不断减少。随着零部件企业集团化的不断深化，汽车行业甚至可能形成倒金字塔结构：少数几家企业垄断了某个部件的生产，而提供给多家的整车企业，如同 Inter 和 AMD 在 CPU 领域的寡头垄断，而供货给数以万计的 PC 品牌商一样。在国际零部件市场上，博世(Bosch)、德尔福(Delphi)、江森自控(JohnsonControls)、美国李尔集团(Lear)、博泽、本特勒等跨国汽车零部件巨头已经在各自领域形成了一定的垄断优势，控制了全球汽车零部件行业，其中江森自控、美国李尔集团分列全球汽车座椅行业的一、二名。而在中国，也出现了专业化的汽车零部件生产商，但由于起步较晚，目前普遍规模较小。随着中国汽车行业的逐步壮大，中国汽车零部件企业也必将迅速发展，并逐步成为整个行业的重要支撑。

汽车零部件供应商并非整车厂的附属。在整个汽车产业链上，虽然品牌、渠道等掌握在整车厂手中，但汽车的关键生产技术和工艺却往往掌握在零部件生产商手中。零部件生产商在达到整车厂技术要求的基础上，其自身的技术进步又反向引领整车厂的发展。技术先进的零部件生产企业越来越多地开始参与整车的设计过程，而每一次零部件生产技术的突破都有可能带来整个汽车行业的变革。汽车零部件行业对整个汽车行业的发展具有越来越重要的影响。在我国，汽车零部件行业发展滞后的现状严重制约着国产汽车工业的发展。

经过多年的发展，国际汽车零部件产业已经从最初为整车厂商配套的纵向一体化发展模式，逐步发展成日韩和欧美模式并存的态势。

1）日韩整体发展模式

日韩企业采用了以资本为纽带的多层次资本架构体系，日韩整车制造企业通过向零部件企业参股，形成了以大型企业为骨干，吸收大量中小企业参加的广泛资本关系网络，并以占较大比例的内部关联交易为表现形式。这种合作体制可保证整车制造企业与零部件企业的同步发展，这种模式下，整车制造企业体系相对封闭，有时整车制造企业的供应商还会被要求不能对体系之外的客户供货。但近年来由于新车型和新动力平台更新升级的速度加快，部分日韩整车制造企业的供应体系开始出现开放的迹象。

2）欧美独立契约模式

以德国和美国为代表的欧美模式下，整车制造企业与零部件企业之间保持相互独立的契约关系，零部件企业向多个整车制造企业供货。一方面，整车制造企业可以通过图纸向零部件企业招标；同时零部件企业也可以自主开发新产品供整车制造企业选择，实现各自相对独立发展。相对而言，欧美系的整车制造企业体系比较开放，对供应商的客户范围不做过多要求。由于整车制造企业和零部件供应商各施其责，专业化协作，加快推动了汽车行业新车型、新动力平台的更新，新技术的推广，将逐步成为汽车整车制造企业和零部件供应商的主流合作模式。

2.主要国家和地区概况

随着全球化竞争的日益加剧，世界发达国家的汽车产业发生了新的变化，汽车零部件行业也呈现出组织集团化、技术高新化、供货系统化和经营全球化等新特点。

近年来，世界各大汽车公司纷纷改革供应体制，实行全球生产、全球采购，即由向多个汽车零部件厂商采购转变为向少数系统供应商采购；由单个汽车零部件采购转变为模块采购；由实行国内采购转变为全球采购。

整车厂商采购体制的变革，要求汽车零部件厂商不断地与之相适应，不但要求汽车零部件生产企业扩大自己实力、提高产品开发能力，做到系统开发、系统供应，同时还要求其缩短开发周期，提供优质廉价产品。这一变革，推进了全世界汽车零部件行业并购、重组的进程。

整车厂日渐趋于模块化和系统化采购，供应商之间的协作更加紧密，从而使得全球汽车零部件供应商系统逐渐向宝塔型结构演变，由一级厂商对整条供应链负责管理，使得供应链之间的合作更加规范。

各大汽车零部件厂商纷纷把航天、航空和电子等技术应用于汽车零部件和集成上，安全技术、电子技术、节能技术和环保技术已在汽车上得以广泛应用。尤其是以电子信息技术为代表的新技术，不仅在汽车产品上得以广泛应用，而且还延伸到开发设计、试制、生产以及管理等各个方面；不仅仅应用于单个汽车零部件，而且已应用于系统集成。

为了降低成本，占领市场，许多汽车零部件跨国公司纷纷向国际化发展。欧洲汽车零部件生产企业纷纷向海外投资，进行国际化生产；北美汽车零部件厂家则纷纷投资欧洲，意欲占领迅速扩展的东欧市场；日本汽车企业也不断地在全球范围内建立自己的分支生产机构。

新兴的亚洲市场是各大汽车零部件跨国公司竞争的焦点，中国更是其必争之地。世界排位前20名的著名汽车零部件公司几乎都已在北京或上海设立办事处或投资控股机构，例如德尔福、天合、博世公司等。

中东市场上大约有60%是日本车，因为日本汽车的价格较为低廉，主要是面对工薪阶层。也有相当一部分富人，他们较为青睐欧美车型，尤其是一些较为奢华的汽车。另外，中东二手车市场相当发达，这主要是由于很多进口的二手车便宜，而且在部分地区，如迪拜，没有进口税，所以销路好。中国企业在汽配这一市场有相当的竞争力。经过几年的发展，中国的汽车零部件企业已经在中东市场占有一席之地。

俄罗斯汽车零部件市场潜力巨大，全球知名汽车品牌产品在俄罗斯汽车市场的占有率正在上升，俄罗斯汽车零部件行业国内供应不足，大量零部件都需要进口，零部件的国产化率相当低，因此这一领域市场潜力非常大。

2.3.3 中国市场发展概况

1. 中国汽车零部件行业发展历程及现状

1）兴起阶段

第一阶段为新中国成立后到1978年，这一时期的主要特点是以整车带动零部件发展。1956年第一汽车制造厂建立，后来南京汽车制造厂、陕西汽车制造厂和第二汽车制造厂等相继建立，迎来了我国第一次"汽车热"。此间，为与整车厂配套，也相继建立一批汽车零部件厂。但当时，绝大多数零部件企业生产水平很低，生产规模很小，无产品开发和更新能力，从而导致零部件企业的产品质量差、价格高，并且只能与规定厂家配套，不能任意销售到别的整车企业。

2）波动阶段

第二阶段为1978年开始到90年代中期。这一时期零部件发展的主要特点仍然是以围绕整车配套为主。80年代中后期，随着国家经济的高速发展，卖方市场出现，国家布置了"三大、三小、二微"的生产格局，决定把汽车工业建设成为国民经济的支柱产业，从而迎来了我国第二次"汽车热"。供不应求的局面和支柱产业的发展前景吸引了各地政府投资进入汽车零部件生产领域，一大批中小零部件企业涌现出来。这些企业规模小，80%以上的销售额在1亿元以下；重复建设严重；数量庞大，全国定点零部件生产厂家2000家，实际达5000家；技术力量薄弱；生产设备简陋。排他性的采购原则迫使一些零部件企业依附于某家整车厂而生存。

3）过渡阶段

第三阶段为90年代中期到现在。这一时期的主要特点是零部件开始与技术水平平行发展。近十年，我国汽车零部件工业无论是从生产能力、产品品种上，还是从管理与技术水平，技术创新能力上都取得了长足的发展。这主要表现在以下几个方面：第一，在一系列优惠政策的鼓励下，一批生产零部件的"小巨人"脱颖而出，与此同时，国外零部件企业快速进入我国汽车市场。第二，我国零部件产品质量和技术水平有了很大提高。目前，一批零部件企业已基本形成了自主开发能力，重点零部件企业已基本具备了与整车同步发展的能力。第三，"最佳采购原则"的指导思想已经在一些整车企业的经营实践中得以体现。例如，安徽奇瑞汽车有限公司在开发再生产轿车时，实施了全球采购，从而使整车一次性通过国家六大类汽车强制性检验标准的全部要求。第四，降低零部件自制率，将隶属于整车厂的零部件生产剥离出去。第五，企业通过引进、消化、吸收和创新，在引进外国硬件和软件技术的同时，还注意借鉴国外的先进管理方法。

2. 我国汽车零部件产业的发展趋势

1）零部件工业与汽车工业同步发展

世界各主要汽车生产国发展汽车零部件工业的进程表明，零部件工业与汽车工业基本上是同步发展的。中国的经验也表明，建设了整车厂，若零部件生产上不去，不能及时保证零部件供应，整车厂就难以发挥作用。如果靠长期大量进口零部件，不仅要花费大量外汇，也难以使汽车工业处于强有力的地位。因此，不能只重视发展整车生产，忽视零部件生产，需要把零部件—整车置于同等重要的地位，使零部件工业与汽车工业同步发展。在整车厂家开发新产品时，零部件厂家通过参与同步开发，不仅可以减少整车厂家的人力和物力投入，而且可以缩短开发周期，同时可以与整车厂家形成紧密依存、协同作战的伙伴关系和群体优势。

2）零部件制造企业面临严格的产品质量要求

汽车整车制造企业在全球范围内采购零部件，为保证产品品质，一些国际组织制定了相应行业标准，如ISO/TS 16949质量管理体系以及ISO 14001环境管理体系。同时我国的行业主管部门和行业协会也对汽车零部件产品质量和管理体系制定了相应标准，汽车零部件必须满足主管部门制定的质量标准，如3C认证等。同时大多数整车制造企业也对其零部件供应商有自成体系的评审标准，在确定潜在供应商前通常要对供应商的技术研发能力、工艺水平、质量保障能力、生产组织能力、现有产品的技术含量、交付业绩、企业文化、人力资源及全球沟通能力等多方面进行多轮次、长时间的考核。

3）与整车制造企业加强新产品的合作开发力度

近年来，传统的简单来件加工模式向整车制造企业与零部件制造企业之间的数据交换分享、互动开发模式转变，这也反映了整车制造企业由原先单体企业运营向产业链分工整合的转变。为了在持续增长的中国汽车市场获得更多的市场份额，国内整车制造企业都不约而同地加快了新车型和新动力平台的推出节奏。

整车制造企业出于缩短新产品的开发周期和提高开发成功率的考虑，往往都会选择长期合作的汽车零部件制造企业对其某一产品或系统进行合作开发。这种合作模式有利于整车制造企业提高合作开发的成功率，同时也有利于确保新车型或新动力平台的零部件供应，进一步巩固了和整车制造企业之间的合作关系。在这种模式下，整车制造企业和汽车零部件制造企业发挥各自的技术、工艺优势，提高整体开发效率，提升产品品质，客观上为汽车零部件制造企业创造了更为广阔的发展空间，与整车制造企业的关系也逐步演变成长期稳定的战略合作关系。

4）零部件制造企业的生产制造能力不断提高

国内汽车零部件制造企业通过与国内外整车制造企业建立长期的产品供应合作关系，在汽车零部件的工艺设计能力、制造能力、质量控制能力等方面不断改善和提高，部分优势企业实现了从简单零件到复杂零件、单个零件到多个零件，局部零件到系统集成，在产项目到前沿项目的跨越，并具备了为整车制造企业提供系统化、模块化的零部件供应能力。

5）国际整车和零部件制造企业联袂推动国内汽车零部件行业专业化、标准化发展

随着中国经济持续的快速发展和国家城镇化政策的推动，城市及农村市场的汽车消费潜力将持续获得激发，国际整车和零部件制造企业加大了在我国的投资规模，引入了先进的管理经验、设计及制造能力，客观上提高了我国汽车零部件行业整体的标准化、专业化水平。国际汽车零部件制造企业大多在我国设有分支机构，如尼玛克（NEMAK）在中国境内成立了南京尼玛克铸铝有限公司和尼玛克（重庆）汽车零部件有限公司，西班牙银峰集团则成立了银峰铸造（中国）有限公司、银峰铸造（芜湖）有限公司等；与此同时，一部分消化吸收国际先进技术形成了自身核心竞争力的国内零部件企业也开始走出国门，通过直接出口或在海外设厂生产等方式，在国际市场占有了一定的份额。

6）全球采购、系统设计、模块化供货成为国际汽车工业新潮流

全球采购、系统设计、模块化供货成为国际汽车工业新潮流。在汽车生产全球化的情况下，为了保证整车质量和降低成本，许多汽车厂家开展零部件全球采购。全球采购的优点是整车厂可充分利用世界范围内的零部件竞争优势，获取市场的最新技术，适应汇率波动以及集团采购的批量效果，得到最佳质量、最佳服务、最合理价格的配套产品。因此，实施全球采购战略，扩大外购率，减少自制率，以达到最佳的经济效益和最好的产品质量，成为当今世界汽车工业的发展趋势。同时，由于整车厂商扩大外购率，减少自制率，整车开发中的大量工作已经由零部件企业承担，系统设计、模块化供货使零部件企业分担的产品工作量越来越大，汽车零部件工业在汽车工业中的作用更加明显。整车生产厂对汽车零部件的需要愈来愈多地依赖外部独立的零部件配套厂，零部件配套厂的责任不再只停留在传统的来样或来图加工状态，而是还要承担起产品的设计开发、制造检验、质量保证、系统供货以及市场服务的全套责任。

7）汽车零部件企业管理升级趋势

中国企业最需要管理而又最缺乏管理。管理的落后比技术的落后更可怕，管理的升级比技术的升级更重要。中外企业最大的差距是管理的差距，特别是战略管理的差距。

管理的落后比技术的落后更可怕，管理的提高比技术的提高更重要。因为，技术落后可以通过技术引进、设备更新很快提高，但是管理的落后决不是一朝一夕可以改变的。我国零

部件企业总体来说,管理基础比较差,即使管理比较先进的企业也应该及时推动企业管理升级。

世界范围内汽车工业产业结构的调整,模块化、系统化、电子化技术的更新,超级精益生产方式的形成,汽车法规的完善、管理观念的改变等,所有这些必将对我国汽车零部件产业的发展产生深远的影响。这些影响不但要求我国的汽车零部件企业在战略定位、战略成长等方面实施明确的管理,还需要我们的零部件企业不断推进企业的管理升级。管理包括发展战略、管理模式、营销管理、质量管理、生产管理、物流管理、财务管理、技术开发管理、人力资源管理、绩效价值管理、品牌管理、核心能力培育和管理等多方面。总体上说,企业应注重长期的发展战略、管理模式、核心能力、绩效价值的统一。

2.3.4　汽车配件的经营管理

1.汽车配件的分类

1)按用途来分

汽车一般由发动机、底盘、车身和电气设备四个基本部分组成,因此汽车零部件都是从这四个部分中出来的。按零部件的性质分类,可分为发动机系统、动力系统、传动系统、悬挂系统、制动系统、电气系统及其他(一般用品、装载工具等)等(表2-5)。

表 2-5　汽车零部件主要产品表

分类	零部件
发动机系零部件	节气门体、发动机、发动机总成、油泵、油嘴、涨紧轮、气缸体、轴瓦、水泵、燃油喷射、密封垫、凸轮轴、气门、曲轴、连杆总成、活塞、皮带、消声器、化油器、油箱、水箱、风扇、油封、散热器、滤清器等
传动系零部件	变速器、变速换挡操纵杆总成、减速器、离合器、磁性材料、电子元器件、离合器盘、万向节、万向滚珠、万向球、球笼、分动器、取力器、同步器、差速器、差速器壳、行星齿轮、轮架、齿轮箱、中间轴、齿轮、挡杆拨叉、传动轴总成、传动轴凸缘、同步器环等
制动系零部件	刹车蹄、刹车片、刹车盘、刹车鼓、压缩机、制动器总成、制动总泵、制动分泵、ABS-ECU控制器、电动液压泵、制动凸轮轴、制动滚轮、制动碎销、制动调整臂、制动室、真空加力器、手制动总成、驻车制动器总成、驻车制动器操作杆总成等
转向系零部件	主销、转向机、转向节、球头销等
行走系零部件	后桥、空气悬架系统、平衡块、钢板、轮胎、钢板弹簧、半轴、减震器、钢圈总成、半轴螺栓、桥壳、车架总成、轮台、前桥等
车辆照明	装饰灯、前照灯、探照灯、吸顶灯、防雾灯、仪表灯、刹车灯、尾灯、转向灯、应急灯等
汽车改装	轮胎打气泵、汽车顶架、汽车顶箱、排气管、节油器、天窗、隔音材料、保险杠、定风翼、挡泥板等

续表2-5

分类	零部件
电器仪表系零部件	传感器、汽车灯具、蜂鸣器、火花塞、蓄电池、线束、继电器、音响、报警器、调节器、分电器、起动机、单向器、汽车仪表、开关、保险片、玻璃升降器、发电机、点火线圈、点火器等
汽车灯具	装饰灯、前照灯、探照灯、吸顶灯、防雾灯、仪表灯、刹车灯、尾灯、转向灯、应急灯等

2)按配件的使用性质分类

可以分为消耗件、易损件、维修件、基础件、肇事件等。

(1)消耗件。是指随使用时间的推移而老化失效的零件，必须定期更换，如密封垫、滤芯、轮胎、蓄电池等。

(2)易损件。指因磨损而失效的零件，需要随时更换，如轴承、缸套、离合摩擦片等。

(3)维修件。指汽车在一定的运行周期后，必须定期更换的零件，如各种轴、齿类零件等。

(4)基础件。指构成汽车的一些基础总成零件。它们是全寿命零件，但可能因为使用环境的特殊提前损坏而需要进行必要的更换或维修，如曲轴、缸体、桥壳、变速器壳等。

(5)肇事件。指因交通事故而损坏的零件。

3)按配件的特性来分

可分为零件、标准件、合件、组合件、总成、易碎商品、防潮商品、纯正部品、横向产品、车身覆盖件等。

(1)零件。汽车的基本制造单元是不可再拆卸的整体，其因车型而异，通用性很小，如活塞、气门、半轴等。

(2)标准件。按照国家标准设计制造的，并具有互换性和通用性的零件，如螺栓、键、销等。

(3)合件。两个以上的零件装成一体，起着单一零件的作用(如带盖的连杆、成对的轴瓦等)，以其中主要零件而定名。

(4)组合件。由几个零件或合件装成一体，但不能单独完成某种作用(如离合器压盘、变速器盖等)。

(5)总成。由若干零件、合件、组合件装成一体，并单独起着某一机构的作用(如发动机总成、离合器总成等)。

(6)易碎商品。指在运输、搬运过程中，容易破碎的商品，如灯具、玻璃、仪表等。

(7)防潮商品。指受潮后容易变形、变质的商品，如纸质滤芯、软木、纸垫、电器零件等。

(8)纯正部品。指汽车厂原厂生产的配件，而不是配套厂家生产的协作件。凡是国外原厂生产的纯正部品，包装盒上均印刷有英文"GENUINE PARTS"或中文"纯正部品"等字样。

(9)横向产品。指非汽车行业生产的汽车用商品，如汽车轮胎、蓄电池等。

(10)车身覆盖件。指由板材冲压、焊接成型，并覆盖汽车车身的零件，如散热器罩、叶子板等。

2. 汽车配件交易市场的特点

汽车配件交易市场是一种多渠道、少环节、大规模、低成本的集群经营模式。它将众多大小经营商聚集在一起，形成店多成市的规模效应。经过多年的建设发展，我国的汽配市场现已具备了相当的规模，在推动汽车工业和地方经济发展中发挥了重要作用。一些现代化的汽配市场经过不断建设和探索，在市场的营销、仓储、展示、配送、安全等硬件建设方面已日臻完善，后勤、服务、保障等内部各种管理制度建设也在日趋深入，经营培训、电子商务、连锁经营、信息网络、品牌专卖、授权代理、特许经营等管理和营销手段也已被一些汽配市场借鉴和运用。总体来说，我国的汽车配件交易市场具有以下优点。

(1)品种优势。集中了众多的汽车配件经销商，各经销商和品种互为补充，使得市场的品种、规格比较齐全，能够满足顾客对配件品种、规格多种多样的要求。

(2)集聚优势。市场通过聚众成市、优势互补，有利于汽配资源的统一整合，使汽配市场具有单个经销商所不具备的规模优势，为进入市场的经销商互通有无、信息交流带来了经营上的便利。竞争优势得到充分开发利用，市场的规模效应汇集了各种汽车配件于一处，各经销商在相对集中的大市场中展开了竞争，价格透明度比较高，便于消费者货比三家，价取取优，通过比较，可以有效地避免和防止因为信息不对称而造成的上当受骗，既方便又节约成本。

(3)辐射优势。汽配市场吸纳的汽配商品最终是要到用户手中的，汽配市场往往具有批发、零售、物流、配送、结款等一站式服务，吸引了大量的消费者前来采购。批发商通过销售网络将汽配商品批发到各地或零售给周边的汽修厂直接用户，使汽配商品从汽配市场在较短的时间内流通到各地，发挥了市场的辐射功能。

(4)交易现代化手段进一步提高。有的市场在完善市场服务功能的基础上，加快了市场设施改造，提高了汽配市场的技术含量，在经营管理上开始大量应用计算机及信息网络技术。

3. 汽车零部件销售的特点

1)专业技术性强

现代汽车由上万个零部件组成，是机电等多种高新技术的集合体，其每一个零部件都具有型号、规格、结构等严格的标准。要在不同型号、成千上万个汽车零部件品种中为顾客精确、快速地查找出所需零部件，就必须有高度专业化的人员和计算机管理系统作为技术保障。从业人员既要掌握商品营销知识，又要掌握汽车零部件专业知识、汽车材料及机械识图知识，学会识别各种汽车零部件的型号、规格、性能、用途以及零部件的商品检验知识。

2)品种多、质量差别大

一辆汽车在整个运行周期中，可能损坏或更换的零部件约有三千余种。所以，经营某一个车型的零部件，将涉及许多品种和规格，即使同一品种、规格的零部件，由于有多家生产厂，其质量、价格差别也很大。

3)库存占用资金较大

由于汽车零部件经营品种多样化以及汽车故障发生的随机性，经营者要将大部分资金用于库存储备和商品在途资金储备。

4)要有技术服务相配套

汽车是许多高新技术和常规技术的载体，经营必须有服务相配套，特别是技术服务至关重要。相对于一般生活用品而言，经营汽车零部件更强调售后的技术服务。

5）需求存在季节性和地域性

一年四季的变化给汽车零部件销售市场带来不同季节的需求。炎热多雨的夏季，车窗升降器、刮水器、刮水臂及刮片、挡泥板等部件的销售量较多。夏季气温高，发动机机件磨损加剧，火花塞、风扇皮带及冷却系部件等的需求量增大。寒冷的冬季，气温低，发动机起动困难，蓄电池、预热塞、起动机齿轮、防冻液、各种密封件等零部件的需要量就增多。由此可见，自然规律给汽车零部件市场带来非常明显的季节性需求变化。据调查资料显示，这种趋势所带来的销售额的变化，占总销售额的 30% ~ 40%。

不同的地理环境也给汽车零部件销售市场带来地域性的不同需求。在城镇，特别是大中城市，人口稠密，物资流动性强，运输繁忙，交通状况复杂，汽车起动和停车次数频繁，机件磨损较大，起动机、离合器、制动系统、电器设备等零部件更换较频繁。如一般在大城市的公共汽车公司、运输公司的车辆，离合器摩擦片、离合器分离杠杆、前后制动器摩擦片、起动机齿轮等部件的需求量大，颠簸频繁，汽车钢板弹簧工作负荷重，易失去弹性或折断，减震器等部件也容易损坏；传动部件、变速器等损耗严重，需要更换的总成也较多。由此可见，地理环境给汽车零部件销售市场带来较大影响。

2.3.5　汽车配件的采购

汽车维修企业的采购流程为（图 2 - 19）：

1）采购需求的产生

按照生产计划产生采购需求，并对需求进行评估，评估订单需求是采购计划中非常重要的一个环节，它主要包括三个方面的内容：分析市场需求、分析生产需求、确定订单需求。

2）采购需求的确认

有关负责人对需求进行核准，一般包括产品的规格、产品的数量、需求的时间地点等。不予核准的申购单由申购人员进行修正、重新核准，符合采购需求的填写采购计划。如果物品目前正在被采购，采购部门必须就此通知管理层。

3）选择、评价供应商

（1）询价。以合格供应商为优先询价对象。

（2）比价。询价完成后，需由两个以上厂商提供价格，进行比价，择优选择，并坚持数量、质量、规格、型号和价格全面考虑的原则。

（3）议价。采购人员与厂商依行情、产地、产品型号等进行议价。

4）确定供货商

在经过询价，议价之后，有关负责人签字核准申购单报表，采购员根据签字后的申购单报表填写采购订单。

5）签订采购合同

采购合同是采供双方在进行正式交易前为保证双方的利益，对采供双方均有法律效力的正式协议，有的企业也称之为采购协议。采购合同是采购关系的法律形式，对于确立规范有效的采购活动，明确采购方与出让方的权利义务关系，保护当事人的合法权益具有重大意义。

6）实施采购

采购员和厂商联系,确定订单交期和内容,厂商交货,可参照收货作业流程。

7)收货,验货入库

当供应商交货时,采购方需要进行物料检验和接收工作。

验收产品合格,进入入库储存。采购员凭发票、入库单和核准的申购单报表向财务请款,财务结合付款条件结清货款。验收产品不合格,启动不合格品控制程序。

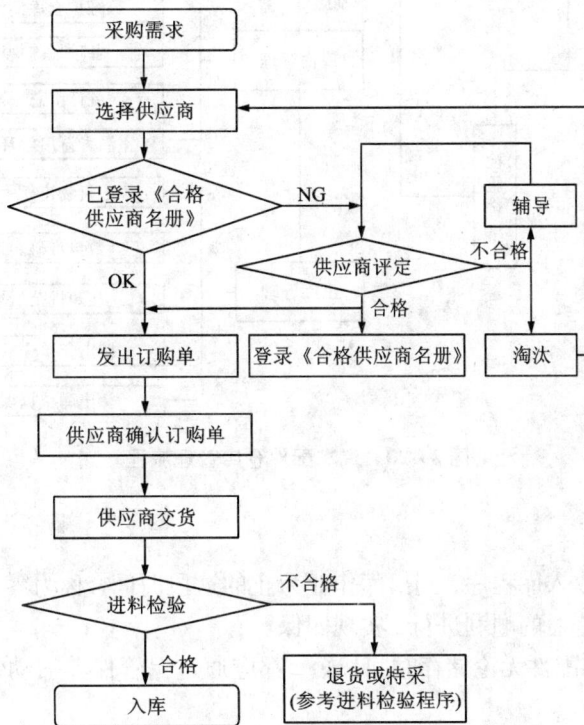

图 2 - 19　汽车配件采购流程

2.3.6　汽车配件的仓库管理

1.仓库作业流程

仓库是保管、储存物品的建筑物和场所的总称。仓库管理的主要内容如图 2 - 20:

1)计划管理

做好材料配件的计划工作,加强计划管理,通过核算及时正确地反映零配件的需求情况;每月报计划,经领导批准,方可采购;保证供应工作,防止积压;工具采购、批量进货、总成件的采购要经主管厂长审批。

2)验收入库

零配件验收是核对验收凭证,对零配件实体进行数量和质量检验的技术活动的总称。它是确保入库零配件数量准确、质量完好的最重要的一个环节。验收包括验收准备、核对证件和检验实物三个作业环节,验收工作是一项技术要求高、组织严密的工作,关系到整个仓储业务能否顺利进行,所以必须做到及时、准确、严格、经济。

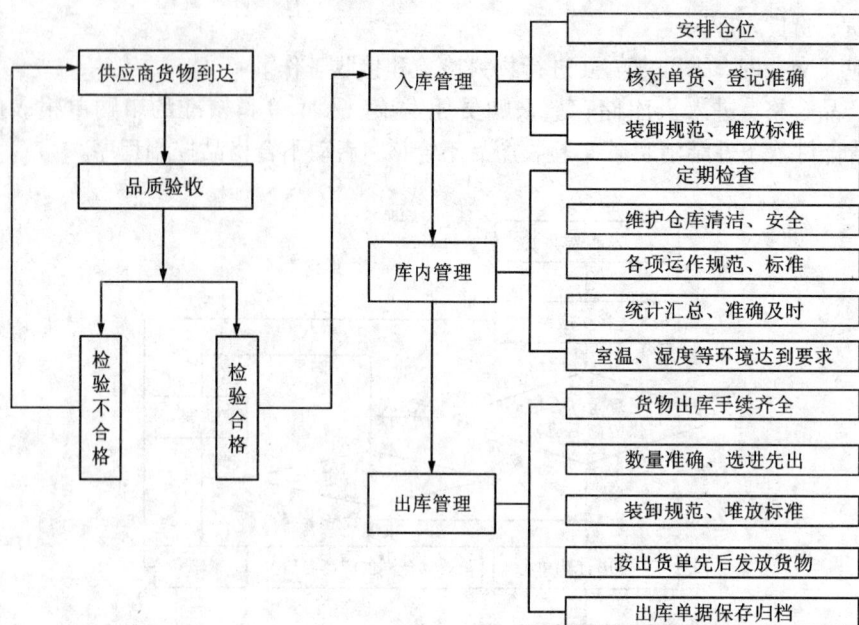

图 2 - 20　汽车配件仓库管理流程

3）零配件保管

从零配件完成验收入库程序，到出库作业为止的这段时间，称为零配件保管阶段。配件的保管要保证零配件流通的顺利进行，实现四保。

（1）保质。库存零配件无论储存时间长短，都应通过保管保养活动使其保持原来的质量标准。

（2）保量。零配件库存期间，其实物动态与账务动态一定要相符，做到件数不短缺，重要不亏损，账、卡、物相符。

（3）保安全。通过一系列保管活动，做到防火、防盗、防变质，确保库存零配件安全无事故。

（4）保急需。仓库应在最短时间内，按用户需求，将调拨单所列零配件按质、按量及时准确地发放出库。

4）零配件出库发放

零配件出库也称发货。零配件出库是零配件储存阶段的结果，是储运业务流程的最后阶段，它标志着零配件实体转移到生产领域的开始。它是凭借零配件出库凭证，通过审单、查账、发货、交接、复核、记账等一系列作业把储存零配件交给用户或使用部门的业务过程。

5）库存检查与盘点

零配件检验、验收合格入库之后，为保证在仓库储存保管的零配件质量完好、数量齐全，还必须经常、定期进行数量、质量、保管条件、计量工具、安全等方面的检查工作，了解零配件在储存期间的变化情况，掌握库存动态，及时发现和解决保管中的问题。

6）报废零配件处理

仓库报废零配件必须每月或每季度一报，经财务、审计等部门查看、审核，经领导审批后报废。如有损耗零件，应查明原因，写出报告，经领导审批后进行财务处理。

7）退货处理

零配件抽检出现质量问题，由零配件管理部门牵头组织向供货单位退货或索赔；在使用过程中出现问题，由使用部门报零配件管理部门和采供部门，由零配件管理部门牵头组织向供货单位退货或索赔。

8）账务处理

仓管员在发货时，应填写发货单，领料人必须在发货单上签章，仓管员凭领料人签认的发货单及时登记库存做账，发货时应与派工单核对。仓管员应定期编制库房与设备零配件库存情况报表，月、季仓库的账、卡；一切报表应符合规定，账物相符，并按相关规定的产品目录顺序排列好台账；报表要准确，并与分账相符。

9）资料保管

各部门必须妥善保存各类零配件收发原始报表、凭证、记录，按照档案管理的要求装订存档。

2.3.7　汽车用品

1. 汽车用品的概念

汽车用品是指汽车维护、装饰、保养等所需的产品，属于汽车配件的范畴，作为汽车的附属用品，用以增加汽车的实用性、安全性及舒适性，并在很大程度上凸显车主的独特个性。

2. 汽车用品的分类

汽车用品的涉及面广，通常按用途不同分为汽车装饰用品、汽车养护用品、汽车改装用品、汽车安防用品和汽车影音生活用品。

1）汽车装饰用品

指为美化汽车外表或内部而安装的部件，通常分为外饰用品、内饰用品和功能装饰用品。

汽车外饰用品通常有：迎宾踏板、门边条、车窗饰条、油箱盖、前后饰条、后护板、中网饰条、轮眉、门把拉手、门腕、边灯饰框、雾灯罩、前后灯罩、牌照架、备胎罩、雨刷装饰、字母贴、后窗饰板、车标贴、后视镜罩、前灯饰条。

汽车内饰用品通常有：座套、座垫、春夏凉垫、秋冬毛垫、车用腰靠、车用头枕、转向盘套、抱枕凉被、安全带护套、后视镜套、手刹排挡套、汽车脚垫、遮阳板收纳、后备箱垫、转向盘亮片。

汽车功能装饰用品主要有：汽车挂饰、遮阳挡、收纳置物、雨挡、纸巾盒套、烟灰缸、防滑垫、风铃、钥匙扣、窗帘、指南球、手机架、双面胶、车载多功能桌、眼镜夹、氧吧、空气净化器、除臭剂、空气净化剂、香熏器、熏香油、汽车香水、纸香片等。

2）汽车养护用品

指用于汽车清洁、维护、保养、美容等服务所需的用品。汽车养护用品又分为保养用品、美容清洁用品和车用防护用品。

保养用品主要有：车蜡、车釉、清洁剂、玻璃防雾剂、玻璃修补剂、汽车漆、漆面保护膜、燃油添加剂、润滑油、润滑剂、防锈剂、抗磨剂、防腐剂、制动液、制冷剂、低温补漏剂、密封胶等。

美容清洁用品主要有：补漆笔、划痕修复、自喷漆、洗车工具、清洁剂、清洁工具、玻璃水等。

车用防护用品主要有：防雾防雨、轮胎养护、除冰用品、把手贴膜、专车车衣、驱狗贴等。

3）汽车改装用品

指用于改装目的的各种用品，主要有氙气灯、防雾灯、大包围玻璃升降器、风标、行李架、消音器、消音减震器、脚踏板、天线、喇叭、雨刮片、门腕、护杠、中网、尾喉消音器、油箱盖、发动机盖、拉手、不锈钢饰条、减震器、弹簧、轮毂、仪表、挡泥板、装饰灯、座椅、保险杠、隔音材料、天窗、汽车缓冲器、发动机保护板等。

4）汽车安防用品

指用于汽车安全防盗所需的用品，主要有防盗器、倒车雷达、中控锁、安全警示器、儿童安全座椅、排挡锁、电气气囊、灭火器、轮胎压力计算等。

5）汽车影音用品

指用于娱乐、通信生活等用途的用品，主要有汽车音响、车载电视、车载 DVD（或 VCD、CD、MP3、卡带机）、低音炮、功放、显示器、译码器、均衡器、扬声器、汽车行驶记录仪、GPS 车载导航仪、车载免提、车载计算机、车载电话、车载冰箱、逆变电器、充气泵、按摩器、风扇等。

3. 汽车用品发展现状

汽车用品行业兴起于 20 世纪 80 年代，那时的中国汽车工业刚刚起步，汽车装饰存在市场消费盲点；20 世纪 90 年代初开始进口防盗器、CD 机头等，形成汽车用品行业的第一次突破；到了 90 年代中期，包真皮座套、贴防爆膜等紧随其后，形成第二轮汽车装饰热潮。如今，随着私家车的大量出现，以及人们对汽车文化认识的多元化，汽车用品开始慢慢形成区域性消费市场并迅速渗透至全国，至今已形成一种产业规模。

随着中国经济快速增长和人均收入的相应提高，居民消费结构发生了历史性的变化。

国际经验表明，人均收入水平与汽车普及率存在显著的相关关系，当人均国内生产总值达到 500 美元时，汽车开始进入家庭，达到 1000 美元时，汽车进入家庭的速度大大加快，且将持续 10～20 年。专家估计，未来十多年中国汽车市场将维持 15% 左右的高速增长，其中，轿车市场的增长将尤为显著，而轿车的增长则主要依赖于私人轿车需求的增长。

汽车用品作为凸显车主身份与个性的产品，在中国已经发展为品种繁多、种类齐全、与国外产品体系差别不大的行业，但在销售体系上，国内外的差距还很大。国外的汽车工业历史悠久，汽车用品行业也要成熟和完善得多，已经实现了专业化、规模化销售。其目标市场十分明确，销售渠道也比较固定，汽车用品多在专业连锁店、大型超市、汽车经销商和加油站出售，如美国 AutoZone，Pep Boys 等排名前五位的连锁店销售量就占到全国所有零售配件销售的 40% 以上。而在我国，汽车用品市场尚处于初级阶段，存在很多不规范问题，在一定程度上影响了汽车用品市场的发展。

4. 汽车用品市场的特点

（1）专业化的汽车用品广场迅速兴起。随着汽车用品市场不断走向规范化，汽车用品也在适应需求，走向国际化与专业化。目前在北京、长沙、乌鲁木齐、宁波等城市纷纷建立了专业化的汽车用品广场或超市，这种模式突破了普通的面向终端汽车用品消费市场和汽车用品的批发市场概念，建立集产品展示、技术交流、信息汇总等多种功能于一体的交易平台。这些专业的汽车用品广场的崛起无疑会对汽车用品市场的提升起到很大的作用。

（2）汽车用品市场深入内地。在三大汽车用品中心城市广州、上海、北京基础上，全国汽车用品交易市场增多，不断向二、三级城市延伸，出现汽车用品城或汽车用品一条街。汽车用品大市场不断渗入全国各地。

（3）汽车用品销售巨头值得关注。经营有汽车电子、快修、汽车影音、轮胎、轮毂、美容装饰、隔热防爆等项目，这些汽车百货的兴起，不但为市场注入新鲜的血液，一改以往小店面的局面，而且给车主带来更多的选择和服务，为市场的激浊扬清起到了决定性的作用。

（4）家电巨头在汽车电子行业里开始发力。许多家电巨头决定以雄厚的资金和品牌进入这个行业，其中康佳斥资一个多亿高调进入汽车电子市场，创维收购汽车影音技术公司、建立生产线，这些家电巨头的高调进入改变了汽车电子品牌的格局。

（5）外资品牌的强势介入。美国的 NAPA，AC 德科，日本的奥德巴克斯、黄帽子等都非常关注中国市场，已先后进入我国市场，凭借它们的强势品牌、先进模式、管理理念的优势，制订了在中国的发展规划，建立其庞大的销售网络，使得这个领域的竞争更加激烈。

5. 汽车用品市场发展中存在的问题

汽车用品在走向繁荣的同时，也不能忽视该行业所面临的问题。汽车用品行业虽然是国内最具发展潜力的朝阳行业之一，但现在还没有相关的行业标准，大量的仿冒产品充斥市场，品牌的知名度和信誉度不够高，在某些领域内甚至让人混淆不清。

（1）缺乏强势品牌。在缺乏行业标准和规范的情况下，消费者对行业也缺乏足够的认识，由于行业门槛较低而利润空间较大，众多的投资者在无规范引导下纷纷进入汽车用品行业，形成了强大的产销规模，同时也出现了知名品牌不多、产品知名度不高、产品质量参差不齐、假冒伪劣产品横行的局面，行业的发展遭遇瓶颈。

（2）同质化现象严重。由于自主研发能力低，产品的技术含量低，随着私家车的急增，消费者对汽车用品的需求呈现出强烈的个性化趋势。而目前市场上销售的汽车用品，彰显个性和特色的产品不多，在设计上也比较简单，制作也不够精美，不能满足市场需求。一旦一个新品上市，就引来大量的仿制品，缺乏创新，导致同质产品间的恶性竞争。

（3）价格不透明。汽车用品市场的价格缺少透明度是一个重要缺陷。目前，随便在市场上走走就不难发现：同一品牌的座垫，在批发市场中仅售几十元，到了高档的品牌店里却要售百元以上；同一品牌的汽车音响，在批发市场中售 300 多元，而到了高档的店面里，少则千余元，多则几千元。这种巨大的价格差异，不要说消费者一头雾水，就是专家前去也很茫然。

（4）行业缺乏良好的市场导向。纵观汽车用品市场，大都是在集市的模式上发展起来的，数量较多，规模不大，经营分散，竞争无序，市场导向作用不明显，为解决上述问题，政府职能部门应尽早建立行业标准，行业组织要加强行业自律和规范市场秩序，还要重点树立行业标杆，形成良好的市场导向。

（5）行业人才缺乏。汽车用品行业有它的草根性，很多人的起步是比较低的，甚至有一些是从学徒技工出来开档口做老板的。他们的经历学识和眼界都限制了企业的发展，把汽车用品行业当作一个生意来做的人多，作为一个事业来做的人少，这种环境造成了人才难培养也难留住，目前大部分店面往往只注重客户的开发，而不注重自身及相关技术人员的培训。

6.汽车用品市场的发展趋势

(1)汽车用品及服务市场将实现品牌化经营。品牌具有价值,可以使商品卖更好的价钱,为企业拓展更大的市场,品牌比产品的生命更持久。好的品牌可创造牢固的客户关系,形成稳定的市场,赢得顾客的信赖,这就是品牌的价值所在。汽车用品服务如装饰、美容是一种时尚的行业,这就要求汽车用品经营必须告别平庸,要能推陈出新,打动顾客。

(2)规模化经营和规范化经营会成为汽车用品市场经营的主角。汽车用品及服务行业的规模化经营不是指建立大规模厂房,而是指拥有大量的连锁和分支机构。美国某汽车养护系统在美国本土就有 1000 家加盟店,并在全世界扩展自己的网络系统。规模化经营和规范化管理密不可分,在同一连锁系统内,采用相同的店面设计、人员培训、管理培训、统一服务标志、统一服务标准、统一服务价格、统一管理规则、统一技术支持,中心采用物流配送、减少物资储存和资金占用,降低营运成本,这样才可以创出自己的特色,取得用户对品牌的信赖,扩大市场份额。尽管我国汽车用品及汽车服务业起步较晚,但中国最大的优势的市场潜力,市场需求多层次、多样化,关键是要在这样一个日益细分的市场,以独特的优势赢得自己的核心竞争力,抓住机遇,加快发展步伐,抢占市场先机。

(3)汽车用品网上交易将越来越普及。随着互联网的快速普及,网上购物的热浪席卷全国,网络购物有着方便、快捷、成本低等特点,但是也有诸多方面的限制,主要有:网络购物对于某些人来说还未成为习惯;网络交易风险问题;网上商家的诚信及商品质量问题。只要能确保网上汽车用品商城的诚信度、产品优良的价格及过硬的质量、良好的售后服务,消费者、经销商、代理商、厂家之间的网络合作将会越来越多,汽车用品网上商城无疑有着巨大的商机。

2.4　汽车物流服务

2.4.1　汽车物流概述

1.汽车物流概念

汽车物流是指以最小的费用,按用户的需求,完成的汽车供应链上原材料、零部件、整车以及售后配件在各个环节之间的实体流动过程,包括运输、装卸、搬运、仓储、保管、包装、产品流通乃至回收等基本物流环节。全程利用公路、海运等运输方式,配合信息技术的应用,完成汽车从生产到回收的整体流程,是沟通原料供应商、生产厂商、批发商、零件商、物流公司及最终用户的桥梁,更是实现汽车产品从生产到消费各个流通环节的有机结合的基础,在汽车产业链中起到桥梁和纽带的作用。

近几年来,中国的第三方物流取得快速发展,兴起了一批专业的汽车物流第三方物流公司,可以说,中国汽车物流已经进入理性快速发展时期。

2.第三方汽车物流的概念

第三方汽车物流由汽车生产企业物流外包产生,是指由另一物流公司,去完成传统上由汽车制造企业内部完成的物流功能,如仓库管理、运输管理、订单处理、产品回收、搬运装卸、物流信息系统等服务,具有专业化、规模化和社会化特点,是物流资源整合的主要承担者。

在欧美发达国家和地区，以第三方物流供应商或者领头物流供应方身份加入汽车供应链已成为主流，80%以上的汽车制造商均将汽车物流外包。随着中国汽车产业的发展，汽车供应链的社会分工日趋专业化，特别是面临外资跨国物流集团的威胁，加快第三方汽车物流企业的发展，增强市场竞争力，既是整合汽车物流资源的有效途径，也是对跨国物流集团挑战的有效途径之一。

3. 汽车物流企业发展模式演进

第三方物流的出现与发展过程也是汽车物流企业发展的历史。汽车物流企业是伴随着汽车生产制造模式的转型而产生的。最初的汽车物流企业应当划归到第三方物流企业的范围下，在西方发达国家，先进汽车物流企业已开始向第四方物流的方向转变了。

第三方物流是指生产经营企业为集中精力搞好主业，把原来属于自己处理的物流活动，以合同方式委托给专业物流服务企业，同时通过信息系统与物流服务企业保持密切联系，以达到对物流全程的管理和控制的一种物流运作与管理方式。在汽车生产领域，随着生产模式向精益生产模式的转变，车厂需要投入更多精力到车型开发和整车组装等方面，而把如零部件生产配送等部门逐渐外分给独立部门甚至外部企业。因此第三方物流又叫合同制物流。从事第三方物流的企业在委托方物流需求的推动下，从简单的存储、运输等单向活动转为提供全面的物流服务，其中包括物流活动的组织、协调和管理、设计建议最优物流方案、物流全程的信息搜集、管理等。通过物流外包将汽车零部件的采购、运输、整车的销售运输、召回、回收等环节外包给第三方，既可以保证自己的核心业务，又可以降低企业的物流成本，提高整条供应链的运作效率。

1990—2000 年，我国汽车物流企业从整车物流开始起步，以天津安达、长久等专业整车物流企业的建立为标志，当时企业客户单一，线路单一，大多数企业仅从事运输业。但这些企业的产生推动了物流业务逐步从整车厂独立出来，生产企业开始以合同管理方式管理物流业务。零部件物流尚未起步，物流业务主要以生产企业自营为主。

2000—2010 年，我国汽车物流高速发展，其市场特征为：集团内部资源开始整合并出现网络化运作，企业间的物流合作增多，第三方物流企业的市场占有率逐步升高，JIT，Milkrun等先进物流方式出现，国外汽车物流企业以多种方式进入中国市场。一些骨干企业如安吉物流等纷纷建立起集团化的管理模式，客户不再单一，并形成网络化的布局；汽车物流企业的行业协会——中物联汽车分会于 2004 年成立，加强了行业间的竞争与合作；中铁特货在铁路，深圳长航在水路等各自优势领域形成了资源集成，形成了规模化运作。

汽车行业的竞争已经从单个整车制造企业拓展到了整条供应链的竞争，通过第三方汽车物流企业，运用专业的信息平台，有效地将整条供应链中的参与者连接起来，实现资源共享，提高整体竞争能力。中国现代汽车物流的发展已进入以整车物流为主、向零部件采购物流、零部件售后物流、汽车逆向物流以及进出口物流方向延伸的竞争新格局。

4. 汽车物流的特征

1）服务专业性

汽车生产的技术复杂性决定了为提供保障的物流服务必须具有高度专业性：供应物流需要专用的运输工具和工位器具；生产物流需要专业的零部件分类方法；销售物流和售后物流也需要服务人员具备相应的汽车保管、维修专业知识。

2）高度的资本、技术和知识密集性

汽车物流需要大量专用的运输和装卸设备，需要实现"准时生产"和"零库存"，需要实现整车的"零公里销售"，这些特殊性需求决定了汽车物流是一种高度资本密集、技术密集和知识密集型行业。

3）技术复杂性

保证汽车生产所需零部件按时按量到达指定工位是一项十分复杂的系统工程，汽车的高度集中生产带来成品的远距离运输以及大量的售后配件物流，这些都使汽车物流的技术复杂性高居各行业物流之首。

接下来我们从个性化的客户需求、零部件采购、多样化的营销手段三个角度，分析汽车物流服务专业性、技术复杂性的原因。

（1）零部件采购造成汽车物流复杂性。随着经济全球化，原材料的获取多数情况下是通过外贸进口的，这就引发了很多问题。比如：国际贸易中的多方议价、原材料销售的垄断或不正当竞争、海运情形下的问题处理，甚至涉及政治的问题因素。处处都要小心关注的复杂问题，也是原材料采购中，物流环节的难点问题。

汽车零部件尺寸和物流特性差异大，对运输、搬运、库存的要求较高，增加了运输、包装和仓储成本。从几厘米的螺丝刀到数米长的支架，实现标准化包装、运输的难度大，各个厂家的标准也不统一，同一种物料向不同的整车生产厂供货时采用不同的物料容器具，这不仅导致供应商投资的巨大浪费，同时也使标准化物流作业的推广难以展开。

汽车零部件种类繁多且各种零部件供应商规模小、地域分散，导致运输范围广、运输线路长，加大了运输成本。此外，由于在汽车行业中，整车厂的实力具有绝对的优势，零部件企业在供应链中处于弱势地位，供应链上的利益的分配严重向整车厂倾斜，整车企业的"零库存"实际是以零部件供应商的大量库存为代价的。为了满足整车厂的零库存及JIT生产要求，零部件企业不得不在各个整车厂附近设立较高的安全库存，以保证生产线上的供应。这无疑增加了零部件生产企业的物流成本。

（2）客户个性化需求——个性化VIP订单。汽车购买领域的VIP级顾客常常希望自己得到不同于其他顾客的个性化服务，这就要求销售者依照自己的能力，尽量满足他们的要求，这样才能更好地为顾客服务。同时，企业营销也更加注重二八定律，也叫巴莱多定律。企业经营和管理中要抓住关键的少数，要找出那些能给企业带来80%利润、总量却仅占20%的关键客户，加强服务达到事半功倍的效果。这就是个性化VIP订单提出的必然结果。

由此，汽车制造从大批量生产方式转变为多品种、小批量生产，就是为了满足客户的个性化需求，汽车企业面临的最大挑战是如何实现柔性化制造，兼顾灵活性和运营效率。这一方法要求整车厂和上下游合作伙伴保持高度的同步。

在复杂多变的市场环境下，汽车企业将注意力从自身转移到客户身上，是企业的制胜之道。在日本企业的带动下，许多汽车企业在经营方式上都采取了一些共同的手段，例如：评价客户的满意度，实施质量功能配置，成立跨越市场、制造和开发部门的跨部门团队等。其中很重要的原因在于生产批量较少的、作为生产资料的重型载货汽车必须满足诸如矿山、码头等集团客户的较为苛刻的定制化要求。作为定制的代价，满意的客户也愿意在价格里支付更多的利润。现在，这种定制方式也开始在轿车领域受到重视。如克莱斯勒公司提出了28个模块的产品定制思想，通用公司开发出了拥有模块化车身和其他构件的轿车，日产公司提出了"五个 A"的远景规划——任何批量（any volume）、任何时间（any time）、任何人（anybody）、任何地点（anywhere）、任何车（anything）。大规模定制体现了面向客户的创新精神，成为汽车企业新一轮战略竞争的重要手段。

（3）营销手段多样化。现在很多汽车制造商采用从设计、制造、运输、销售"横向一体化"的全球制造战略、整个汽车的生产过程，都是由汽车制造公司在全球范围内选择最优秀的企业，形成了一个企业群体。在体制上，这个群体组成了一个以整车厂为龙头的利益共同体；在运行形式上，构成了一条从初级供应商、二级供应商、一级供应商、总装厂、分销商、经销商到最终客户的物流和信息流网络。显然，整车厂之间的竞争，已经成为其背后供应链之间的竞争。因此，竞争力不仅表现在整车厂的性能指标，同样取决于供应商和销售渠道的绩效水平，只有整条供应链上的全局优化，才能达到提高竞争力的效果。

目前，美国汽车销售模式主要由三大渠道构成：排他性特许经销商，即只销售一个厂家的某个品牌；非排他性特许经销商，即销售不同厂家的几个品牌；还有厂家直销。迫于市场竞争压力，以及网上销售方式的冲击，代理和厂家的直销将会变得越来越流行。

在网上销售、厂家直销和市场竞争等诸方面的压力下，未来的销售会逐渐转向扁平化的销售渠道乃至直接面对客户或品牌专卖店的一对一的直接销售。为了缩短提货周期，汽车厂的生产计划加围绕按订单进行装配生产的拉动式制定。客户和经销商相对汽车厂的地位有了明显的提高，不但可以在网上按照自己的配置要求下订单，甚至可以要求实时了解订单的生产和运输的情况，因此对汽车厂提出了订单生产需求。

4S 店直销方式，从 1998 年广本首先推出 4S 店模式开始，这种卖车模式就在全国风行，成为一种汽车销售的主流模式。4S 店利润丰厚，一度有着"上千万的建设投资，一年回本"的大好光景，也因此收到众多经销商的追捧。而消费者在 4S 店享受服务，确实也有一种享用"原装正品"的踏实感。

4S 即整车销售（sale）、售后服务（service）、零件供应（spare part）、信息反馈（survey）四位一体。大多数去过欧美的人都会发现，在那里 4S 店并不多见，更常见的是综合展厅的模式，各个品牌的汽车在一起销售和维修，而且提供的服务也非常规范和专业，环境也一样整洁。在欧洲，汽车经销商有超过 40 个品牌、250 个车型和 4000 个版本，汽车经销商必须为顾客展示介绍各种汽车型号，因此必须具备较强的财务资金实力。

5. 我国汽车物流行业的现状

从 2010 年起，以关注多领域整合及物流业务向后市场延伸为特征，汽车物流行业进入一个逐步成熟的新阶段，公、铁、水多式联运日益得到行业的重视。主要行业特点如下：

1）汽车物流市场未来发展潜力很大

国内汽车市场的繁荣带来汽车物流需求量的巨大增长。国际分工和全球一体化的进程，我国汽车消费市场的良好成长性和人力资源的区域比较优势，都为我国潜力巨大的汽车市场的发展提供持续扩张的空间。中国是世界上公认的未来三个最大的待开发汽车市场之一。

2）汽车物流市场竞争激烈

由于我国汽车产业迅猛发展带来巨大的汽车物流需求，这一巨大的市场备受瞩目，特别受到国际跨国物流公司的青睐，纷纷加入争夺汽车物流市场的行列，或以合资、或以合作等形式，进入中国汽车物流市场。外资物流集团进入中国市场必然会给中国的汽车物流企业带来很大的冲击，从而加剧国内汽车物流业的竞争。

3）第三方汽车物流成为发展趋势

虽然国内汽车物流的主体运营模式仍然是制造企业供产销一体化的自营物流，但是第三方汽车物流理念被很多企业接受，汽车物流的外包趋势已然悄然形成，外包比例和业务范围逐年扩大。如上海通用将其汽车物流外包给了中远；一汽—大众将进口零部件入厂物流外包给了第三方；上海大众则正式进入了"零部件入厂物流"的外包阶段。整车物流外包更是我国目前汽车物流外包中比例最高的一项业务，国内的整车制造商均对整车物流外包持认可态度，一些整车制造商已将整车物流外包给了专业的汽车物流提供商，甚至第三方的物流公司，以实现商品汽车的"零公里"运输。

4）汽车物流标准化建设稳步推进

2004年12月14日，国家发改委批准《乘用车运输服务规范》（WB/T1021—2004）行业标准，已于2005年6月1日开始实施。由中国物流与采购联合会委托汽车物流分会牵头组织国内24家企业经过近两年研究完成的标准化基础性课题《我国汽车物流标准化发展规划》已于2009年结题，这个规划首次就我国汽车物流标准化发展和汽车物流标准体系的构建进行了系统研究，起点高、目标明确，填补了汽车物流领域标准体系的空白。在此基础上，《汽车整车物流各过程质量监控要求》《汽车物流信息系统物流功能及基本要求》《汽车物流统计指标体系》三项国家标准起草小组工作会议于2011年11月26日在深圳成功召开，这标志着我国汽车相关物流标准不断完善。

目前我国汽车物流主要存在如下几个方面的问题：

（1）自营物流为主要模式。我国现行的主体汽车物流模式是供产销一体化的自营物流，即汽车产品原材料、零部件、辅助材料等的采购物流、汽车产品的制造物流与分销物流等活动全部由制造企业来完成。制造企业既是汽车生产活动的组织者、实施操作者，又是企业物流活动的组织者与实施者。随着物流业务的不断扩大，供应全球化和电子商务对汽车产品物流的信息化、自动化和柔性化提出了全新的要求。要求制造商具有更加强大的物流实力，不断加大对物流的投入以适应电子商务发展的需要。这些变化对自营物流而言，不但加重了制造商的薪金负担，而且也不能充分发挥社会分工的经济优势，降低了汽车产品的总体物流效率。在实践中，自营物流，往往较多地从整车企业的利益出发，强调保障整个生产企业生产的连续性，要求零配件生产企业提供远大于实际需要的库存。在整车物流方面，有的企业为了满足市场需求，自建运输网络、投资仓储设施、船舶铁路专用线和公路运输队伍，呈现重复建设现象，造成运力资源分散和发展的不均。

（2）信息技术应用和物流设备落后。信息技术应用的落后，严重制约了中国汽车物流行业的发展，使得上下游企业之间物流活动难以顺畅进行，削弱了企业对市场的快速反应能力和竞争力。信息技术和物流设备落后已成为制约我国汽车物流企业发展的"瓶颈"。根据中国仓储协会调查，绝大多数汽车物流企业尚不具备运用现代信息技术处理物流信息的能力。在拥有信息系统的汽车物流企业中，其信息系统的业务功能和系统功能还不完善，缺乏必要的订单管理、货物跟踪、仓库管理系统和运输管理系统等物流服务系统，物流信息资源的整合能力尚未形成。

（3）企业间业务信息化程度低。目前我国各汽车制造企业内部基本上已实现了信息化管理。尤其是以三大汽车集团为代表的汽车制造企业信息化程度更高。但企业间的信息化，特别是汽车生产企业的横向沟通少之又少，基本上处于相对封闭的状态，汽车国产企业在汽车物流方面实行各自为政的运作方式，生产企业之间，物流企业之间实施壁垒及保护，汽车物流资源共享缺少综合信息平台的支持。各大物流企业也各自为政，信息保密，未能进行有效合作。有的地方汽车产销量大，但物流资源不足；而有些地方汽车产销量小，却物流资源过剩，这种资源分配的不平衡，在一定程度上阻碍了汽车市场的发展。

（4）信息化标准缺乏。我国各生产企业对承运商和仓储商都在按自己制定的技术标准、质量标准、统一标志使用等评价和选用物流企业，导致整个汽车物流企业中存在多种标准、多套体系。比如目前使用的轿车运输车中，就有全封闭、半封闭、框架式等品种，运输车的质量也千差万别，服务标准、交验标准各企业也不一致。另外，国家现有的标准在许多方面已经不适应甚至制约了汽车物流的发展，迫切需要调整，加快建设。

2.4.2　汽车物流信息化

汽车物流企业应明确企业物流信息化发展的目标，构建信息优势和集成物流的"整体合力"，制定出合理可行的物流信息化发展规划。最终要依据信息技术的发展和适应现代物流的整体需求，依托物流公共信息平台建设和电子商务发展环境，借鉴国外物流信息化成功经验，走汽车物流信息化之路，为汽车供应链创造差异化的竞争优势。

1. 汽车物流信息化概念

汽车物流信息化，就是利用信息技术和信息平台，完成包括汽车企业以及汽车供应链的计划制定、生产控制、库存监控、汽车配件供应、产品交付和顾客服务于一体的系统的信息化管理过程。汽车行业的信息化，大体可以分为两类：一是企业内部的信息化；二是汽车行业的信息化。

由此可知，实现汽车物流信息化，一方面需要企业自身完善信息化生产运作、信息化管理。以信息技术统筹管理企业的所有信息，以开发和利用信息资源，提高管理水平、研发能力、经营水平，其已经成为企业核心竞争力的关键。另一方面需要利用信息平台推动行业信息化。实现：行业信息化—提高汽车物流标准化程度—促进物流发展进程，缩短与信息流、商流和资金流的操控差距—全面实现电子商务。因此尽快发展行业信息化将具有非同寻常的意义。

物流企业必须将为客户提供的信息服务内容作为信息系统建设的重要依据，通过采用先进的信息技术实现供应链伙伴互相之间的信息沟通与共享。而我国物流企业大都没有把物流信息化放在战略高度来认识，往往是以满足企业内部管理为出发点建设物流信息系统，忽视对客户物流信息服务的建设，这种观念上的差距严重影响了物流信息系统的投入力度和实施效果。因此，必须将服务作为物流信息化的核心，围绕提供客户服务水平来改造物流管理模式与运作流程，并以此业务需求为依据来建设物流信息系统。

从系统论的角度来审视汽车物流企业和供应链的物流活动可以发现：整个汽车物流过程是一个多环节(子系统)的复杂系统。汽车物流系统中的各个子系统通过物质实体的运动将它们联系在一起，一个子系统的输出就是另一个子系统的输入，合理组织汽车企业物流活动，就是要使物流各个环节互相协调，根据总目标的需要适时、适量地调度系统内的基本资源。而汽车物流系统中各个环节之间的相互衔接是通过信息予以沟通的，基本资源的调度也是通过信息的传递来实现的。例如，物质调度是根据供需数量和运输条件来进行的，装卸活动的组织是按运送货物的数量、种类、到货方式，以及保证情况来决定的。因此，汽车企业物流内控及物流活动的系统化管理必须以物流信息化为基础，汽车物流信息化的实现，又需要信息技术的强力支持。

2. 汽车物流信息化的目标

我国汽车物流企业信息化建设的目标可分为三个层次：基础信息化、利用信息系统优化作业和供应链信息整合。

1）基础信息化

该层次的目标主要是解决信息的采集、录入、传输、加工及共享，最终目的是提高工作效率，提高准确程度，提高决策水平，从而为企业带来效益。这个层面上可以不涉及或很少涉及流程改造和流程优化的问题，信息系统的任务就是为对采集上来的数据进行分析，为决策提供即时和准确的信息。对于汽车物流企业，由于国内汽车生产企业汽车产量增加，规模扩张，与汽车生产企业的业务往来加大，急速扩张的业务要求汽车物流企业有一套完善的业务管理分析系统。该系统可将数据录入系统，实现了各个不同地点的业务点的数据共享。通过数据分析，提供业务走势分析、比例分析及利润分析等信息，有效提高了业务决策水平。

2）设计流程改造的信息化

这一层次的目标主要是将系统论和优化技术用于物流的流程设计和改造，融入新管理制度之中。此时的信息系统作用：一是固化新的流程或新的管理制度，使其得以规范地贯彻执行；二是在规定的流程中提高优化的操作方案，包括仓储存取优化方案和运输路径优化方案等，此时信息系统作用主要在于固化管理和优化操作。

3）供应链信息整合

这一层次的目标是要提高整个供应链的效率和竞争力，主要是通过对上下游企业的信息反馈服务来提高供应链的协调性和整体效益，如生产企业与销售企业的协同及供应商与采购商的协调等。汽车物流信息系统不仅是供应链的血液循环系统，也是神经系统。供应链的基础是建立互利的机制，但是这种机制需要一定的技术方案来保证，信息系统在这里的主要作用是实现这种互利机制的手段。此时的汽车物流企业的信息系统建设，要注重与供应链上所有企业的信息共享功能，对数据的处理要注重资源整合和预测功能。例如零配件厂的库存由汽车物流企业的自动补货系统来管理，汽车物流企业的配送由整车生产厂的物流系统管理。

3. 汽车物流信息化的特点

优秀的汽车物流企业信息系统不仅能够降低企业运营成本、提高运营效率和提高客户服务水平，还能够使汽车物流企业在使用物流信息系统的过程中，不断丰富和积累物流管理知识，提高企业的整体管理水平。汽车企业选择物流系统，与其说是一种信息技术选择，不如说是一种企业管理模式和市场竞争战略的选择。

优秀的汽车物流信息系统应具有以下特性：

1）可得性

汽车物流企业信息系统必须具有容易而又始终如一的可得性，所需信息包括订货、进货和存货状况，当上下游企业有需要获得物流活动的重要数据时，应该很容易从计算机系统中重新得到。迅速对于客户服务与改进管理决策是非常必要的，因为顾客和汽车生产企业需要频繁地获取存取货和订货信息，要求物流企业可以及时准确地运输零部件和整车到预定车间或顾客。可得性的另一方是信息系统存取所需信息的能力，无论是管理上的、顾客方面的还是产品订货位置方面的信息。汽车零部件生产厂商分布较为分散，要求汽车物流企业能从上下游企业得到最新更新的数据，这样信息可得性可以减少作业和制定计划上的不确定性。

2）精确性

汽车物流企业信息系统必须精确反映当前物流服务状况和定期活动，以衡量订货和存货水平。精确性可以解释为物流系统报告与实际状况相吻合的承诺孤独。平稳的物流作业要求实际的数据与物流信息系统报告相吻合的精确性最好在99%以上，当实际数据与物流信息系统报告存在误差时，就要通过缓冲存货或安全存货的方式来适应这种不确定性。

3）及时性

汽车物流企业信息系统必须能够提供及时的、最快速的管理信息反馈。及时性是指一系列物流活动发生时与该活动在物流信息系统中的实时更新。例如，在某些情况下，信息系统要花费几个小时甚至几天才能够将一个新的订货看作一个新的需求，因为该订货不会始终直接由客户数据库进入汽车物流企业信息系统，这种单据会使计划的有效性降低，而使存货增加，显然实时更新或立即更新更具有及时性。实时更新往往会增加记账工作量，因此编制条形码、采用扫描技术和物流 EDI 有助于及时而有效的数据记录。

4）追踪性

汽车零部件供应商和整车销售商分布区域大，又要做到"零库存"，这就要保证信息系统的追踪性。要做到及时供应、减少库存，就需要对零部件及整车的在途运输信息实时追踪，采用 GPS 和 GIS 技术，可更有效地对零部件及整车的破损及意外情况进行实时掌控确保有效的供应。

5）智能性

汽车物流作业要与大量的客户、汽车生产厂、零部件供应商和销售网点进行协作，要求物流信息系统应能有效识别异常情况。在汽车物流系统中，需要定期检查存货情况、订货计划，这两种情况在许多物流信息系统中要求手工检查，尽管这类检查正愈来愈趋向自动化，但由于许多决策在结构是松散的，并且需要人的因素参与判断处理，但人工检查需要花费大量的时间。因此，要求汽车物流企业信息系统要结合决策规则，智能化地识别这些需要管理者注意并作出决策的异常情况，因此计划人员和经理人员把他们的精力集中在最需要注意的情况，集中在判断分析上。汽车物流信息系统应该具备智能性，使得在物流管理中能够利用系统去识别需要管理部门引起注意的决策。

6）灵活性

物流信息系统必须具有灵活反应能力，以满足系统中生产厂商、销售商和顾客的需求。汽车物流企业信息系统以虚有能力提供能满足客户需要的数据，如票据汇总、实时查询、成本综合分析、市场销售汇总及分析等，一个灵活的物流系统必须适应这一要求，以满足未来企业客户的各项信息需求。

7）界面应友好和规范

汽车物流信息系统提供的物流报告应该界面友好和规范，以适当的形式对物流信息进行表述，建立正确和规范的物流信息表达结构，方便客户查询和阅读，方便客户打印和存档。物流报告的表现形式应与传统报告相结合，便于企业保管及管理人员阅读和分析。

4.汽车物流信息化的作用

在汽车物流企业中，信息流将各个环节紧密联系在一起，主要体现在对物流信息进行采集、存储、传播、处理、显示和分析等几个方面。因而该系统的功能大致可归为以下几类。

1）数据的采集和录入

首先应用条形码技术和 RFID 获取汽车零部件或整车的信息，记录下物流内外的有关数据，采集各种相关数据，并把其转化为可接收的形式。

2）信息的存储

各种零部件、整车数据资料等信息进入系统后，将种类、数量、位置、有无等信息经过整理和加工，成为支持物流企业信息系统运行的信息，这些信息需要暂时存储或长期保存，以供使用。

3）信息的传播

由于汽车物流环节繁多、过程复杂，就需要供应链上下游企业及时有效的沟通，做到准时供货、"零库存"管理。通过建设企业信息网络，即内联网和外联网，汽车零部件供应企业、整车生产企业和专业的物流企业可以及时地沟通、协调物流系统中各个环节。

4）数据的追踪

汽车零部件生产厂商分布地域广阔，在途追踪显得尤为重要。物流信息系统利用 GPS 和 GIS，实现动态实时和可视化追踪，实时掌握整条供应链动向，掌握汽车物流的流向和流量。

5）信息的处理

物流企业信息系统的最基本目标就是将输入的数据、资料等信息加工处理成有用的物流信息，对于汽车物流企业，通过管理信息系统对信息进行处理，信息处理可以是简单的查询、排序、分类汇总，也可以通过决策信息系统对纷杂的模型求解和预测，并作出准确的判断。

6）信息的输出

物流企业信息系统的目的是为了各类与物流相关的人员提供信息，为了便于人们的理解，系统输出的形式应力求清晰明了，简洁易懂。

5. 汽车物流的基本环节

就构成物流链的基本环节而言，汽车物流同其他物流一样，主要包括以下几项内容。

（1）运输。运输是物质资料或产品在空间长距离的位移。汽车物流中的运输就是将汽车零部件、配件、整车从供应地向需求地转移的过程，它是物流活动的核心业务。运输是物流系统中最重要的功能要素之一，是通过运输手段使货物在不同地域范围内以改变"物"的空间位置为目的的活动。

（2）储存。汽车的储存是指汽车产品离开生产领域而尚未进入消费领域之前，在汽车销售渠道流过程中的合理停留。它把采购、生产、销售等企业经营的各个环节有效地链接起来，起到润滑剂的作用。

（3）装卸搬运。运输、配送、仓储等过程在两端点的作业多离不开装卸，其内容包括物品的装上卸下、搬运、分类等作业内容。装卸搬运作业的机械化、电子化和自动化可以大大加快物流的中转和流动速度。

（4）包装。包装依其商品在流通中的作用不同，可以分为销售包装和运输包装。总体来讲，商品包装要满足消费者、运输商和销售商的要求，既要起到保护产品、方便使用、便于运输、促进销售的作用，同时还需降低包装成本。

（5）配送。配送是面向区域内进行的多品种、短距离、高频率的计划性商品送达服务。其本质也是物品的位移，但与运输环节相比，又具有自身的特点。配送中心到连锁店、用户等的物品搭配及相应空间位移均可称为配送。汽车物流的核心在于配送。汽车物流配送的主要模式有市场配送模式、合作配送模式和自营配送模式。

(6)流通加工。它是指汽车零部件、配件、整车从供应者到生产者或生产者到消费者间移动的过程中，为保证产品质量、促进产品销售或实现物流高效化，而对物品进行的有关加工作业。

(7)物流信息服务。该服务主要指通过建立物流信息网或利用公共信息网、企业内联网，有效地为用户提供有关物资的购、储、运、销一体化服务及其他有关信息的咨询服务，以沟通与协调各部门相关企业、各物流环节的物流作业。

本章小结

汽车贸易服务包括汽车营销服务、二手车服务、汽车零配件与用品服务、汽车物流服务等几个方面的内容。

汽车营销是指汽车市场调研、分析与竞争研究，为企业生产经营决策提供咨询，并可进行汽车产品营销策划。

汽车营销环境是汽车营销活动的约束条件，是与汽车营销活动相关的、影响企业活动和营销目标实现的各种因素和条件，包括宏观环境和微观环境。宏观环境是外在的、不可控的环境因素。微观环境是内在的或与汽车企业紧密联系，直接影响企业营销能力的各种因素。

市场营销调研的意义是：了解市场上的变化、制定科学的影响规划、优化营销组合和开拓新市场。

市场营销调研的方法可以分为间接资料调研方法和直接资料调研方法。

市场营销调研的步骤可以分为调研准备、初步调研、制定并实施调研计划和调研总结四步。

汽车市场营销的预测方法可以分为定性预测法和定量预测法。

市场营销信息系统是由内部消息系统、市场营销环境监视系统、市场营销调研系统和市场营销决策分析系统四个子系统组成。

汽车市场营销产品组合分为汽车核心产品层、汽车形式产品层、汽车期望产品层、汽车延伸产品层和汽车潜在产品层五个层次。

产品的生命周期包括导入期、成长期、成熟期和衰退期。

汽车价格是汽车营销组合中最重要的因素之一。一方面，它直接关系到汽车产品被汽车市场接受的程度以及市场占有率的高低、需求量的变化和利润的多少；另一方面，定价策略与产品策略、促销策略和分销策略相比，是企业可控因素中最难以确定的因素。

汽车定价方法是指汽车为了在目标市场上实现定价目标，而给汽车产品制定价格或浮动范围的方法。主要包括汽车成本导向定价法、汽车需求导向定价法、汽车竞争导向定价法等三种汽车定价方法。

汽车分销渠道是指：当汽车产品从汽车生产企业转移到消费者的过程中所经过的一切取得所有权的商业组织和个人，是沟通汽车生产者和消费者之间关系的桥梁和纽带。

汽车销售渠道的模式包括零层渠道模式、一层渠道模式、二层渠道模式和三层渠道模式。

促销是指将有关企业和产品的信息传递给消费者，使消费者了解、偏爱和购买本企业的产品，从而达到扩大销售目的的一种活动。

汽车促销的方式主要有两类：人员促销和非人员促销。人员促销主要是指派出汽车销售人员进行汽车销售活动；非人员促销又分为广告、销售促进、公共关系等多种方式。汽车促销策略就是这几种方式的最佳选择、组合和运用。

二手车市场包括服务性、流通性、拥有资源配置性和规范交易性等特点。

二手车鉴定评估是指由专业的鉴定评估机构和人员，接受国家机关和市场的委托，按照特定的经济行为和法定的评估标准及程序，运用科学的方法，对二手车进行手续和证照的检查、技术状况的鉴定以及价值的估算的过程。

二手车鉴定评估有八个基本要素：鉴定评估主体、鉴定评估客体、鉴定评估依据、鉴定评估目的、鉴定评估原则、鉴定评估程序、鉴定评估价值和鉴定评估方法。

二手车的价值评估法包括重置成本法评估法、收益现值法、现行市价法和清算价格法。

二手车鉴定评估的关键是对其技术状况进行鉴定。其鉴定的方法主要有静态检查、动态检查和仪器检查。

二手车置换主要有同一品牌置换、同一车系置换和不同车系置换三种方式。

二手车拍卖有现场拍卖和网上拍卖两种方式。

二手车交易指以二手车为交易对象，在国家规定的二手车交易中心或其他经合法审批的交易场所中进行的二手车的商品交换和产权交易。

汽车零部件及配件行业是汽车工业发展的基础，处于整个汽车产业链的中游，其上游产业为原材料行业，包括钢铁、机械、橡胶、石化、电子、纺织等行业，下游行业为整车制造行业(汽车总装、冲压、车身焊装、车身油漆)和售后服务行业(汽车销售、汽车修理、汽车金融)。

汽车用品是指汽车维护、装饰、保养等所需的产品，属于汽车配件的范畴，作为汽车的附属用品，用以增加汽车的实用性、安全性及舒适性，并在很大程度上凸显车主的独特个性。

汽车物流是指以最小的费用，按用户的需求，完成的汽车供应链上原材料、零部件、整车以及售后配件在各个环节之间的实体流动过程，包括运输、装卸、搬运、仓储、保管、包装、产品流通乃至回收等基本物流环节。

第三方汽车物流由汽车生产企业物流外包产生，是指由另一物流公司，去完成传统上由汽车制造企业内部完成的物流功能，如仓库管理、运输管理、订单处理、产品回收、搬运装卸、物流信息系统等服务，具有专业化、规模化和社会化特点，是物流资源整合的主要承担者。

汽车物流信息化，就是利用信息技术和信息平台，完成包括汽车企业以及汽车供应链的计划制定、生产控制、库存监控、汽车配件供应、产品交付和顾客服务于一体的系统的信息化管理过程。汽车行业的信息化，大体可以分为两类：一是企业内部的信息化；二是汽车行业的信息化。

思考题

1. 什么为是汽车营销?

2. 什么是汽车营销环境? 有何意义?

3. 汽车市场营销的特点是什么?

4. 汽车市场营销的宏观环境包括哪些内容?

5. 汽车市场营销的微观环境包括哪些内容?

6. 市场营销调研的目的和意义是什么?

7. 简述汽车市场营销调研的种类。

8. 简述间接资料调研方法和直接资料调研方法的优缺点。

9. 简述汽车市场营销调研的步骤。

10. 简述回归分析预测法的步骤。

11. 产品组合中广度、深度和相容度的含义是什么?

12. 汽车产品寿命周期分为哪几个阶段? 其营销策略是什么?

13. 简述影响汽车定价的因素。

14. 简述汽车定价程序。

15. 汽车定价有哪些?

16. 汽车新产品的定价策略有哪些?

17. 汽车分销渠道的含义。

18. 简述汽车特许经销商的优势、权利和义务。

19. 汽车促销方式主要有哪些? 各有什么特点?

20. 什么是绿色营销?

21. 什么是二手车? 二手车服务包括哪些?

22. 简述国内外二手车市场现状及发展趋势。

23. 简述二手车评估鉴定的基本要素。

24. 二手车价值评估有哪些方法?

24. 对二手车进行静态检查和动态检查,分别要检查哪些项目?

25. 什么是二手车置换? 简述二手车置换的工作流程。

26. 简述二手车交易流程和注意事项。

27. OEM 市场是什么? AM 市场是什么?

28. 简述汽车零部件行业国内外发展现状及趋势。

29. 如何对汽车零部件进行分类?

30. 简述汽车配件交易市场的特点。

31. 简述汽车配件的采购流程。

32. 简述汽车配件的仓库管理流程。

33. 什么是汽车用品? 汽车用品有哪些种类?

34. 什么是汽车物流?

35. 什么是第三方汽车物流?
36. 简述汽车物流信息化的目标。
37. 简述汽车物流信息化的特点。

第 3 章　汽车技术服务

3.1　汽车售后服务

3.1.1　汽车售后服务概述

1. 汽车售后服务范畴

汽车售后服务是指将与汽车相关的要素同顾客进行交互作用或由顾客对其占有活动的集合。根据汽车在使用过程中服务的范围不同,汽车售后服务可分为广义的汽车售后服务和狭义的汽车售后服务两种。

狭义的汽车售后服务:指从新车进入流通领域,直至其使用后回收报废的各个环节涉及的各类服务。它包括汽车营销服务(如销售、广告宣传、贷款与保险资讯等)以及整车出售及其后与汽车使用相关的服务(如维修保养、车内装饰、金融服务、车辆保险、"三包"索赔、二手车交易、废车回收、事故救援和汽车文化等)。

广义的汽车售后服务:可延伸至原材料供应、产品开发、设计、质量控制、产品外包装设计以及市场调研等汽车生产领域。

我们通常所说的汽车售后服务,一般是指汽车在售出之后维修和保养所使用的零配件和服务,包括汽车零配件销售、汽车修理服务和汽车美容养护三大类。

一言以概之,从汽车下线进入用户群开始,到整车成为废弃物为止的全过程,都是汽车后市场各环节服务所关注的范畴。它可能在售前进行,也可能在售时进行,但更多的是在车辆售出后,按期限所进行的质量保修、维修、技术咨询,以及配件供应等一系列服务工作。这些服务内容称为传统服务,而在现代理念指导下的汽车售后服务就不仅局限于传统服务,其所包含的内容将更新、更广。

2. 汽车售后服务内涵

(1)汽车售后服务的目标是满足顾客需求,汽车售后服务的终极目标是实现顾客满意。汽车售后服务的本质是服务,汽车售后服务的质量是汽车售后服务企业的生命。用户的满意程度反映了对汽车售后服务的认同程度,因此汽车售后服务以提高顾客满意度为中心,突出服务质量。

(2)汽车售后的精髓是汽车售后服务系统的整合,一体化思想是其基本思想。汽车售后服务链是把整个汽车售后服务系统从原材料采购开始,经过生产过程和仓储、运输及配送到达用户，以及用户使用过程的整个过程看作是一条环环相扣的链，努力通过应用系统的、综合的、一体化的先进理念和先进管理技术，在错综复杂的市场关系中使汽车售后服务链不断延长，并通过市场机制使得整个社会的汽车售后服务网络实现系统总成本最小化。

（3）现代汽车售后服务的界定标志是信息技术。现代汽车售后服务与传统汽车售后服务的区别在于，现代汽车售后服务是以信息作为技术支撑来实现其整合功能的。现代汽车售后服务对信息技术的依赖达到了空前的程度，可以说现代信息技术是现代汽车售后服务的灵魂。现代汽车售后服务和信息技术融为一体，密不可分。

（4）现代汽车售后服务呈现出系统化、专业化、网络化、电子化和全球化的趋势。

汽车售后服务系统化是系统科学在汽车售后服务中应用的结果。人们利用系统科学的思想和方法建立汽车售后服务体系，包括宏观汽车售后服务系统和微观汽车售后服务系统。从系统科学的角度看，汽车售后服务系统也是社会大系统的一部分。现代汽车售后服务从系统的角度统筹规划和整合各种与汽车售后服务相关的活动。现代汽车售后服务系统的运行过程是追求系统整体活动的最优化，不追求单个活动的最优化。

（5）可持续发展是现代汽车售后服务的重要内容。

汽车行业的迅速发展，造成的最直接后果是汽车保有量的激增，使城市交通阻塞、噪声与尾气污染加重，对环境产生了较大的负面影响，增加了环境负担。现代汽车售后服务要从节能与环境保护的角度对汽车售后服务体系进行改进，不断提高汽车售后服务水平，促进经济的可持续发展。

3.汽车售后服务的特点

与传统产成品相比，汽车售后服务有以下几个特点：

1）无形性

无形性是产品与服务之间最本质的区别。由于服务是一种行为而非物体，它是无形的，我们不能像对待有形产品那样去看它、品尝它、嗅它或触摸它。服务的无形性给我们带来了许多新的挑战：

（1）服务无法储存，因此，我们很难协调服务需求的波动性。

（2）服务不能申请专利，竞争者常能轻易地盗用新的服务理念。

（3）服务在购买之前无法向消费者展示其成效，因此消费者也就很难在付款之前评价质量。此外，由于服务的无形性，也使得服务的实际成本很难确定，价格关系也显得比较复杂。

2）差异性

差异性是指服务的构成成分及质量水平经常变化，很难统一界定。由于服务是一种由人来执行的行为，会受人员自身因素的影响和制约。因此，服务提供者的能力对服务质量的影响非常大。事实上，即使服务是由同一个人提供的，也可能因一些不可避免的因素（如心理因素等），而难以保证有完全一致的服务水准。另外，消费者本身的素质（如知识、兴趣、态度等）也会直接影响服务的质量和效果。

3）易消失性

易消失性是指服务不能被储存，不能重复出售，也不能退还的特点。提供服务的各种设备可以提前准备好，重复使用，但生产出来的服务如果不当时消费掉，就会消失。有形产品可以库存起来在需要的情况下再出售，客户对产品不满意甚至可以退换产品。而汽车售后服务同其他任何服务产品一样不能被储存、转售或退回。例如一位修理人员将汽车修坏了或一位接待员对客户不礼貌，这些都是不成功的服务产品，相当于次品或废品，不可能退货、也不可能转售给其他的客户。

4）复杂性

(1)汽车的车型种类繁多，每一次的故障也不一样。

(2)汽车的车主是有着复杂感情和不同需求的客户，他们参与了整个服务过程，每天的心情，每一次的需求都会不一样。

(3)汽车售后服务是由企业的员工表现出来的一系列行为，没有两种服务会完全一样，员工的服务行为每天甚至每小时都会有区别。

(4)汽车售后服务的服务过程极其复杂，就拿汽车维修来说，有接车、诊断、估价、派工、维修、配件、检验、结算、出厂、跟踪等多个环节。哪一个环节出了问题，都会带来车主的不满意，产品就可能是次品或废品。

5）生产与消费的不可分离性

有形产品往往先生产、再销售、最后消费，它们在时间上是有间隔的，从生产到消费要经过一系列的中间环节。而服务产品的生产和消费是同时进行的，不可分离。也就是说，服务人员提供服务给客户时，也正是客户消费服务的时刻。这通常意味着在服务的生产过程中，消费者必须在场，他们可以看见甚至要加入到整个生产过程中去。

3.1.2　汽车售后服务的新理念

1.客户满意度理念

客户是企业最大的投资者，坚持客户第一的原则，这是市场经济本质的要求。汽车售后服务的经营目的是为了社会大众服务，为客户服务不断满足各个层次，车主的需要。任何企业都以追求经济效益为最终目的，如何能实现自己的利润目标，从根本上讲必须满足客户的需求，愿望和利益，才能获得企业自身所需的利润，客户满意可以为企业创造价值，企业经营活动的每一个环节都必须眼里有客户，心里有客户，全心全意为客户服务，最大限度让客户满意，这样才能在激烈的市竞争中获得持久的发展。

2.客户总是对的理念

设立"客户总是对的"的理念，是建立良好的客户关系的关键所在，在处理客户抱怨时，这是必须遵循的黄金准则。"没有客户的错，只有自己的错"，尽管不一定符合客观实际，然而在企业与客户这种特定的关系中，只要客户的错不会构成企业的重大经济损失，就要将"对"让给客户，"得理也让人，客户总是对的"并不意味着事实客户的绝对正确，而是意味着客户得到了绝对的尊重。客户品尝到了"上帝"滋味的时候，就是企业提升知名度，信誉度，拥有更多的忠诚客户，更大的市场更大的发展的时候。"客户总是对的"这是服务行业的一种要求。必须遵循三条原则：①站在客户的角度考虑问题；②应设法消除客户的抱怨和不满，不应把对产品或服务另有意见的客户看成讨厌的人；③切忌同客户发生任何争吵，企业绝不会是胜利者，只会是失败者，因为失去客户，也就意味着失去信誉和利润。

3."员工也是上帝"的理念

客户的满意，必须要有满意的员工来服务。只有满意的员工才能创造客户的满意，只有做到员工至上，才能做到把客户放到第一位。"员工也是上帝"的理念告诉我们，满意的员工才能创造客户的满意。企业善待员工，员工才能理解客户第一理念，才能善待企业和企业的客户。企业要想使自己的员工令车主百分之百的满意，必须从满足员工的需要开始，满足他们求知的需要，发挥才能的需要，享受权利的需要，实现自我价值的需要，关心爱护员工。调动积极性，激发奉献精神，满足员工自尊心，使员工真正成为创造客户满意的生力军。员工至上和客户第一是统一的，相辅相成的。员工是以劳动技能和智慧作为投资投入企业，劳动力是一种智慧资本、知识资本、技能资本，是企业资产的组成部分，员工希望企业发展，自身也能发展。客户也是企业的最大投资者，他们投资了车源，投资了服务对象，也希望企业发展能更好地给自己的车辆做好售后服务，因此，投资关系上他们是统一的。

4. 全新的人才理念

企业的发展离不开客户的满意度，没有优质的服务就没有客户，优质的服务就必须有高素质的人才，企业必须有全新的人才理念，想办法培养人才，留住人才。当前维修人才流动性很大，这是不争的事实，这是与企业管理理念有关的，很多企业不愿意花钱去培养人才，一怕花钱，二怕留不住。认为两条腿的人多的是，这些错误的思想使得造成大量的汽车服务人才流失，对企业乃至整个行业都是巨大的损失。

5. 全新的信息管理理念

信息对任何企业来说都是至关重要的，全新的信息管理理念对于我们汽车售后服务来说尤其重要，我们如何管理我们的售后信息和收集信息是企业发展的关键，比如说我们的维修保养信息管理，配件供求信息，信息反馈信息等，汽车维修技术信息，客户基本信息等。通过良好的信息管理，主动联系客户，率先带来了主动提醒/问候，一对一顾问式服务，利用信息的优胜，提供最优质的服务，满足客户的需要，使企业获得最大的利润。

3.1.3　汽车售后服务内容

服务是塑造品牌的重要手段。国内市场上具有代表性的汽车厂商吸取国外汽车厂商的成熟经验，提出了自己的销售服务宗旨和理念，如一汽轿车的"管家服务"，认为用户是"主人"，厂方、销售人员是"管家"，"管家"处处要为"主人"考虑，要做在前面，想在前面。当前客户的服务变化，汽车生活方式也日益丰富，汽车的情感价值也超越其功能价值。从发达国家的汽车历史告诉我们，围绕客户的竞争是汽车厂商的生存源泉，为此汽车厂商就要不断呵护客户，不断超越客户的期待。汽车生产商已逐渐将竞争转移到售后服务市场方面，越来越重视客户的情感价值，提高自身售后服务质量也越来越成为汽车生产厂家维护品牌、发展客户的手段。汽车生产厂商售后服务的主要内容是技术培训、质量保修、配件供应和建立售后服务网络等。综合来讲，技术培训是先导，质量保修是核心，配件供应是关键，网点建设是平台，管理机制是保障，信息技术是手段，形象建设是文化。

1. 技术培训

技术培训是售后服务的主体。汽车生产是一个技术含量很高的产业，从事售后服务工作必然会接触到需要为客户进行技术上的解答和指导、产品相关信息的咨询、实际操作示范等业务。因而，一般情况下会由公司的专门售后服务部门对下设的售后服务网点的工作人员进行统一的技术培训，再由后者面向顾客进行实际的操作。技术培训不仅包括对用户的技术指导、使用训练、咨询解答，更重要的是要对全售后服务网络网点进行各种技术的培训。技术培训是售后服务的先导，任何一个企业或产品的售后服务都必须从技术培训开始。

1）用户培训

用户培训主要集中于销售环节。对于社会已经熟悉的汽车产品,由于用户已经具有汽车使用知识,因而用户培训一般较为简单。通常情况下,用户提车时经销商会要求将新车开到服务站进行交车前的全面检查,此时可以根据用户的具体情况进行一些有针对性的简单培训,如:检查用户的技术资料是否交付完整(通常包括产品使用说明书、配件目录、维修手册、挂图、服务指南等材料)讲解售后服务相关政策、合理科学使用汽车的经验、简易故障及其排除方法等,这类培训可分散进行。

2)服务网络的培训

服务网络(网点)的培训,是汽车厂商售后服务总部所要培训的主要对象,通常是以服务站的技术骨干为主。对他们的培训,内容上通常要深一些,广一些,以帮助服务站形成能够排除各种使用故障的能力。

对服务站的培训,主要内容有:

(1)汽车结构及其技术内容;

(2)常见故障、典型故障和突发的故障现象、形成机理及其排除方法;

(3)新产品的技术培训,做到"先培训、后投放";

(4)汽车厂商售后服务尤其质量保修的管理政策和业务流程;

(5)其他内容,如服务站的经营管理、大型促销(服务)活动的准备等。

2. 质量保修

质量保修又叫质量保证、质量担保等,是指用户的车出现质量上的问题时,对用户的质量索赔进行相应的处理,包括质量鉴定、决定和实施赔偿行为,并向厂商反映用户质量信息。这一部分的工作主要由一线直接面对顾客的售后服务网点来负责。产品在生产厂家规定的正确使用前提及维修保养服务情形下,由于产品本身材质、设计、制造的缺陷,生产厂家依据国家的有关法律、法规进行无偿或有条件无偿维修服务作业。

质量保修是售后服务工作的核心,是售后服务的意义所在,对企业的形象和声誉有很大影响。

工作内容主要有两方面:一是质量保修规范的制定;二是质量信息的分析处理。

1)质量保修规范的制定

制定质量保修规范,包括制定整车(零部件)的保修里程或保修时间,制定质量故障的受理、鉴定和赔偿程序,即质量保修流程。国家质检总局于2013年10月发布了《家用汽车产品修理、更换、退货责任规定》,规定了汽车保修期限是不低于3年、6万km,三包(包修、包换、包退)有效期限是不低于2年或是行驶里程5万km。

表3-1 某汽车厂商质量保修简表

按汽车载质量分类	一般补偿	特别补偿
小型车:1~3 t	不超过60000 km或5年	不超过100000 km或5年
中型车:4~7 t	不超过20000 km或1年	不超过50000 km或5年
大型车:8~12 t	不超过20000 km或1年	—

表3-1给出了某汽车公司关于质量保修的规定(表中的特别补偿只针对动力部分)。汽

车厂商一般只针对质量保修范围内被损坏的汽车零部件进行免费更换,不承担因为故障导致的相关损失的赔偿。

汽车产品质量保修的工程流程如图 3-1 所示。

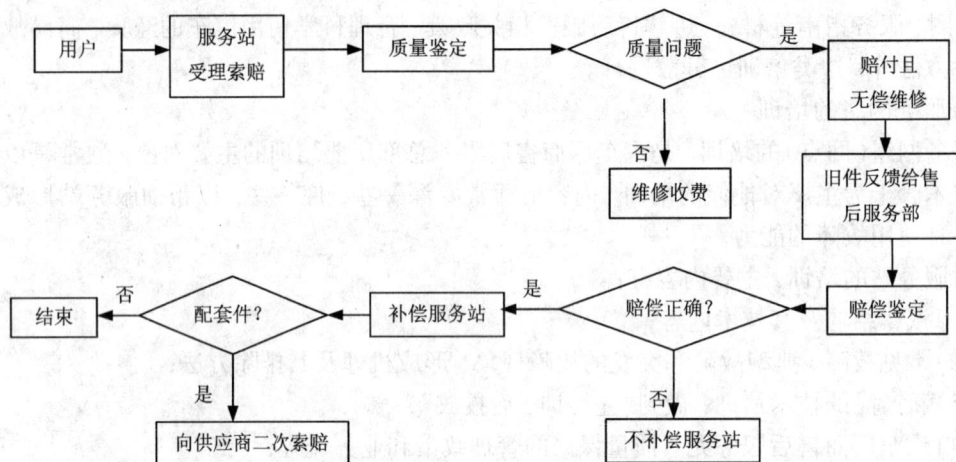

用户 → 服务站受理索赔 → 质量鉴定 → 质量问题 —是→ 赔付且无偿维修

质量问题 —否→ 维修收费

赔付且无偿维修 → 旧件反馈给售后服务部 → 赔偿鉴定 → 赔偿正确? —是→ 补偿服务站 → 配套件? —否→ 结束

赔偿正确? —否→ 不补偿服务站

配套件? —是→ 向供应商二次索赔

图 3-1　产品质量保修工作流程图

2)质量信息的分析处理

质量信息的分析处理,一方面保证了产品质量的跟踪服务,时刻关注其动态,保证对用户的服务到位;另一方面也时刻为企业的信息实时更新,提供了参照平台,从而对产品的优缺点进行改正,有利于自身企业的更新换代,促进企业不断地向前发展。

在质量保修信息的分析处理过程中,为了得到高质量的信息,具有规范的信息载体,收集完整的信息内容显得尤其重要。例如,可以以质量赔偿鉴定单和重要质量信息反馈单作为信息载体。信息内容则一般包括汽车型号、底盘号、发动机号、生产日期、用户使用性质、驾驶员的年龄与文化程度、发生故障时已行驶里程、发生故障的地点与地形特征、故障总成及其生产序号、故障零部件的生产厂商等。这些信息通常会存储一段较长的时间,然后经过计算机系统的实时更新与计算统计,进而形成初步的质量分析,定期监管与分析处理,并根据分析报告进行研究和改进质量工作。图 3-2 给出了汽车产品质量信息的收集、分析和处理的一般流程。

3. 配件供应

汽车售后配件也称为汽车备件,是指构成汽车整体的各单元及服务于汽车的产品,主要包括发动机备件、传动系备件、制动系备件、转向系备件、行驶系备件、电器仪表系备件、车身及附件、汽车灯具、汽车外饰、汽车内饰、汽车维护工具、防护保养品等。汽车售后备件品种众多,替换关系复杂,车型年代跨度大。对于汽车备件的管理不论是整车厂、供应商还是经销商都是一个挑战,所以,做好售后备件的供应成为一个汽车企业的一项重要和艰巨的任务,也成为汽车企业不断探索和追求的目标。

汽车零部件供应在售后服务中,具有决定性作用,它是售后服务工作的关键,没有良好的准备就无法保证售后服务的质量。另外,汽车配件已经日益体现出它对于汽车厂商的经济

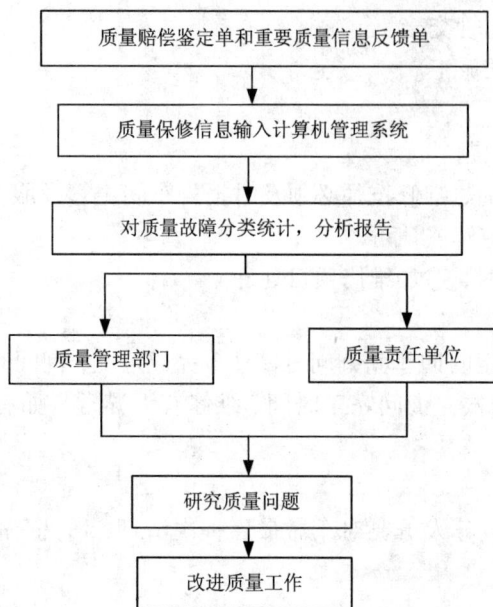

图 3 - 2　汽车产品质量信息的收集、分析和处理的一般流程

价值，这一点在国际上已得到公认。配件供应有两种职能：一是为维持本企业汽车正常运转提供硬件保障；二是汽车厂商以配件让利形式，通过支持其服务站开展配件经营，取得经济效益。配件供应的工作内容主要包括：确立合适的配件经营机制，做好配件的仓储作业，基于配件需求的科学预测、现代仓储管理技术和 IT 技术，配件供应工作的现代化等。

4. 规范售后服务流程

售后服务的质量可以从服务的规范化程度来衡量，规范化的服务可使全过程的服务质量受到控制。一般来说，售后服务流程分七步：

1) 预约

客户可提前 24 小时通过电话即可与授权服务店进行预约服务，并在预约时描述清楚到站的原因。

受理客户提出预约维修请求，经客户同意后，办理预约手续。预约时间要写明确，需要准备价值较高的配件量。预约决定后，要填写"预约统计表"；要于当日内通知车间主管，以利到时留出工位。预约时间临近时，应提前半天或一天，通知客户预约时间，以免遗忘。

受理预约后，应立即做成维修管理卡，把它贴在维修进度看板上。

2) 接待

在维修之前需有专门的人员对客户进行接待，详细记录车辆信息，了解要进行的项目，提前准备即将用到的设备、配件等必需品。并对维修将要产生的花费进行评估，征求客户意见。

3) 填制派工单

精确的派工单信息和有效的维修过程管理为客户满意度做出贡献。有效的派工单写法是达到"一次修复"的基础。

4）修理

（1）服务顾问与车间主管交接。

（2）车间主管向班组长派工。

（3）实施维修作业。

（4）作业过程中存在问题。

①作业进度发生变化时，维修技师必须及时报告车间主管及服务顾问，以便服务顾问及时与顾客联系，取得顾客谅解或认可。

②作业项目发生变化时，追加维修项目处理。

（5）查询工作进度。

业务部根据生产进展定时向车间询问维修任务完成情况，询问时间一般定在维修预计工期进行到70%至80%的时候。询问完工时间、维修有无异常。如有异常应立即采取应急措施，尽可能不拖延工期。

（6）通知接车。

做好相应交车准备，业务人员要对车做最后一次清理；清洗、清理车厢内部，查看外观是否正常。

5）质检

（1）发现作业有误，必须及时反馈给维修接待，再安排返修。如因返修推迟交车时间，应与客户联系取得谅解。

（2）返修后，必须重新检查。检查后，应在接车派工单上签字，送主管人员处理。

6）交车

交车包括：交车前准备，交车过程，维修项目和费用解释、引导结算，送行。

7）跟踪服务

根据档案资料，业务人员定期向客户进行电话跟踪服务。跟踪服务的第一次时间一般选定在客户车辆出厂二天至一周之内。跟踪服务内容有：询问客户车辆使用情况，对公司服务的评价，告之对方有关驾驶与保养的知识，或有针对性地提出合理使用的建议，提醒下次保养时间，欢迎保持联系，介绍公司新近服务的新内容、新设备、新技术，告之公司免费优惠客户的服务活动。做好跟踪服务的记录和统计。

3.1.3　缺陷汽车产品召回

汽车后市场质量管理的法规主要有汽车召回和汽车三包。召回是在汽车使用过程中发现的一些可能造成人身、财产安全的缺陷，这些缺陷主要是由设计制造不当所致，发现后以召回的方式来消除缺陷，确保用户的使用安全。召回解决的是某一批次中同一性质的不合理危险，一般由制造商公布，汽车经销商和维修商出面免费为用户解决。三包则针对的是个别的、偶然的、不具有普遍性的问题，一般只由汽车经销商和维修商出面解决。汽车产品的认证、召回和三包三种制度相互支持、相互补充才能对公共安全、产品质量进行完全的管理。

汽车召回制度（recall），就是投放市场的汽车，发现由于设计或制造方面的原因存在缺陷，不符合有关法规、标准，有可能导致安全及环保问题，厂家必须及时向国家有关部门报告该产品存在问题、造成问题的原因、改善措施等，提出召回申请，经批准后对在用车辆进行改造，以消除事故隐患。厂家还有义务让用户及时了解有关情况，对于维护消费者的合法权益具有重要意义。目前实行汽车召回制度的有美国、日本、加拿大、英国、澳大利亚。

1.缺陷汽车产品召回制度与概念

1)汽车召回制度

汽车召回制度始于 20 世纪 60 年代的美国,美国的律师拉尔夫发起运动,呼吁国会建立汽车安全法规。他努力的结果,就是《国家交通及机动车安全法》。该法律规定,汽车制造商有义务公开发表汽车召回的信息,且必须将情况通报给用户和交通管理部门,进行免费修理。1969 年 5 月,美国媒体抨击欧洲和日本车商私自召回缺陷车进行修理,特别指出蓝鸟漏油和丰田卡罗拉刹车故障问题。6 月 1 日,日本《朝日新闻》报道这个消息后,在日本引起轩然大波。同年 8 月,日本运输省修改了《机动车形式制定规则》,增加了"汽车制造商应承担在召回有缺陷车时公之于众的义务"的内容。

《缺陷汽车产品召回管理规定》2004 年 3 月 15 日正式发布,2004 年 10 月 1 日起开始实施。这是中国以缺陷汽车产品为试点首次实施召回制度。《缺陷汽车产品召回管理规定》由国家质量监督检验检疫总局、国家发展和改革委员会、商务部、海关总署联合制定发布。

《缺陷汽车产品召回管理规定》从以下三个方面作了规定:

一是明确了召回启动程序。经检验机构检验安全性能存在不符合有关汽车安全的技术法规和国家标准的;因设计、制造上的缺陷已给车主或他人造成人身、财产损害的;虽未造成车主或他人人身、财产损害,但经检测、实验和论证,在特定条件下缺陷仍可能引发人身或财产损害的都在缺陷汽车新产品召回之列。

二是规定了召回实施程序。制造商自行发现,或者通过企业内部的信息系统,或者通过销售商、修理商和车主等相关各方关于其汽车产品缺陷的报告和投诉,或者通过主管部门的有关通知等方式获知缺陷存在,可以将召回计划在主管部门备案后,按照本规定中主动召回程序的规定,实施缺陷汽车产品召回。

制造商获知缺陷存在而未采取主动召回行动的,或者制造商故意隐瞒产品缺陷的,或者以不当方式处理产品缺陷的,主管部门应当要求制造商按照指令召回程序的规定进行缺陷汽车产品召回。

三是规定了召回报告程序。制造商应按照国家标准《道路车辆识别代号》(GB/T 16735—16738)中的规定,在每辆出厂车辆上标注永久性车辆识别代码(VIN);应当建立、保存车辆及车主信息的有关记录档案。对上述资料应当随时在主管部门指定的机构备案。

2)汽车召回相关概念

(1)汽车产品,指按照国家标准《汽车和挂车类型的术语和定义》(GB/T 3707.1)中所规定的,用于载运人员、货物,由动力驱动,或者被牵引的道路车辆(不包括农用运输车)。

(2)缺陷,是指由于设计、制造等方面的原因而在某一批次、型号或类别的汽车产品中普遍存在的具有同一性的缺陷,具体包括汽车产品存在危及人身、财产安全的不合理危险,以及不符合有关汽车安全的国家标准、行业标准两种情形。

(3)召回,指按照《缺陷汽车产品召回管理规定》要求的程序,由缺陷汽车产品制造商进行的消除其产品可能引起人身伤害、财产损失的缺陷的过程,包括制造商以有效方式通知销售商、修理商、车主等有关方面关于缺陷的具体情况及消除缺陷的方法等事项,并由制造商组织销售商、修理商等通过修理、更换、收回等具体措施有效消除其汽车产品缺陷的过程。

2. 缺陷汽车产品召回的程序

1）缺陷汽车产品主动召回程序

制造商确认其生产且已售出的汽车产品存在缺陷决定实施主动召回的，应当在按本规定第二十条或者第二十三条的要求向主管部门报告，并应当及时制定包括以下基本内容的召回计划，提交主管部门备案：

（1）有效停止缺陷汽车产品继续生产的措施；

（2）有效通知销售商停止批发和零售缺陷汽车产品的措施；

（3）有效通知相关车主有关缺陷的具体内容和处理缺陷的时间、地点和方法等；

（4）客观公正地预测召回效果。

境外制造商还应提交有效通知进口商停止缺陷汽车产品进口的措施。

制造商在向主管部门备案同时，应当立即将其汽车产品存在的缺陷、可能造成的损害及其预防措施、召回计划等，以有效方式通知有关进口商、销售商、租赁商、修理商和车主，并通知销售商停止销售有关汽车产品，进口商停止进口有关汽车产品。制造商须设置热线电话，解答各方询问，并在主管部门指定的网站上公布缺陷情况供公众查询。

2）缺陷汽车产品指令召回程序

主管部门依规定经调查、检验、鉴定确认汽车产品存在缺陷，而制造商又拒不召回的，应当及时向制造商发出指令召回通知书。国家认证认可监督管理部门责令认证机构暂停或收回汽车产品强制性认证证书。对境外生产的汽车产品，主管部门会同商务部和海关总署发布对缺陷汽车产品暂停进口的公告，海关停止办理缺陷汽车产品的进口报关手续。在缺陷汽车产品暂停进口公告发布前，已经运往中国尚在途中的，或业已到达中国尚未办结海关手续的缺陷汽车产品，应由进口商按海关有关规定办理退运手续。

主管部门根据缺陷的严重程度和消除缺陷的紧急程度，决定是否需要立即通报公众有关汽车产品存在的缺陷和避免发生损害的紧急处理方法及其他相关信息。

制造商应当在接到主管部门指令召回的通知书之日起 5 个工作日内，通知销售商停止销售该缺陷汽车产品，在 10 个工作日内向销售商、车主发出关于主管部门通知该汽车存在缺陷的信息。境外制造商还应在 5 个工作日内通知进口商停止进口该缺陷汽车产品。

主管部门认为制造商所进行的召回未能取得预期的效果，可责令制造商采取补救措施，再次进行召回。

3. 汽车召回与汽车三包

2013 年，国家质检总局正式颁布了《家用汽车产品修理、更换、退货责任规定》。从表面上看，汽车召回和"三包"都是为解决汽车出现的一些质量问题，维护消费者的合法权益。但两者的性质、法律依据、对象、范围等方面都是有区别的。

召回主要针对汽车产品存在的设计缺陷给消费者带来的安全隐患，是指生产者按照《缺陷汽车产品召回管理条例》规定的程序，选择修正或者补充标志、修理、更换、退货等措施消除其产品缺陷的过程。而三包主要针对汽车产品出现的质量瑕疵对消费者所造成的损失，是指销售者按照《家用汽车产品修理、更换、退货责任规定》通过修理、更换、退货的方式解决汽车产品质量问题的过程。两者不能混同对待。

两者都是汽车产品"后市场管理"制度的有机组成部分，起着相互支持、相互补充完善的作用，但也有五大不同。

第一，责任性质和责任主体不同。汽车召回"属于行政责任范畴，责任主体是生产者"。汽车三包"属于民事责任范畴，责任主体是销售者，销售者在承担三包责任后有权按照合约约定向生产者追偿"。

第二，调整的汽车产品范围不同。召回涉及所有汽车产品，"汽车三包"则面向家用车。

第三，解决的产品质量问题的性质不同。"汽车召回"解决的是普遍性、安全性的产品质量问题；"汽车三包"要解决的是个案性的产品质量问题。

第四，涉及的产品质量问题期限不同。"汽车召回"没有期限限制，而"汽车三包"有2年或5万km（以先到者为准）的三包期。

第五，解决问题的方式和程序不同。对于"汽车召回"，生产者必须按《缺陷汽车产品召回管理条例》规定的程序向主管部门备案召回计划，然后按照召回计划实施召回，包括通知每一位缺陷汽车的车主，向社会公布召回信息，向主管部门提交阶段性报告和总结报告等。对于"汽车三包"，销售者主要是根据质量问题的严重情况和修理情况等，按照"汽车三包"规定的要求进行修理、更换或者退货，如果与消费者之间有异议，主要通过协商解决，如协商不成，则通过申诉调解、仲裁和诉讼解决。

3.1.4　我国汽车售后服务市场

1. 我国汽车售后服务业现状

1）底子薄，基础差

由于受到计划经济体制的影响，长期以来国内汽车售后服务市场缺乏来自内部的竞争和价值规律强有力的杠杆作用。在我国改革开放初期，公务机构和各类社会团体是汽车用户的主体，对汽车售后服务的要求不高，未能形成对汽车售后服务业发展的足够压力；同时，国内的汽车服务业一直受到国家政策的保护，缺乏外来竞争。今天，国内的汽车售后服务业虽然得到了很大程度的发展，但仍然存在一些服务"盲点"，许多汽车生产厂商建立的销售系统还不能有效地和社会服务系统进行有机整合，其他服务类别也是各自为政。这些问题阻碍了我国汽车售后服务业的发展。

2）相关法律和法规有待完善

国内汽车行业由于制造及销售环节的暴利持续时间过长，对于汽车售后服务的关注严重不足，甚至有许多不规范的情况发生。因此，除了要求相关从业人员的自律外，还要建立和完善汽车服务业的相关法律法规来规范市场，促进汽车服务行业健康稳定地发展。

2004年10月1日我国的《缺陷汽车产品管理规定》正式实行，它是汽车召回制度规范。关于汽车"三包"服务制度，从2013年10月1日起，国家质检总局出台的《家用汽车产品修理、更换、退货责任规定》正式实施。有了这些制度的保障和规范，汽车售后服务行业才能真正走上良性的发展轨道。

3）多种机制并行

从目前的汽车售后服务方式分析，我国汽车售后服务主要有五种经营模式。

（1）3S/4S店、特约维修站。

3S/4S店或是特约维修站（图3-3）就是整车生产厂商主导的非独立渠道，零配件主要通过整车厂商的销售部门直接到达3S/4S店或是特约维修站，少部分也会走分销渠道。这类渠道目前从数量上只占总数的10%，但由于依靠汽车生产厂家，所以销售规模较大，占了52%

的市场份额。

图 3 - 3　汽车 4S 店

　　3S/4S 店或是特约维修站具有整体形象好，服务系统周到、专业；投资成本高；服务费昂贵，维修车型单一，除大修外，留住常客有难度；人员素质高；管理系统流程化；维修、配件质量有保障；有整车厂商的支持和监督；地理位置有一定局限性。

　　(2)传统大中型维修企业。

　　这种企业存在的时间比较长，厂房面积大，设备多，维修人员经验丰富；投资成本高；服务收费高，服务意识差；机制不够灵活；有一大批公司政府顾客，和保险公司通常有较好的合作关系；环境不好；服务时间长。

　　(3)路边店。

　　路边店(图 3 - 4)的规模小，整体形象差，但地理位置往往方便停车保养维修；占地少，投资低，多为临时经营性质；人员少，且素质低，技术水平落后；产品来源无法确认，维修质量难以保证；收费低，常规服务时间快。

图 3 - 4　路边店

（4）专项维修店。

专项维修店都有至少一项技术专长，形象不错，服务快捷；投资低，场地及人员要求不高；专项维修技术高；专项服务规范化，系统化，质量有保证；服务项目比较单一。

（5）快修连锁店。

快修连锁店是这几年才开始在国内兴起的，依托强势品牌，形象好；连锁企业网点多，且靠近车主活动区域；投资适中，人员及场地的要求一般；通常有统一服务和收费规范、服务质量的承诺；企业也存在维修水平良莠不齐的现象。

除了上面五种模式外，现在汽车服务市场又出现了一种新的模式，即汽车俱乐部。

汽车俱乐部是提供汽车救援和各种便利性服务的全方位汽车保障机构，融合汽车服务、汽车文化与汽车运动为一体。汽车俱乐部主要服务内容有汽车租赁、保险索赔、事故处理、车辆救援、维护与修理、经验交流、信息交流、休闲娱乐等，是专为有车单位或有车一族服务的高级会所。

汽车俱乐部采用会员制，以技术过硬、设备齐全、服务周到的汽车修理厂为依托，与商场、宾馆、加油站、旅游等单位联手建立各地的服务网络，从购车到汽车美容，从娱乐到旅游、购物等，只要凭着一张会员卡，就能享受到最优惠的价格、最优质的服务。汽车俱乐部在发达的欧美国家较为流行，我国还比较少。

4）市场秩序混乱

目前，我国汽车售后服务市场秩序混乱。市场运作混乱，尤其是流通领域，混乱发展的局面十分明显；价格体系和执行混乱，在汽车流通领域、汽车维修服务领域、汽车保险领域和厂商的质量维修环节普遍存在着服务透明度低，收费混乱的现象；市场竞争秩序混乱，由于汽车售后服务业门槛不高，导致从业者数量众多，服务水平低，竞争手段贫乏，不惜采取低价吸引顾客的恶性竞争手段，这也是汽车售后服务产业产生诸多问题的重要根源所在。

5）品牌优势不突出

我国汽车售后服务企业规模较小、持续经营能力差、品牌服务观念不突出。相对国外连锁化汽车售后服务巨头来说，国内的汽车售后服务企业普遍缺乏品牌服务观念，体现不出差异化服务。

6）专业人才不足

近几年来，由于汽车产业的较快发展，因此需要大量人员的加入。但是，相关培训又较少，导致从业人员不能及时进行自我知识更新，造成目前汽车售后服务与贸易专业人才相对短缺。企业缺乏提高服务规范的推动力，不能满足消费者日益提升的汽车售后服务的需求。人员知识结构的不合理，制约了汽车售后服务贸易的快速发展。

7）服务理念落后

国外汽车售后服务的立足点是提高保质期限，保证正常使用期，推行"保姆式"品牌服务，而国内汽车售后服务的立足点是"坏了保证修理"。国外售后服务内容丰富，零部件、销售、维修和保养"一条龙"，而国内则是维修服务内容单一。相对国外的汽车售后服务，国内汽车售后服务的意识和理念落后。

2. 汽车售后服务业务发展策略

1）树立新型售后服务理念

树立新型的售后服务理念，把售后服务作为维护品牌，追求服务差异化、提高企业形象、参与国际竞争和全球经济一体化、全面进军国际市场的有力保障。某汽车销售企业就是把售后服务管理作为其汽车产品质量的延伸，奉行"用户第一，质量第一"的经营宗旨，在激烈的市场竞争中获得了良好的市场信誉和经济效益。

2）打造一支过硬的业务和技术骨干队伍

汽车售后服务虽然是一项商业性的工作，但它也是一项技术性很强的工作。因此，要有一支强大的售后服务技术骨干队伍，定期开展业务技术培训，有条件的企业可委托院校代为培训，不断充实他们的专业技术知识，才能使他们适应不断变化的市场形势，更好地开展售后服务工作。

3）提高管理层的人员素质

企业管理层的人员素质是关系企业兴衰、影响企业效益的关键因素。随着我国经济市场开放的深入，国外的汽车品牌纷纷进入，因此汽车售后服务业要与国际接轨。我们迫切需要既精通外语，又具有一定管理能力，同时还要熟悉国际法通则的高素质经营管理人才。

4）建立维修网络

建立强大售后服务网络的载体，为售后服务的高效、快速开展提供了可靠保障。例如，世界著名品牌汽车企业——奔驰公司就建立了世界上最庞大的维修服务系统，在德国有3000家奔驰汽车维修站，在国外有17个国家还设有4000家维修服务网点。如果顾客在途中发生故障，打个电话维修部门就能派人驾车前来修理，尽量当天完成。因此，奔驰汽车在德国及世界各地广受用户欢迎。

5）建立完善的信息反馈系统

要想取得和保持售后服务的优势，需要获得各方面的新而准确的信息。通过对收集的信息进行整理和分析，为企业的经营决策提供参考。汽车售后服务企业通过对故障车准备、质量担保、专题跟踪、网点巡视、用户投诉、生产质量、新产品、网点的经营管理情况等信息的收集整理，建立完善的用户信息管理系统、内部故障信息反馈和改进渠道、重大和批量用户故障反应机制系统、网点考核管理系统和产品信息系统等。针对网点反馈信息和相关部门发现的重要疑难故障，由售后服务部门成立专门小组，依照专门的工作流程，对网点进行援助和指导，使企业在竞争中取得优势。

3.2　汽车维修服务

3.2.1　汽车维修思想及分类

1.汽车维修基本概念

维修(maintenance)是为保持或恢复工程系统在其规定的技术状态所进行的全部活动。它是一个非常广泛的概念，涉及工程系统的各个组成部分，也贯穿于工程系统从设计到报废的全寿命周期过程。设备的维修是使设备保持、恢复到或改善其由有关技术文件所规定的技术状态的全部技术和管理活动，维修贯穿于设备使用的全过程。

维修包括技术性活动(如检测、隔离故障、拆卸、安装、更换或修复、校准)和管理性活动(如维修大纲的制定与活动规划)。

工程系统在使用过程中受载荷和环境作用，其组成部分不可避免地会出现磨损、疲劳、腐蚀、变形、功能退化等多种失效现象，从经济、安全、质量和效率方面考虑，维修是恢复这些可修工程系统功能的唯一选择。现代工程系统越来越复杂化和大型化，系统建造成本越来越高。生产效率和生产质量大幅度提高的同时，对社会安全的作用和环境的影响却越来越大。因此，维修越来越重要，也越来越复杂。

所谓汽车维修就是为保持或恢复汽车在其规定的技术状态所进行的全部活动，汽车维修的对象是汽车，它包括汽车维护和修理两个方面。汽车维修活动包括维修资源使用和维修任务完成的所有工作。

汽车维修的直接目的是保持汽车处在规定的技术状态，即预防功能退化和故障及其后果，当其状态受到破坏（即发生故障或遭到损坏）后，使其恢复到规定状态。维修可以使汽车持续保持其安全性、可靠性和生产质量，节省全寿命成本，提高服务效率，延长使用寿命。

2. 现代汽车维修思想

维修思想（maintenance concept），又称维修原理、维修理念，或维修哲学。所谓汽车维修思想就是从总体上对汽车维修保障工作的概要说明，是关于汽车维修保障的总体规划。维修思想经过多年的发展，通过人们的不断研究、创造，不断推陈出新，获得了长足的进步和突破，拓展了众多的新思想、新成果。从传统的维修思想直至现代的维修思想；从单一、简单的维修操作到复杂、深刻的维修理论；从简单的维修工作到多元的维修工作和众多的维修策略。而在维修思想的发展史上，最有影响力的就是"以可靠性为中心的维修"（reliability centered mainance，简称 RCM）的维修思想。它们奠定了维修理论的基础，指导维修工作的开展和理论研究的深入。

随着汽车维修技术的发展和研究的深入，汽车维修领域的变革带来了汽车维修思想的变化（图 3 - 5），也促进了汽车维修方式的改进。第一阶段，由于技术的限制以及意识的落后，采取的维修思想是故障后维修，在此维修思想上对应的维修方式就是事后维修；第二阶段，预防为主的维修思想是建立在对故障规律更深的认识基础上的，即采取各种预防性措施，减少或者避免故障的发生，此阶段对应的维修方式主要是定时维修方法；第三阶段，随着对故障规律认识的不断深化以及可藏性理论在维修领域中的深入应用，人们逐渐认识到维修的主要任务是要控制影响产品可靠性下降的各种因素，达到保持或者恢复产品可靠性的目的，这样就形成了以可靠性为中心的维修。以可靠性为中心的维修（RCM）是现代维修理论的核心。通过对汽车可靠性诸因素的分析，科学地确定维修工作项目，优选维修方式，确定合理的维修周期，只做必须做的维修工作，使汽车的可靠性得到恢复，同时又能节省维修时间和费用。此阶段中随着状态监控和故障诊断等技术的进步，产生了视情维修方式。我国目前采用的"强制维护，视情修理"原则正体现了以可靠性为中必的维修理论的实际应用。

RCM 维修思想是一种用于确保任一设备在现行使用环境下保持实现其设计功能的状态所必需的活动的方法。它最大的特点是从故障后果的严重程度出发，尽可能避免或至少可减轻故障后果，改变了过去那种根据设备故障的技术特性对故障本身进行预防的传统观念。以可靠性为中心的维修，其分析的要点，是以故障模式和故障影响分析为基础，以维修工作的适用性、有效性和经济性为决断准则，通过逻辑决断分析来确定设备的各种部件是否需要进行预防性维修工作，并确定工作类型、间隔期和维修级别。

现代汽车维修的发展带动了汽车维修策略的发展，一个好的维修企业要在现代维修企业

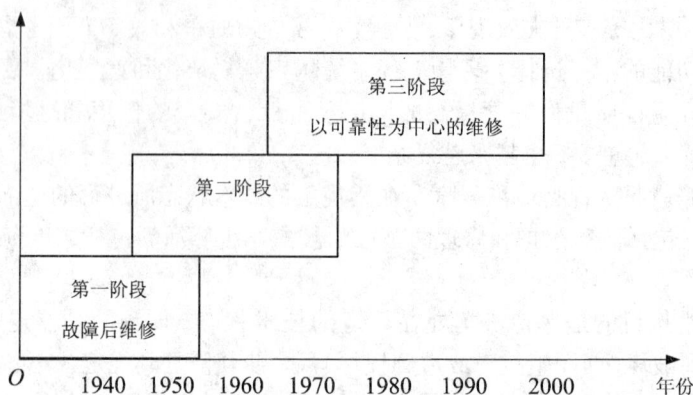

图 3-5　汽车维修思想变化过程

中占得一席之地，除了它的技术以及它的维修人员的高品质，更重要的是一个好的维修策略的应用。一些维修企业如果还是停留在旧的维修策略上，显然不能够在激烈的竞争中立于不败之地。

汽车维修思想的框架结构中有具体设备的维修策略，这些策略体现了企业把汽车维修看成一种运营功能。因此，汽车维修思想影响企业中维修活动的每个部分。要制订一个合适的维修思想，维修必须从整体上进行考虑，包括：从技术上描述每个要维修的系统，描述不同系统之间的相互关系，描述整体的组织结构。如果一些必需的方面没有考虑到，汽车维修思想就不能发挥它的全部作用。

汽车维修思想应该是结构化、客户化的。制定汽车维修思想时，应该考虑当前情况下企业的所有因素，针对企业正在讨论的需求制定。各个企业的汽车维修思想都不一样，但是维修思想的基本结构是相似的。另外，随着企业体制的快速发展（例如高速的技术革新）和环境的变化，汽车维修思想也会周期性回顾，不断地反馈和改进。

3. 汽车维修方式分类

汽车维修策略分类如图 3-6 所示，按照维修方式，可以分为两类：预防性维修和基于故障（事后）维修。事后维修也称修复性维修，即一般所说的"修理"或"排故"，它是指汽车发生故障后，使其恢复到规定状态所进行的全部活动。对一些小故障或非致命故障，可以采用这种方式。预防性维修指通过对汽车零部件的检查、检测，发现故障征兆，以防止故障发生并使其保持在规定状态所进行的全部活动。也就是说，在故障发生前预先对汽车进行维修，使其保持在规定的技术状态，排除故障隐患，防患于未然。

一般来说，预防性维修主要适用于故障后果影响较严重的情况，它包括定时维修和视情维修两种形式。

1）事后维修方式

汽车从设计阶段开始通常即采用一切可能的维修措施来保证汽车的功能或延缓汽车功能失效，如预防性维修，但有时汽车在运营中还是会出现故障。故障后进行修复性维修即是对应于汽车故障的维修策略。作为对汽车故障的紧急响应措施，它是基于故障的维修方式。大都称事后维修方式，是汽车维修工作的重要组成部分。

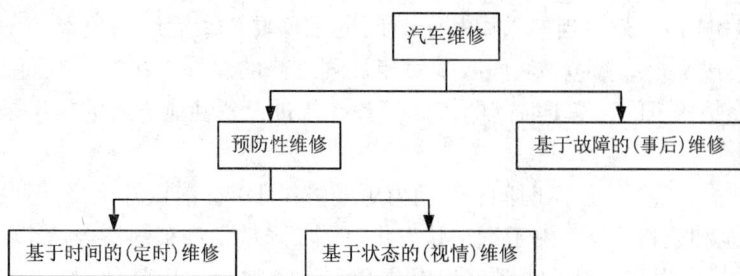

图 3 – 6　汽车维修策略分类

（1）事后维修方式的概念

事后维修可以定义为由于未采取预防性维修或由于预防性维修中没有暴露出的问题而导致系统或设备故障之后所采取的补救措施，它用来使系统或设备经修理后恢复至正常工作状态。然而，作为一种维修策略，事后维修通常会引起汽车功能变差，成本升高。因此，事后维修策略一般只在故障发生后执行。

当汽车仍处于正常功能状态时，事后维修不列入维修计划。事后维修属于计划外维修工作。它的原则是"若无故障，则不用修理"，由于事后维修针对的是突发的偶然事件，基本上不可预测，所以不能提前做计划。并且这种突发事件必须紧急处理，需要与先前的工作计划综合考虑，或者先单独处理后再考虑对原维修计划作相应的调整。事后维修针对的是设备的功能故障或设备的意外停机，所采取的措施是非计划性的、对汽车的安全和使用不构成影响。

通常在下列情形中采用事后维修策略：

①当对汽车故障的过程（机理）和故障结果了解得不是很清楚时，通常要等到出现故障后才设法纠正，即采用事后维修策略。

②汽车的故障率单调递减，或为常数，或者虽然故障率单调递增（部件处于疲劳状态）但事后维修成本明显小于预防性维修成本，在这些情况下，使用预防性维修不具有优势。

③对于维修工作复杂而且维修性差的情形，通常归类于"未完成维修"。此时，早期更换会引起额外的故障，因此通常采用事后维修策略。

（2）事后维修策略的优缺点。

①优点：如果不需要维修，就没有维修成本；正确使用时成本低，事后维修不需要提前做计划，这也降低了成本，对于重要汽车部件的失效情况，就可以得到使用同样部件的重要汽车的可靠性数据：因为早期故障率较低，可以不进行使设备恢复如新的预定维修。

②缺点：安全风险，失效经常没有预兆；由于停工期无法控制，会造成大的生产损失，一个部件的失效会引起对其他部件的二次损伤，可能引起更长的修理时间；因为失效无法预测，所以需要大批的备件，为了能够继续生产，需要冗余设计；为了能快速起作用，需要一个大的备用维修组。

2）基于时间的（定时）汽车维修方式

基于时间的维修（time based maintenance，TBM）是一种最广泛使用的预定维修形式，也称为定时维修策略。基于时间的维修是在一个特定的时间段（例如：1 个月，1000 工时等）后进行。如果汽车的故障可以预测，故障率是增长的，甚至汽车开始有疲劳迹象以及故障率正在增长时使用 TBM 最有效。当然采用基于时间的维修要比事后维修更经济。基于时间的维修任务经常聚集成一个维修包，从而减少每年计划维修的总停工次数。然而，许多汽车的失效模式在本质上是随机的，基于时间的维修任务在改进设备性能方面的效果是有限的。

（1）优点。

故障数量减少，缩短了停工时间；劳动力更经济；可以提前做好维修计划（劳动力和材料供应）；提高安全和质量状态；由于汽车状态更好了，降低了汽车的不合格率、返工率及废料产生；通过减少二次损伤（当元件在工作时失效了，经常会损坏其他元件），减少了修理成本；确定出有过多维修费用的设备，指示出需要的事后维修、操作者培训、旧设备的更换；减少加班成本，更经济使用维修工人，因为工人是按计划工作而不是突然地加班工作。

（2）缺点。

维修活动增多、成本提高；进行了不必要的维修；只适用于劣化与寿命有关的情况；在定时维修中，有损坏相邻部件的风险；因为早期的故障率是增长的，就不能实现使汽车恢复如新的预防性维修。

3）基于状态的（视情）汽车维修方式

视情维修是指经过一定的时间间隔后，将观察到的汽车运行状态与适用的标准进行比较的工作。工作的结果可以是汽车能继续使用到下一个检查期或宜新加工后使用，也可以是汽车零部件的更换或报废。或者说，视情维修是指检查汽车的潜在故障，以便采取措施预防功能故障或避免功能故障的后果。视情维修是基于这样一种事实进行的，大量的故障不会瞬时发生，实际上故障要发展一段时间，需要经过由量变到质变的过程，故障发生前都有一些征兆。如果可以发现这种故障过程正在继续的迹象，就可以采取措施及时维修，预防故障。这种在临近功能故障之前确定汽车将不能完成预定功能的状态即是潜在故障。潜在故障是指功能故障临近前的状态，而不是功能故障前任何时刻的状态。潜在故障是一种可辨认的实际状态，它能显示功能故障将要发生或正在发生。汽车的这种状态经观察或检测是可以鉴别的，反之，则该汽车就不存在潜在故障。

汽车的零部件、元器件的磨损、疲劳、烧蚀、腐蚀、老化、失调等故障模式大都存在由潜在故障发展到功能故障的过程。检测汽车潜在故障的工作即为视情维修。其目的在于发现潜在故障，以便预防功能故障。这种工作是对汽车状态的定量检测，通常要依靠仪器设备，并要求有明确的潜在故障和功能故障的定量依据。图 3-7 所示的就是著名的 $P-F$ 曲线。它显示了汽车潜在故障发生的一般过程，及由潜在故障发展到功能故障的过程。A 点为故障开始的发生点，P 点为能够检测到的潜在故障点，F 点为功能故障点，T 为由潜在故障发展到功能故障的间隔期，T_c 为视情维修检测的间隔期。

由图可见，视情维修的检测的间隔期 T_c 只有小于 T 时才有可能在功能故障发生前检测到潜在故障。视情维修要求第一次检测间隔期要长到能发现恶化的某种实际迹象，而重复检测间隔期要短到能保证在功能故障出现之前检测到潜在故障。视情工作的频度必须小于 $P-F$ 间隔。视情维修的技术可行性体现在能够确定一个明显的潜在故障状态：$P-P$ 间隔是比较稳定的；以小于 $P-F$ 间隔的时间间隔来检测是切实可行的，最小 $P-F$ 间隔必须足够长，以预防或避免功能故障后果。视情维修的维修方针的选择分两种情况：易更换、费用低的零部件应采用计划定期预防维修；难更换、费用高的零部件，宜采用监控事后维修方针；对于

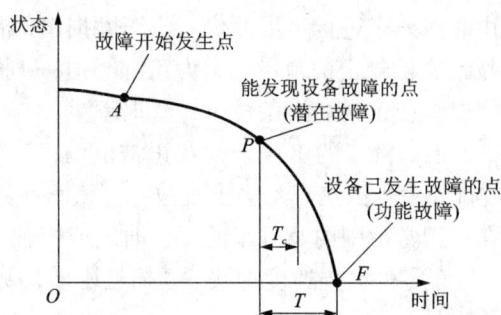

图 3 - 7　$P - F$ 曲线

不能更换的部件,故障可能性很小,一般不采用预防维修,出故障后,采取临时事后维修或更换备件。

以可靠性为中心的维修理论提出的潜在故障概念,使汽车在潜在故障阶段得到更换或修理,因而可利用潜在故障来防止功能故障的出现,使汽车在不发生功能故障的前提下得到充分的利用,这样既安全又有良好的经济性。

(1)视情维修优点。

①最大化汽车部件的可用性,降低了停产时间;

②能分析失效原因,减少了二次损伤,在严重损伤发生前,停止汽车工作,这也降低了成本;

③如果发现潜在故障,可以改进生产从而延长个体寿命;

④维修(备件可用性,技术员的可用性和生产停止)能提前计划;

⑤由于汽车整体状态变好了,降低了汽车的不合格率、返工率及废料产生率;

⑥提高了期望寿命,排除了汽车部件的不成熟更换;

⑦确定出有过多维修费用的设备,指示出需要的事后维修、操作者培训、旧设备的更换;

⑧减少加班成本,更经济使用维修工人,因为工人是按计划工作而不是突然地加班工作。

(2)视情维修缺点。

针对监控、温度记录和油液分析需要专门的设备和训练。公司必须仔细选择正确的技术。趋势的形成需要一段时间,需要评估汽车的状态;费用高;需要培训专门人员。

4.汽车维修的目的及内容

汽车同所有的机器一样,在工作过程中会有各种磨损和损坏,统称为汽车耗损。汽车的耗损会导致汽车或其零件的完好技术状况遭到破坏或即将遭到破坏,其执行规定功能的能力下降或将要下降。但这种破坏和下降的程度只要还在可恢复的范围内,就可以通过修理,将其技术状况和执行规定功能的能力恢复到完好技术状况;通过维护,使其即将遭到破坏的完好技术状况不再被破坏、即将下降的能力不再下降。

汽车维修的前提是汽车出现或即将出现故障,需要维修的是汽车具备再制造性(修复性)功能,可以维修。汽车需要维修的直接原因是汽车的磨损和损坏。

汽车维修的主要目的就是为了恢复汽车使用性能、延长汽车使用寿命、保持汽车功能的正常进行。

汽车的磨损状况可以用磨损率来进行定量评价。汽车磨损率，指单位行程或时间的磨损量。磨损率在设计允许或技术文件规定的范围内，为正常磨损；磨损率超过设计允许或技术文件规定的范围为非正常磨损。在正常磨损条件下，磨损率主要与工作温度、压力、表面状态和润滑等工作条件有关，此时，汽车的工作条件在正常范围，零件磨损速度缓慢，磨损量较小，在规定的工作时间或行驶里程内汽车不会出现故障。汽车在超过技术文件规定的外因作用下或汽车工作条件处在不正常范围内及汽车的工作时间或行驶里程超出了规定数值，就会出现非正常磨损。此时，汽车零件磨损速度加快，磨损且剧增，故障会很快出现。

造成汽车损坏的主要原因是：

(1)汽车受到超过技术文件规定许可的外因作用；

(2)自身的老化、疲劳、变形；

(3)非正常磨损。

汽车与外部物体相撞、意外的自然力作用、人为破坏、操作不当等均能使汽车遭到超过技术文件规定许可的外因作用，这种外因作用造成汽车的损坏往往较大，易使汽车出现局部丧失工作能力或完全丧失工作能力，导致不能行驶或产生种种难以在运行中排除的故障。老化，指汽车零件材料的性能随使用时间的增长而逐渐衰退的现象。疲劳，指汽车零件在较长时间内由于交变载荷的作用，性能变坏，甚至产生断裂的现象；变形，指汽车零件在使用过程中零件要素的形状和位置发生变化不能自行恢复的现象。

以上三种现象也都会使汽车逐渐失去工作能力，导致汽车出现各类故障。非正常磨损会导致零件磨损速度加快，磨损量剧增，汽车故障率大幅增加，汽车在设计制造阶段对汽车的性能指标保持性及维修作业的可行性进行了规划，因此汽车具有可维修性。

汽车产品在出厂时就具备了"可再制造性(修复性)"功能，使汽车具有了按技术文件规定进行维修的适应能力。汽车可以通过维修，使其原有的完好技术状况得到恢复或维持。

5.汽车维修的内容与特点

汽车技术的进步促进了汽车维修内容的变化，如果说汽车维修在过去相当长的一段时期是传统的汽车维修，那么现在的汽车维修已经进入了汽车维修的新时期。

1)传统汽车维修的内容与特点

传统汽车维修采用以机械修理为核心的手工操作技艺，强调修理工艺，并以零部件修复为主要手段，辅之以整车或总成的调整试验，是总成拆装、调整工艺与零件修复工艺的组合。

传统汽车维修的故障检查以定性分析为基础，主要凭技术人员感觉直接检视，大多采用通用量具和少量的仪表来完成。传统汽车维修过程中所需的技术资料一般通过相关的技术标准手册查阅获得。

传统汽车维修作业的流程一般为解体、清洗、检验、修理、再重新组装调试。

诊断与检验的主要方式为：维修人员的看、摸、听，以经验为主做出判断。

2)现代汽车维修的内容与特点

现代汽车维修以各种机、电、液一体化检测设备及诊断系统作为维修作业的核心与基础，突出检测诊断，以准确确定故障点为主要目标，以总成调整更换工艺与系统诊断技术有机组合作为维修的主要手段。现代汽车维修的故障诊断以定量分析为基础，故障诊断与检验以电子仪器、计算机控制的检测装备以及计算机网络为主体，配之以必要的人工经验检查。

现代汽车维修过程中所依据的技术资料，主要是维修诊断工艺和各种汽车维修的技术参数，均出自国家、行业或地方的法规与标准以及生产厂家的正规维修手册或资料光盘。

国家明确鼓励机动车维修企业实行集约化、专业化及连锁经营，促进机动车维修业的合理分工和协调发展。鼓励推广应用机动车维修环保、节能、不解体检测和故障诊断技术，推进行业信息化建设和救援、维修服务网络化建设，提高机动车维修行业整体素质以满足社会需要。

现代汽车维修内容的变化，使汽车维修从理念到操作都发生了根本性变化，其所采用的技术体系、管理方法、质量管理体系，以及对从业人员意识要求也随之发生了深刻的变化，我们必须转变观念，适应这一变化，跟上汽车技术前进的步伐。

3.2.2　汽车维修

1. 汽车维修制度简介

汽车维修制度是指为实施汽车维修工作所采取的技术组织措施的规定，与国家的社会经济条件以及车辆状况有着密切的联系。

1）中国的汽车维修制度

建国初期，我国主要以学习苏联的汽车维修制度为主，1954 年交通部正式颁布《汽车运输企业技术标准与技术经济定额》，明确规定了当时的汽车维修制度为强制预防性维修制度，经 1963 年、1980 年两次修订，逐渐形成了适合我国国情的维修制度。1990 年，交通部为了适应汽车维修部门管理向行业管理的转变，根据国家有关设备管理的规定和政策，结合我国当时汽车运输的实际情况和建国以来的管理经验，借鉴国内外汽车技术管理的成果，制定了《汽车运输业技术管理规定》，以交通部 13 号令颁布实行。

为规范机动车维修经营活动，维护机动车维修市场秩序。保护机动车维修各方当事人的合法权益，保障机动车运行安全，保护环境，节约能源，促进机动车维修业的健康发展，根据《中华人民共和国道路运输条例》及有关法律、行政法规的规定，交通部规定从 2005 年 8 月 1 日起正式实行《机动车维修管理规定》。凡从事机动车维修经营的企业和业户，均应遵守本规定。

中国现行的维修制度基于计划预防维修制度，规定车辆维修必须贯彻预防为主、定期检查、强制维护、视情修理的原则。同时，各汽车厂家根据国家的维修制度，结合本厂车型的具体情况，也分别制定了各自的维护制度，具体可参见车型说明书。

2）国外的汽车维修制度

美国的汽车维修制度亦采用计划预防维修制度。它将维修工作分为五级，其中维护工作分为三级（A，B，C），相当于日常、一级、二级维护；修理工作分为二级（D，E）。美国军队和大型运输企业均采用这种制度，其维修间隔里程较长，如 C 级维护周期为 2 万 km 以上。

日本的维修制度大体和美国的维修制度相同，规定汽车出车前必须进行例行维护，营运汽车每隔 1 个月、3 个月和 12 个月必须按各个机构和装置的维修部位分别实施内容不同的预防性维护，它类似于三级维护制度。对其他自用汽车，也规定每隔 6 个月和 12 个月分别实施内容不同的预防性维护。1983 年 7 月开始实施《道路运输车辆法》，其中规定：个人用车在新车检验后第三年进行第一次检验，随后，每隔两年检验一次；营运车、公共汽车和载货汽车每年检验一次。另外，生产汽车的厂家建议用户在买车 1 个月后（或 1000 km）3 个月、6 个月、1年各检查一次(这不属于国家规定,用户可自行掌握)。国家规定的检验,必须在各地区专门设立的认证工厂或车检中心进行。另外,还规定个人用车超过10年车龄后必须每年检验一次。

2. 汽车维护制度的制定原则和步骤

汽车维护制度是为了保证汽车技术状况完好而采取的技术管理措施,涉及车辆的运行制度、运行条件、维修技术装备、维修作业的劳动组织、维修费用以及其他一些经营管理方面的工作。因此,制定汽车维护制度是一项复杂的工作,必须结合企业的服务对象,从技术、经济和管理等方面综合考虑。

1)制定维护制度必须考虑的原则

(1)影响汽车技术状况变化的因素是多方面的,它是一个随机过程。因此,汽车维护制度的制定必须建立在大量观察数据的基础上,必须采用数理统计方法和可靠性理论对大量统计数据进行科学分析,才能获得符合客观规律的结果。

(2)制定汽车维护制度必须采用技术经济分析方法,即不仅要考虑汽车的完好率,还必须考虑维护和修理费用对运输成本的影响。合理的维修制度应保证汽车在寿命周期内的单位费用最低,使汽车在规定的运行和维修条件下具有最佳的经济效果。

(3)制定汽车维护制度,应充分考虑汽车的使用强度和使用条件,并进行必要的分级。

(4)制定汽车维护制度,主要依据以下三方面的资料:汽车制造厂的建议、科研部门的试验资料,以及使用部门根据使用数据分析拟定的条例。由于不同地区的使用条件不同,必须在分析上述资料的基础上,结合当地的使用条件和使用经验进行具体分析后拟定。

2)制定汽车维护制度的步骤

(1)系统收集维护对象(车型)在规定的使用条件下,技术状况变化规律和故障数据,分析技术状况变化对汽车使用性能的影响及故障后果,利用可靠性理论对上述资料进行技术经济分析,针对汽车使用中出现的故障特性,选择适宜的维修方式(事后维修、定期维修、视情维修等)。

(2)对定期维护和定期检测的作业项目,应通过相应数据的统计分析,确定各维护作业的周期。确定维护周期的方法有概率法、技术经济分析法等。

(3)根据维护作业的周期,对维护作业进行分级,确定各级维护作业的内容。

(4)对各级维护周期进行调整,使其形成一定的周期结构,即在大修用期内,使维护次数、级别按一定的方式排列,以便于组织实施。

3. 汽车维修制度

汽车维修制度是指维持和恢复汽车技术状况,保持汽车的工作能力,由行政手段制定的维修法规和采取的维修作业的总体。其具体内容包括:汽车维修的原则、目的,汽车维修作业的级别、作业内容和汽车维修的技术要求等。汽车维修包括汽车维护(亦称汽车保养)和汽车修理两种性质完全不同的技术措施。

在我国,汽车维修应贯彻"预防为主,定期检测,强制维护,视情修理"的十六字方针原则。其目的是保持车容整洁,及时发现、消除故障和隐患,防止车辆早期损坏。汽车的维修经营业务应由具备相关资质条件的企业或专项维修业户完成。

1)汽车维护制度及作业内容

根据交通部《汽车运输业技术管理规定》,我国汽车维护分为日常维护(亦称例行维护),

一级维护、二级维护和根据实际需要进行的走合维护、换季维护等。

所谓汽车维护，是指为维持汽车完好技术状况或工作能力而进行的技术作业。其作业内容包括清洁、补给、润滑、紧固、检查、调整，以及发现和消除汽车运行故障，其目的是：

①使车辆经常保持良好的技术状况，随时可以出车，不致因中途故障而影响行车安全；

②降低车辆使用过程中的运行材料消耗如燃料、润滑油、轮胎及配件等；

③通过维护使汽车各总成的技术状况保持良好，以尽量延长汽车大修间隔里程。

为此，《汽车运输业车辆技术管理规定》强调："车辆维护应贯彻以预防为主，强制维护的原则，以保持车容整洁，及时发现和消除故障现象，防止车辆早期损坏。"实践也证明，只要掌握车辆运行规律，强制执行各级汽车维护作业，就能确保汽车良好的技术状况。汽车维护可分为定期维护与特殊维护两类。定期维护是指在汽车寿命期内，根据汽车各级维护的运行间隔强制进行的汽车维护作业，包括日常维护、一级维护、二级维护；特殊维护包括定期维护、季节维护、环保检查维护等。虽然汽车维护属于强制性作业，但各级维护的作业周期和作业项目在具体实施时也要根据汽车的结构类型、使用条件、使用状况做相应调整。

（1）日常维护。

汽车的日常维护是指汽车用户在每日出车前、行车中、收车后的例行性维护作业，故也称为例行维护、每日维护或行车三核制。汽车的每日维护不仅是驾驶员爱护车辆的重要内容，而且也是各级技术维护作业的基础。为此，售后维修服务人员须告知汽车用户必须管理和用好自己所驾驶的车辆，并做好车辆的日常维护。其主要作业内容有：

出车前检查并添加机油、燃料、冷却水；启动检查发动机和仪表工作情况，检查电器系统工作情况，检查传动系工作情况及连接情况；检查制动系及转向系工作情况及连接情况；检查行驶系工作情况，紧固轮胎、半轴、钢板弹簧等的连接螺栓；检查轮胎气压；检查人员乘座和物资装载及拖挂连接情况，检查发动机及底盘各部有无漏水、漏油、漏气、漏电现象。

（2）汽车一级维护。

一级维护的主要内容包括各总成和连接件的紧固、主要总成和部件的润滑，以及在外部检查时进行的一些必要的调整作业，由专业维修工完成该项工作。

一级维护的时机一般按汽车生产厂家推荐或规定的行驶里程或使用时间进行。一级维护的间隔里程为 7500 ~ 15000 km 或 6 个月，以行驶里程或使用时间先达到为准。一级维护实际上也归入了"首次维护保养"范畴。

一级维护中检查重点是发动机、变速器、制动系统、动力转向系统和差速器的油量，以及冷却系统、清洗液、蓄电池的液面高度，不足时予以补充，要按规定向运动节点加注润滑脂，对外露部分的连接件要进行检查并紧固。

（3）汽车二级维护。

汽车经过一段较长时间的使用（约 30000 km 或 12 个月）后，必须进行全面的检查和调整，以保证安全性、动力性和经济性能达到使用要求，这就是二级维护，它是一次较为彻底的技术维护作业。

二级维护除执行一级维护作业外，以检查、调整为中心，对行驶一定里程的车辆进行一次较深入的技术状况检查和调整，要求拆检轮胎，进行轮胎换位。其目的是为保持车辆在以后较长运行时间内，能保持良好的运行性能。二级维护的作业项目较多，除执行一些维护的全部作业外，还必须消除一些维护作业中发现的故障和隐患，需要有一定的作业时间。所以二级维护需占用车辆的一定运行时间。在对汽车进行二级维护前，需按《汽车运输业车辆技术管理规定》的要求进行检测诊断和技术鉴定，以便确定附加作业或小修项目，结合二级维护一并进行。二级维护也由专业维修工完成该项工作。

（4）走合和换季维护。

对新车或大修后的汽车要进行走合维护，在春秋季末为适应季节的变换，进行的季节性维护（如更换润滑油、拆装保暖空调装置等），可结合定期维护进行。并规定车辆二级维护前应进行检测诊断和技术评定，根据结果，确定附加作业或小修项目，结合二级维护一并进行。

普通双轴挂车的维护则定为一级维护和二级维护的两级维护制度。在定车定挂的运行条件下，挂车应随汽车同时进行维护，在汽车进行二级维护时，挂车也应进行二级维护。

2）汽车修理制度

汽车在使用过程中，由于零件的磨损、腐蚀、疲劳、变形等原因会使汽车的动力性、经济性、安全性等技术性能逐渐变差，以致丧失正常的工作能力。汽车修理的作用，就是要使失去正常工作能力的汽车重新恢复正常的技术状况。

汽车修理是指对汽车所有零件及总成进行修理的总和。汽车各部零件及总成的使用寿命各不相同，不能同时进行修理。但又必须使它们的技术状况在汽车运行中能保持基本平衡。因此，同一台车上的零件和总成有先修后修之区别。因此，国内外的汽车修理，目前都遵循"视情修理"的原则，即在按技术文件规定对汽车技术状况进行诊断、检测和鉴定的基础上，确定修理内容，视情实施必要的作业范围和深度，并将修理作业按其不同对象和不同作业范围，划分为不同的修理类别。

我国汽车修理按其作业范围可分为汽车大修、总成大修、汽车小修和零件修理四级。

（1）汽车大修。

汽车大修是指新车或经过大修的汽车行驶一定里程后，经过技术检测、鉴定，需用修理或更换零件的方法恢复其良好的技术状况，使之完全和接近完全恢复汽车技术性能的恢复性修理。

汽车大修时，需对汽车全部总成解体，并对全部零件进行清洗和检验分类，更换不可修复零件，修复可修件，按大修技术标准进行装配和调试，以达到全面恢复汽车技术性能的目的。

（2）总成大修。

总成大修是指汽车备总成经一定行驶里程后，其基础件或主要零件出现破损、磨损和变形等，需要拆散进行彻底的修理，以恢复其技术性能的修理作业。通过总成大修，使汽车各总成的工作寿命趋于平衡，延长汽车大修间隔里程。

（3）汽车小修。

汽车小修是一种运行性修理，它包括排除汽车在运行中临时发生的故障、维护作业中发现的隐患，以及更换或修理个别字件的修理方法。对于有规律的损伤（如清除积炭、换活塞环、研磨气门等），可作为计划性小修，结合各级维护作业进行。汽车小修时，不应扩大修理范围，并在保证汽车技术性能和行车安全的前提下，尽量利用修复旧件，以降低修理费用。

（4）零件修理。

零件修理是对已发生损伤、变形、磨损和腐蚀的零件（无法修复件除外），在符合经济原则的前提下利用矫正、喷镀、电镀、堆焊、机械加工等修复方法进行修复，以恢复其原件的使用性能。

4.汽车故障诊断与排除

1)汽车故障诊断

汽车故障诊断是现代汽车维修最核心、最敏感的工作。汽车故障诊断之所以因难主要体现在两个方面:一是现代汽车为了提高动力性、经济性、舒适性、安全性和环境保护性能,采用了许多新技术、新结构,特别是电子技术和计算机在汽车上的广泛应用,使汽车构造相对复杂;二是导致汽车故障的因素很多,有的甚至达几十种(如发动机怠速不良的产生原因就有二三十种),而且涉及面相当广,可能涉及点火系、供给系、发动机的电子控制和机械部分。这些因素有时是单一的,有时是综合交替地起作用,因而要做到准确而迅速地诊断故障比较困难。这就要求诊断人员不仅要熟悉汽车构造及其工作原理,而且要掌握一定的诊断方法,方法越多,解决问题的能力越强。汽车故障诊断方法有很多,主要有如下几种。

(1)人工经验法。

人工经验诊断即直观诊断,其特点是不需要很多设备,在任何场合都可进行,诊断的准确率在很大程度上取决于诊断人员的技术水平。汽车使用面广、量大、分散,较适宜于采用此诊断法。如观察发动机尾气颜色,燃料燃烧不完全时尾气为黑色,气缸上窜机油时尾气呈蓝色,油中渗水时尾气呈白色等。

人工经验诊断常用的方法包括观察法、试验法、模拟法、听觉法、触觉法、嗅觉法、替换法、度量法、分段排查法、局部拆卸法、结构分析法及排序分析法等。

(2)故障树法。

故障树(FTA)法是把故障作为一种事件,按其故障原因进行逻辑运算分析,绘出树枝图。树枝图中,每下一级事件都是上一级事件的原因,而上一级事件是下一级事件引起的结果。

(3)故障症状关联表

故障症状关联表描述故障症状和故障部位之间的关系,通常用关联表表示。表中的行标明故障症状,列标明相关部件或子系统。当相互关联时,在对应的交叉点做标记;如果资料完整,也可以用1,2,3,4,…标出其检查顺序,其中1表示可能性最大的原因,2表示次之,以此类推。

(4)普通仪器设备诊断。

普通仪器设备诊断是采用专用测量仪器、设备对汽车的某一部位进行技术检测,将测量结果与标准数据进行比较,从而诊断汽车的技术状况,确定故障原因。如万用表、四轮定位仪、灯光检验仪、发动机尾气分析仪、车轮平衡仪、气缸压力表等。

(5)汽车电脑专用诊断设备。

汽车电脑专用诊断设备主要用于本公司生产的车系。如大众公司的 V. A. G1551 及 V. A. G1552、通用公司的 Tech - 2、本田公司的 PGM、雪铁龙公司的 FLIT 等。它们不但能读取各系统的故障代码,而且还具备执行元件诊断、部件基本设定与匹配及阅读测量运行数据、清除故障代码等功能。

(6)汽车电脑通用诊断设备。

汽车电脑通用诊断设备(如元征 X431、车博士、修车王等)把故障诊断的逻辑步骤及判断数据编成程序,由计算机执行各车系的诊断过程。采用触摸式液晶显示器、微型打印机和可外接键盘,用户操作方便,还可网上升级,对电控系统具有诊断功能。

（7）汽车电脑自诊断系统。

一般汽车电脑都含有自诊断系统，即随车诊断（on-board diagnostics，OBD）系统，汽车电控系统具有实时监视、储存故障码及交互式通信等功能。为了读取和显示故障，电控系统装备有故障警告灯和诊断接头。如有故障，仪表板上的发动机警告灯"CHECK"亮起，通知驾驶员汽车存在故障。诊断接头用于触发自诊断系统，系统进入自诊断后，即可通过故障指示灯的闪烁次数读取故障代码。在部分高级轿车上采用数字或语言形式直接显示故障代码。

（8）计算机专家系统。

计算机技术和汽车维修技术相结合形成计算机专家系统，它为汽车维修人员提供各种重要信息，如汽车的结构原理、维修手册、维修资料等。系统软件是计算机专家系统的核心，它由管理程序和数据库组成。管理程序的主要任务是接收维修人员从键盘上的信息，在屏幕上显示所需要的汽车维修资料，数据库将所有维修资料以文件的形式存储在硬盘中，供管理程序调用。有的计算机专家系统还采用图形显示，图文并茂，显示直观明了，便于维修人员按图进行检修。

（9）远距离故障诊断系统。

将汽车运行状态数据通过电子通信系统和网络传输到专业技术服务点，实现专家与汽车用户的信息交流，对汽车进行远程监测和诊断，以及及时、快速的远程技术指导服务。

目前，国内外汽车监控系统在通信方面基本上采用 GPS 系统，并大体分两种模式：一种是 GPS 与集群（trunked radio）系统相结合的模式，另一种是 GPS 与公用数字移动通信网 GSM 或 GPS 与卫星网相组合的模式。

2）汽车故障排除

当汽车故障原因被诊断出来后，就可以进行其故障的排除，排除故障的方法大致可分为换件与修复两大类。

（1）换件法。

对于汽车电器和电子部件的故障，通常采用换件法来排除故障，因为这些部件大多是集成电路、微机械，维修非常困难。另外，对一些部件的修复费用要高于新件费用，也一般采用换件法。

（2）修复法。

对于一些机械部件，如缸体、曲轴、齿轮箱、车架、驱动桥等部件的故障一般采用零件修复法来排除故障。

零件修复法通常有机械加工修复法、镶套修复法、焊接修复法、电镀修复法、粘胶修复法等。

汽车零件修复方法的选择直接影响到汽车的修复成本和修复质量，选择时应根据零件的结构、材料、损坏情况、使用要求、工艺设备等，通过对零件的实用性指标、耐用性指标和技术经济性等进行全面的统筹分析而定。

3.2.3 汽车检测

汽车检测技术是随着汽车工业的发展而发展的。早期的汽车检测主要是对汽车故障的检验，由于汽车结构简单，故障也不复杂，因而早期的汽车检测和排除故障的工作依靠技术工人的经验和十分简单的手段即可胜任和满足。随着汽车结构改变，功能完善、用电装置变多、配置增加、多功能装置的不可拆卸部件等一系列汽车特性变化，汽车检测技术与设备也相伴而生，并随之发展。

1. 汽车检测技术的发展

1) 国内外汽车检测诊断技术的发展

20 世纪初，面对结构不太复杂的汽车，检测诊断主要由人工进行，20 世纪中叶，随着汽车技术和汽车工业的进步与发展，国外的汽车检测诊断技术发展很快，工业发达国家已形成了以故障诊断和性能调试为主的单项检测技术，并应用了声学、光学电子技术、物理、化学以及这些学科与机械相结合的检测诊断技术；20 世纪 70 至 80 年代，电子技术、优越感技术、计算机技术在汽车检测诊断、检测数据采集处理自动化等方面大量应用。

2) 汽车检测仪器设备产品的发展

汽车检测诊断技术属机械故障诊断范畴，因此起初的许多检测诊断仪器设备都用通用的机械类检测诊断仪器设备；20 世纪中叶，汽车检测诊断设备开始向专业化、多功能、多学科方向转化并快速发展，如车速仪、废气分析仪等；20 世纪中后期，随着计算机技术、信息技术、数码技术的发展，其技术被广泛用于汽车检测诊断，出现了很多新的综合性设备，如底盘测功机、发动机综合性能测试仪、解码器等。

3) 汽车检测机制

随着汽车保有量的增加，许多国家对车辆及其安全技术管理建立了配套的标准和机构设置。在工业发达国家，汽车检测有一整套的标准，汽车检测工作由交通部门统一管理，各地建立由交通部门认证的汽车检测场站，负责新车的登记和在用车的安全检测，修理厂修过的汽车也要经过汽车检测场站的检测，以确定其安全性能和排放是否符合标准。

2. 汽车检测的概念

汽车检测是对汽车技术状况用定量或定性的方法进行评价，是确定汽车技术状况或工作能力的检查。汽车检测的对象是对无故障汽车进行性能测试，确定其整体技术状况或工作能力，检验汽车技术状态与标准值的相关程度，保障汽车行驶安全及防止汽车公害。

汽车检测的目的有两个，一是安全环保检测，二是综合性能检测。安全环保检测是在不解体情况下建立安全和排放公害监控体系，确保运行车辆具有符合要求的外观容貌，良好的安全性能和规定范围内的环境污染，在安全、高效的条件下运行；综合性能检测则是对运行车辆确定其工作能力和技术状况，查明故障或隐患的部位和原因，对车辆实行质量监督，建立质量监控体系，确保车辆在安全性、可靠性、动力性、经济性、排放状况等方面具有良好的技术状况，以创造更大的经济效益和社会效益。

3. 汽车检测的基本方法

汽车检测的基本方法根据其检测目的的不同而不同。目前检测的方法主要有：检测线检测、维修过程检测和例行检测。

1) 检测线检测

检测线中具有固定的设置、设施、设备和人员，按使用性能划分主要有安全性能检测线、综合性能检测线、摩托车性能检测线。检测线检测的作用主要是车辆年审、汽车维修质量的监督、营运车辆的等级和客车类型划分、汽车安全与防止公害性能的检查、进口商品车检验、新车或改装车的性能检验。

2) 维修过程检测

这类检测是工艺过程的检测,主要是对承修车辆接车检测、拆解过程中的零件检测、修复过程后的量值检测、装合过程中的总成检测、整车维修竣工检测。维修过程检测的记录单(表)一般由企业自定。

3)例行检测

这类检测主要是运输企业对在用车辆的技术状况的例行检测,其主要形式是车辆回场检测,目的是检查车辆的技术状况、保障车辆的技术状态良好和运行安全,一般设有专职人员和专用检车台。

3.2.4 汽车维修行业管理

1. 汽车维修企业分类

1)按行业管理分

国标 GB/T 16739—2004《汽车维修业开业条件》已于 2005 年 1 月 1 日开始实施,它将汽车维修企业分为两类:汽车整车维修企业和汽车专项维修业户。

(1)汽车整车维修企业。

汽车整车维修企业是有能力对所维修车型的整车、各个总成及主要零部件进行各级维护、修理及更换,使汽车的技术状况和运行性能完全(或接近完全)恢复到原车的技术要求,并符合相应国家标准和行业标准的规定的汽车维修企业。按规模大小分为一类汽车整车维修企业和二类汽车整车维修企业。

(2)汽车专项维修业户。

汽车专项维修业户是从事汽车发动机、车身、电气系统、自动变速器、车身清洁维护、涂漆、轮胎动平衡及修补、四轮定位检测调整、供油系统维护及油品更换、喷油泵和喷油器维修、曲轴修磨、气缸镗磨、散热器(水箱)、空调维修、汽车装潢(篷布、座垫及内装饰)、门窗玻璃安装等专项维修作业的业户(即三类汽车维修企业)。

2)按经营形式分

汽车维修企业按经营形式可分为 3S 或 4S 特约维修站、连锁(加盟)经营店和传统的汽车维修厂。这里所说的传统的汽车维修厂是指除了 3S 或 4S 特约维修站、连锁(加盟)经营店外的汽车维修企业的统称。

3)按经营项目分

现代维修企业不再是传统意义上的汽车修理厂,它被赋予了新的内涵,它的业务范围又有了新的拓展。现代汽车维修企业的经营项目十分广阔,主要分为专业维修、汽车养护、汽车美容与护理、汽车装饰、汽车改装、轮胎服务、汽车俱乐部和二手车经营等类型。

2. 汽车维修行业的管理

汽车维修业已形成了国有、集体、个体、中外合资等多种经济形式并存,比较稳定、活跃的汽车维修市场,在国民经济活动中逐渐形成了一个相对独立的行业。但在发展过程中出现的行业发展无规划、维修质量差、收费混乱等问题,严重制约了汽车维修行业的健康发展,并引起各级政府和社会的极大关注。因此,需要政府主管部门对行业的发展和经营活动进行宏观调控和规范监督。

1)汽车维修行业管理的概念

汽车维修行业就是由从事汽车维修生产活动的部门、单位和个人所构成的社会生产劳动群体。

汽车维修行业管理是指各级交通主管部门对汽车维修行业的发展和管理机制的完善所进行的各项工作的泛称。

2）汽车维修行业管理的目的

汽车维修行业管理的目的就是通过对汽车维修行业的宏观调控，保证汽车维修市场的正常秩序，保护汽车维修业户和汽车用户的合法权益，促进汽车维修行业的发展和技术进步，提高汽车维修质量，保持汽车的完好技术状况，保证运行安全，使汽车更好地发挥运输效能，适应公路运输事业发展的需要，提高公路运输及社会的综合效益。

3）汽车维修行业管理的目标

汽车维修行业管理目标是汽车维修行业管理的出发点和归宿。为使汽车维修行业在国民经济活动中正确发挥行业作用，必须通过汽车维修行业管理实现下列目标。

（1）各类汽车维修业户结构比例适当，布局基本合理，实现以公有制为主体，多种经济成分协调发展的汽车维修行业格局。

（2）汽车维修行业要建成一个统一开放、竞争有序的汽车维修市场。

（3）建立健全管理体制和市场监督体系。

（4）协调行业内部关系，实现行业经济效益和社会效益的统一。

4）汽车维修行业管理的任务

汽车维修行业管理机关是政府专业经济管理部门，是国民经济管理的组成部分，其基本管理职能是对汽车维修行业发展、经济关系、经营活动进行调控、调整、规范和监督。汽车维修行业管理的任务是由汽车维修行业管理的基本职能决定的，概括起来主要有以下几方面。

（1）贯彻执行国家有关方针政策和法规。

（2）制定汽车维修行业发展和规划。

（3）加强宏观调控，促进汽车维修市场的发展和完善。

（4）贯彻执行汽车维修技术标准，提高维修质量。

（5）坚持管理，做好协调、指导、技术培训等服务工作。

（6）做好汽车维修活动、经营行为、汽车维修市场秩序监督检查工作。

3. 汽车维修质量管理

1）汽车维修质量管理的概念

汽车维修质量是汽车维修服务活动是否满足与托修方约定的要求，是否满足工艺规范及竣工质量评定标准的一种衡量。由此可知，汽车维修质量可分解为两个方面：一方面是维修服务全过程的服务质量，包括维修业务接待、维修生产进度、维修经营管理（包括收费）的质量水平；另一方面是汽车维修作业的生产技术质量。具体是指维修竣工汽车是否满足相应的竣工出厂技术条件的一种定量评价。

汽车维修质量取决于许多相关因素，实践表明，旨在改善汽车维修质量的一些个别与零散的措施都不能产生对汽车维修质量进行整体控制的预期效果。为了提高汽车维修质量，必须系统地实施一些综合管理措施。

汽车维修质量管理是为保证和提高汽车维修质量所进行的调查、计划、组织、协调、控制、检验、处理及信息反馈等各项活动的总称。

因而，汽车维修质量管理可以理解为是一项经常性的和有计划的工作过程，应贯穿于汽车维修服务全过程，其目的在于完善工艺方法和维修组织形式，以保证竣工出厂汽车的技术状况及其使用性能的最佳水平。

2）汽车维修质量管理的任务

汽车维修质量管理是汽车维修企业管理的重要内容之一。汽车维修质量是对汽车本身的维持和保障，汽车维修质量的好坏决定着汽车能否保持良好的技术状态安全地行驶。因此，汽车维修企业必须高度重视汽车维修质量管理，采取严格的技术手段和管理措施，保证和提高汽车维修质量，保障人们的生命和财产安全。

汽车维修质量管理的任务主要有以下四个方面。

（1）加强质量管理教育，提高全体员工的质量意识，牢固树立"质量第一"的观念，做到人人重视质量，处处保证质量。

（2）制定企业的质量方针和目标，对企业的质量管理活动进行策划，使企业的质量管理工作有方向、有目标、有计划地进行。

（3）严格执行汽车维修质量检验制度，对维修汽车从进厂到出厂的维修全过程、维修过程中的每一道工序，实施严格的质量监督和质量控制。

（4）积极推行全面质量管理等科学、先进的质量管理方法，建立健全汽车维修质量保证体系，从组织上、制度上和日常工作管理等方面，对汽车维修质量实施系统的管理和保证。

3）汽车维修企业的全面质量管理

全面质量管理强调科学的管理工作程序，通过计划（plan）、执行（do）、检查（check）、处理（action）循环式的工作方式，即 PDCA 工作循环，分阶段、按步骤开展质量管理活动，促进质量管理水平循环不断地提高。

汽车维修质量保证体系中的基础工作是为开展维修质量管理、保证汽车维修质量而创造必备基本条件的一系列具体工作，主要包括质量责任制、质量教育工作、计量工作、标准化工作、质量信息工作和法规建设等。

4）汽车维修质量检验

汽车维修质量检验是贯穿于整个汽车维修过程的一项重要工作，按照其工艺程序可分为进厂检验、汽车维修过程检验和汽车维修竣工出厂检验三类。

（1）进厂检验是对送修汽车的装备和技术状况进行检查鉴定，以便确定维修方案。

（2）汽车维修过程检验就是指汽车维修过程中，对每一道工序的加工质量、零部件质量、装配质量等进行的检验。

（3）汽车维修竣工出厂检验就是在汽车维修竣工后、出厂前，对汽车维修总体质量进行的全面验收检查，检验合格的签发机动车维修合格证。

5）汽车维修质量保证体系

汽车维修质量保证体系是指在汽车维修行业或企业内，为了满足汽车维修技术标准所规定的质量要求，而建立的与汽车维修质量直接有关的、由技术活动和管理活动所构成的工作系统，并通过一定的制度、规章、方法、程序和机构等，把汽车维修质量保证活动系统化、标准化、制度化。

6）汽车维修行业质量管理体系

质量管理体系是指"实施质量管理所必需的组织结构、程序、过程和资源"，从整个行业来讲，为实施汽车维修全面质量管理，将管理工作的各项内容落实到一定的责任机构和责任人，由承担汽车维修各项管理责任的责任机构和责任人所形成的管理组织结构系统，简称"汽车维修质量管理体系"。

7）汽车维修质量管理技术档案

机动车维修经营者对机动车进行二级维护、总成修理、整车修理的，应当建立机动车维修档案。机动车维修档案的主要内容包括维修合同、维修项目、具体维修人员及质量检验人员、进厂检验单、过程检验单、竣工检验单、竣工出厂合格证（副本）及结算清单等。机动车维修档案保存期为两年。

汽车维修质量管理技术档案是汽车维修档案的重要组成部分。根据《汽车修理质量检查评定方法》（GB/T 15746—2011）的要求，汽车修理质量检查评定内容就包括了修理质量检验技术文件的完善程度。因此，检验技术文件是修理质量检查评定的重要内容。

8）汽车维修质量 ISO 9000 认证

质量管理体系认证的手段是审核与评定。为了规范第三方认证的行为和审核评定的可接受性，国际标准化组织（ISO）制定了相应的标准和规则。质量管理体系符合评定的通行标准就是在世界范围内被广泛接受的 ISO 9000 族标准，该标准是国际标准化组织于 1987 年制订，后经不断修改完善而成的系列标准。

汽车维修企业推行 ISO 9000 质量管理体系能极大地提高工作效率和汽车维修合格率，迅速提高企业的经济效益和社会效益。

4.汽车维修质量的评价

采用单项指标评价汽车大修质量，主要依据是《汽车大修竣工出厂技术条件》（GB/T 2798—2005），具体内容请参看相应国标。下面主要介绍用总体指标评价汽车大修质量的方法。

1）评价的原则

（1）客观性原则

为了使评价工作真实、准确，使评价结果客观化，避免随意性，评价必须尊重客观现实，一切从实际出发，不能主观臆造。

（2）典型性原则

在评价指标的选取上，尽量选取那些已为社会做出评价和承认、反映企业主要成绩和水平的工作为典型指标，忽略对次要工作的评估，典型集中才能反映事物的本质。

（3）定量化原则

要求评估指标具有可度量性，并且尽量做到定量化。任何事物，如产品的质和量都有其内在联系的规律性，被评估对象既要反映质又要反映量，既有定性分析又有定量分析。采用模糊数学、最优化等数学方法，对评估对象进行综合评价，使其能计算、量度，并经计算机处理后得出定量结果。

（4）可比性原则

评价指标应能使不同车型、不同企业便于比较，使其做到规范化、标准化、统一化，便于指标本身在企业之间进行比较。

（5）指向性原则

汽车维修评价指标、评价方法，应能对我国维修行业的各项工作起到指向作用。

2）评价的方法简介

（1）缺陷系数法

缺陷系数法是用一个指标"产品缺陷系数"来评价汽车大修后质量的好坏。也就是计算大修汽车出厂前后汽车出现的故障及排除故障每车所发生的费用，费用越少，修理质量越好。可用平均每车产生排除缺陷的费用来衡量：

$$g = \frac{1}{n} \left(\sum_{i=1}^{a} m_i r_i + \sum_{i=1}^{b} m_j r_j \right) \qquad (3-1)$$

式中：g 为平均每车产生排除缺陷的费用；n 为抽检的车数；a 竣车出厂前要求排除故障的数量；m_i 为被检车上第 i 种故障的数量；r_i 为排除第 i 种故障所发生的费用；b 为被竣工出厂生所发生的缺陷数量；m_j 为被检车上第 j 种缺陷的数量；r_j 为排除第 j 种缺陷所发生的费用。

（2）总分法

用几个指标来评价汽车修竣后的整体修理质量。设每个指标的最高分为 S_{i0}，那么对修竣车整体质量的综合最高分 S_0 为：

$$S_0 = \sum_{i=1}^{a} S_{i0} \qquad (3-2)$$

维修车辆的实际评分越接近最高分，那么维修车的质量就越好；反之，就越差。

（3）加权平均法

总分法在评价中各指标没有主次，不符合实际情况。为消除上述弊端，评价时可根据每个指标受重视程度不同而给各因素相应权重，也即百分比。

（4）综合评定法

综合评定法用定量的数学方法去处理那些对立或有差异，但没有绝对分明界限概念的新兴学科。其优点是能够考虑多方面的因素，体现多数人的意见，方法简单，评价结果准确可靠。

3.3　事故车定损理赔服务

3.3.1　车险理赔服务概述

汽车事故理赔是指保险汽车在发生保险责任范围内的损失后，保险人依据保险合同的约定解决保险赔偿问题的过程。理赔工作是保险政策和作用的重要体现，是保险人执行保险合同，履行保险义务，承担保险责任的具体体现。保险的优越性及保险给予被保险人的经济补偿作用在很大程度上都是通过理赔工作来实现的。

1.汽车保险理赔的意义和原则

理赔是指当事人的一方按一定的依据（法律、政策、规章和习惯等）对另一方提出的赔偿要求进行处理的行为和过程。

汽车保险理赔除了具有一般的经济补偿特性外，还有特定内涵。汽车保险理赔是指汽车出现保险合同所规定的事故，当保险人接到被保险人在规定时间内提交的报案索赔报告时，按保险合同履行损失补偿的义务。做好汽车的保险理赔工作对于维护投保人的利益，加强汽车保险经营与管理，提高保险企业的信誉和经营效益，都具有重大意义。

（1）通过汽车保险理赔，被保险人所享受的保险利益得到实现。汽车保险的基本职能是损失补偿，基于这种职能，被保险人通过与保险人签订汽车保险合同来转移自己可能遇到的风险。

（2）通过汽车保险理赔，使人民生活安定，社会再生产过程得到保障。

（3）通过汽车保险理赔，汽车保险承保的质量得到检验。汽车保险承保手续是否方便，保险费是否合理，保险金额是否恰当，平时都不易察觉，一旦发生赔偿案件，上述问题就清楚地暴露出来了，从这个意义上讲，汽车保险理赔过程就是对承保质量的检验。

（4）通过汽车保险理赔，汽车保险的经济效益得到充分反映。

汽车保险理赔遵循的原则，汽车保险理赔必须遵循以下原则：一是满意性原则；二是迅速性原则；三是准确性原则；四是公平性原则。

2. 车险理赔服务内容

车险理赔服务包括报案受理、异地委托和受理、查勘救援调度、查勘定损、核价核损、立案、缮制、核赔、结案归档、赔款支付、服务品质评估、服务品质改进等环节。

（1）报案受理：核实客户身份、记录报案信息、初步分析保险责任、给客户提供索赔指引等；

（2）异地委托和受理：异地出险案件的代查勘委托和受理；

（3）查勘救援调度：为减少或控制被保险标的损失而采取的抢救措施，如协调 119，120 等；

（4）查勘定损：现场查勘定损、保险责任判定、损失预估；

（5）核价核损：对车损、物损案件的查勘定损结果进行审核和确认；

（6）立案：预估人伤损失，人伤住院案件的立案；

（7）缮制：收集赔案所需单证，初步审核保险责任，理算赔款，报批赔案；

（8）核赔：对赔案进行审核；

（9）结案归档：结案清分单证、理赔卷宗装订、理赔档案管理；

（10）赔款支付：审核支付手续，支付赔款；

（11）服务品质评估：对理赔服务品质进行评估；

（12）服务品质改进：针对品质评估发现的问题，制定改进措施，跟踪落实。

3.3.2　查勘定损

1. 查勘定损岗位职责

（1）负责现场勘查取证，核实出险标的，核对现场和碰撞痕迹，判断事故真实性，判断事故责任和保险责任；

（2）拓印标的车 VIN 码、发动机号码，查勘受损车辆、财物、受伤人员情况，确定事故损失金额；

（3）指导客户填写《机动车辆保险索赔申请书》或打印《机动车辆保险索赔申请书》交客户签章，并告知客户索赔流程和所需的单证；

（4）及时处理受理案件，坚决杜绝案件积压，保证及时立案率和理赔时效；

（5）协调好车主、维修厂、保险公司三者的关系。

2. 查勘定损员应具备的条件

作为一名查勘定损员，要协调好车主、维修厂、保险公司三者之间的关系，因此要具备以下条件：

（1）能严格执行服务人员岗位规范，服从调度，具有良好的职业道德；

（2）掌握汽车基本构造、工作原理及汽车碰撞维修基本工艺；

（3）能独立完成现场查勘、定损、核损、索赔等车险理赔工作；

（4）应具备良好的沟通能力：在查勘现场过程中，应及时与客户联系并进行良好的沟通，同时，根据案件性质，给客户索赔以专业的指导，一次性告知客户索赔流程和所需的单证；

（5）精通车险相关条款。

3.3.3 现场查勘技术

1. 现场查勘的重要性

1）查明事故原因，获取第一手材料

通过现场调查可以查明事故的主、客观原因，通过对现场周围环境道路的查勘，对车、物等财产的拍摄以及对当事人的询问和其他知情人的调查访问，可以取得理赔工作的第一手材料。

2）确定保险责任范围

通过现场查勘、调查、拍摄、记录等工作，用大量事实证明交通事故的性质、类型以及结果，以利于保险责任范围的确定。

3）查明事故经过和避免扩大赔付范围

现场的各种痕迹、物证和现场人员证词，都可成为证明事故事实的证据，为认定各种物证之间的联系和确定各方车损损失部位和程度提供依据，从而可以查明发生事故的经过和排除车辆原有损失，避免扩大赔付范围。

4）减少损失

通过协助客户拨打120，119等急救电话，对车辆、受伤人员实施有效救援，减少伤亡及财产损失。

2. 事故现场分类

所有事故都会有出险现场存在，根据实际情况，一般分为原始现场、变动现场和恢复现场三类。

1）原始现场

原始现场也称第一现场，是指现场的车辆和遗留下来的一切物体、痕迹，仍保持事故发生后的原始状态而没有任何改变和破坏的出险现场。原始现场是现场查勘最理想的出险现场。

2）变动现场

变动现场也称移动现场，是指由于自然或人为的原因，致使出险现场的原始状态发生改变的事故现场。变动现场包括正常变动现场、伪造现场、逃逸现场等。

3）恢复现场

恢复现场是指事故现场因某种原因撤离后，基于事故分析或复查案件的需要，为再现出险现场的面貌，根据现场调查记录资料重新布置恢复的现场。

3. 现场查勘技术

现场查勘技术主要包括车辆查验技术、调查取证技术、现场照相技术等。

1) 车辆查验技术

(1) 确认保险标的

主要通过比照行驶证正本上记载的车辆类型、型号、VIN 码与保单承保的车辆的类型、型号、VIN 码,以便查验出险车辆是否为保险公司承保的车辆。

(2) 汽车的结构及配置检查

查验汽车的款式、车身内外颜色、方向盘左右形式、采用燃料的种类等是否符合该车的出厂规定或登记档案。

(3) 车辆改装检查

汽车自行改装,有可能破坏了原有的性能,影响了行车的安全。严格说来,改装部位涉及行车安全的汽车,已经不再具有原承保车辆的合法意义了。故大多保险条款规定,因非法改装导致车辆危险程度增加而发生的保险事故,保险人不承担赔偿责任。

① 汽车改装的相关规定

2004 年颁布的《机动车登记规定》第十七条规定,有下列情形之一,在不影响安全和识别号牌的情况下,机动车所有人可以自行变更:

a. 小型、微型载客汽车加装前后防撞装置。

b. 货运机动车加装防风罩、水箱、工具箱、备胎架等。

c. 机动车增加车内装饰等。

除此以外的其他项目均不允许改动。绝对不允许改动的项目为:汽车的外形、结构、颜色等。大多机动车辆保险条款都规定,在保险期限内,保险车辆改装导致保险车辆危险程度增加,应当及时书面通知保险人。否则,因保险车辆危险程度增加而发生的保险事故,保险人不承担赔偿责任。

② 常见非法改装形式

a. 货车栏板加高,增加车厢长度或宽度;加大轮胎;增加钢板弹簧的片数或厚度。

b. 轿车开天窗;乘用车安装行李架;非法加长婚车。

(4) 使用性质检查

现场查勘时,应该查验出险车辆的实际使用性质与保险单载明的使用性质是否一致。由于保险费的差异,营运客、货车按非营运投保或非营运车从事营业性运输的投保方式可以节省保费。

查勘时,可以从车辆的状况、车辆的行驶里程等辨别出它是否属于营运车辆(营运车辆行驶里程较长)。可通过调查取证驾驶员与被保险人,乘客与驾驶员的关系以及保险车辆行驶线路(营运车常在车站、码头、高校门口、商贸城门口等地方运行)等方式来获取从事营业性客运的依据。

(5) 行驶证检查

检查行驶证自身的真伪;检验行驶证副页上合格章的真伪;行驶证的有效期;行驶证车主与保险单登记的是否相同,是否与出险车辆相符,如果不相同再了解行驶证车主与被保险人的关系,是否具备保险利益,是否有批改单;如果行驶证车主与保险单不符且无批改单,询问是否经保险人同意;如果行驶证车主与保险单不符且无批改单,也未经保险人同意,一般可认为被保险人对标的车已不具备保险利益。

（6）驾驶证检查

车辆出险后，查勘人员要尽快确定谁是真正的驾车人，人证是否相符，确定是否是合格的驾驶员；确定是否为被保险人允许的驾驶员；驾车人是否为酒后或服用违禁药物后驾驶；驾车人是否已具备上高速公路行驶的资格（如果事故发生地为高速公路）；检验驾驶证的真伪，如果怀疑驾驶证的真实性，可以通过姓名和证号查询。

（7）客货装载情况检查

检查是否有超载、超员等违规装载的现象。中华人民共和国道路交通安全法实施条例规定：

①机动车载物不得超过机动车行驶证上核定的装载质量。

②机动车载物装载长度、宽度不得超出车厢，并应当遵守下列规定：

a. 重型、中型载货汽车、半挂车载物，高度从地面起不得超过4 m；载运集装箱的车辆不得超过4.2 m。

b. 其他载货的机动车载物，高度从地面起不得超过2.5 m。

c. 摩托车载物，高度从地面起不得超过1.5 m，长度不得超出车身0.2 m。两轮摩托车载物宽度左右各不得超出车把0.15 m，三轮摩托车载物宽度不得超过车身。

d. 载客汽车除车身外部的行李架和内置的行李箱外，不得载货。载客汽车行李架载货，从车顶起高度不得超过0.5 m，从地面起高度不得超过4 m。

（8）违章检查

发生事故时，驾驶员是否有违章行车的行为等（涉及责任比率）。

2）查勘取证技术

查勘的过程，实际上是一个损失原因、损失情况调查取证的过程。查勘人员到达事发现场以后，可以向当事人和目击者询问一系列的相关情况。重点对下面内容调查取证：

（1）出险时间

对于保险期限与事发时间非常接近的案件，出险时间非常重要，它关系到是否属于保险责任。对于有疑问的案件，应该仔细核对公安部门的证明与当事人的陈述时间是否一致，要详细了解车辆的启程时间、返回时间、行驶路线、伤者住院治疗时间、运单情况等。如果发现两者时间确实不一致，要及时去公安部门核实或者向当地群众了解。

（2）出险地点

确定出险地点的目的是为了确定车辆是否超出了保单所列明的行驶区域（如教练车行驶路线）；是否属于在责任免除地（如营业性修理场所、收费停车场等）发生的损失。

（3）出险原因

根据保险事故的一般界定，造成损失的原因必须是"近因"。近因原则是指造成保险标的损失的最直接、最有效的原因，这是保险理赔过程中必须遵循的原则，按照这一原则，当被保险人的损失是直接由保险责任范围内的事故造成的，保险人才予以赔偿。也就是说，保险事故的发生与损失事实的形成，两者之间必须有直接因果关系的存在，才能构成保险赔偿的条件。一般情况下，应该依据公安、消防部门的证明来认定出险原因。

（4）出险经过

叙述出险经过与原因时，原则上要求驾驶员本人填写（驾驶员本人不能填写的，要求被保险人或相关当事人填写），并将其填写的出险经过与公安交通部门的事故责任认定书进行对比，两者应基本一致。如出现不一致，原则上以公安部门的证明为依据。

（5）财产损失情况

财产损失包括以下四个方面：保险车辆车损情况；保险车辆车上物品损失；第三者车损情况；第三者物损。

（6）人员伤亡情况

查勘人员伤亡情况时，首先要明确本车伤亡人员的相关信息：姓名、性别、年龄、与被保险人之间的关系、与驾驶员之间的关系、受伤人员的受伤程度。其次要明确对方车上伤亡人员的相关信息：姓名、性别、年龄、受伤人员的受伤程度。这些信息将为医疗核损人员查勘、核损时提供有利的原始依据。

（7）施救费用

施救费用是指当被保险标的遭遇保险责任范围内的灾害事故时，被保险人或其代理人为了减少事故损失而采取适当措施抢救保险标的时支出的额外费用。所以，施救费用是用一个相对较小的费用支出来控制损失的扩大。但某些案例的施救费用可能极高，如：在山区行驶的车辆翻入山沟后的施救费用；私家车自驾游被困森林，人逃出，车被困，重返事发地的施救费用。查勘人员应该在施救结束后及时了解这笔费用实际发生的额度及其合理性。

（8）酒后驾车的问题

对于一些特定的时间、特定的驾驶群体出险以后应该考虑是否存在酒后驾车的问题，应设法与公安人员一起取证。

查勘人员要仔细观察车辆及周围情况，将自己所看到、听到、嗅到、观察到的各种现象，进行认真的分析，通过各种现象的相互佐证，运用自己的专业知识，分析出眼前事故的真实原因，减少骗保案件的发生。

3）现场照相技术

交通事故照相是根据交通事故现场查勘以及保险理赔工作的要求，逐渐发展成为一种专用技术手段。与普通照相的区别在于，交通事故照相必须真实记录事故状态，真实反映交通事故发生原因和车辆损伤程度。通过对事故现场、对事故车辆的损坏情况照相，为分析研究事故现场提供可靠的依据；为技术检验鉴定提供感性材料；为车辆的理赔工作提供依据。现场拍摄的照片不仅是赔款案件的第一手资料，而且也是查勘报告的旁证材料，应予以充分的重视，防止出现技术失误。

（1）现场照相的基本要求

因为现场照片要作为公正客观地认定事故责任的依据，或者作为刑事、民事诉讼的依据，或者作为车辆理赔的依据，因此，对现场拍照要有具体要求：

①现场照相的内容应当与道路交通事故现场查勘笔录和现场测绘图的有关记录相互印证、相互补充，形成一条完整的证据链；

②现场照相不得有艺术夸张，要客观、真实、全面地反映被摄对象。照片影像完整清晰，层次分明，客观反映现场的原始状态及物体的本来面貌；

③严格遵守《道路交通事故勘验照相》的相关规定。

（2）现场照相器材要求

①需配备功能齐全、携带方便、性能可靠的照相机。现代照相机有数码照相机和光学照

相机,数码照相机拍摄的照片便于计算机管理,便于网上传输,成像快,在保险理赔当中广泛使用,其缺点是易被修改、伪造,光学照相机正好相反。

②拍摄时要求使用标准镜头,以增强真实感。

③辅助器材,应配备近摄装置(近摄接圈、近摄镜等)和各色滤色镜。

④照明工具,应配备小型发电机及查勘照明灯。对于夜间事故查勘,良好的照明设备尤为重要,对于提高照片质量,减少技术失误非常重要。

⑤其他设备,还应配备三脚支架、测光表等设备。

(3)现场照相步骤

交通事故现场状况千差万别,可以说没有完全相同的现场,因此,现场查勘的程序决定了不同的照相方法及步骤。但不管现场有多少差别,照相的基本顺序是,先拍摄现场的方位,其次拍摄现场概貌,再拍摄现场重点部位,最后拍摄现场细微之处。另外,根据交通事故现场的特点,在拍摄时应掌握下列原则:先拍摄原始状况,后拍摄变动状况;先拍摄现场路面痕迹,后拍摄车、物痕迹;先拍摄易破坏、易消失的痕迹,后拍摄不易破坏和消失的痕迹。在实际拍摄过程中,要根据现场情况灵活掌握,注意现场照片的彼此联系,相互印证。拍摄事故车辆损失情况的照片时,应注意真实性和完整性。

3.3.4 损伤评估

1.车身碰撞角度

在汽车碰撞过程中,同一部位在不同碰撞冲击中造成的损伤不同。例如,在一次汽车碰撞的过程中,冲击力以垂直和侧向角度撞击汽车的右前翼子板,冲击合力可以分解成为两个分力:水平分力和侧向分力。这两个分力都被汽车零部件所吸收。水平分力使汽车右前翼子板变形方向指向发动机罩中心。侧向分力使汽车的右前翼子板向后变形。这些分力的大小及对汽车造成的损伤与碰撞角度有关。水平分力通过水箱框架传递给左侧纵梁,间接造成左侧纵梁变形。所以正确的受力分析对搞好车损评估,减少遗漏至关重要。

冲击力造成的损伤程度也同样取决于冲击力与汽车质心相对应的方向。如果冲击力的方向并不是沿着汽车的质心方向,一部分冲击力将形成使汽车绕着质心旋转的力矩,该力矩使汽车旋转,地面与轮胎的摩擦消耗了大量能量,从而减少冲击力对汽车零部件的损伤,损伤程度因而较轻。如果冲击力指向汽车的质心,汽车不会旋转,大部分能量将被汽车零件所吸收,造成的损伤非常严重。

2.车身碰撞接触面积

汽车以相同的速度碰撞不同类型的障碍物,损伤的程度也就不同。如果撞击到一面墙,撞击的面积较大,损伤程度就较小;如果撞击到电线杆等,接触面积小,像保险杠、发动机罩、散热器等都会发生严重变形,会使发动机向后移动,甚至扩展到后悬架等,这样碰撞损伤的程度很严重。

3.冲击力的传递

现代汽车车身上有许多焊接缝。这些焊接缝可以作为汽车结构的刚性连接点。这些刚性连接点将冲击力传递给整个汽车上与之连接的钣金件和汽车零部件,这样就降低了汽车的结构变形。

4.汽车碰撞损伤类型

1）按碰撞损伤行为不同分类

汽车碰撞损伤按碰撞损伤行为不同可分为直接损伤和间接损伤两种，直接损伤也称一次损伤，间接损伤也称二次损伤。

直接损伤是指汽车碰撞直接接触点的车身的一次损伤。由于车辆结构、碰撞力和角度以及其他因素的差异，损伤区域是多种多样的。像造成翼子板变形和开裂以及零件破碎等可见的，不需要测量损伤。直接损伤修理，一般是在完成所有间接损伤的修理后，采用对车身填料的方法对直接损伤进行修理，由于钣金件非常薄，对其修理是非常有限的。

间接损伤是指发生在直接损伤区域之外，并离碰撞点有一段距离的损伤。间接损伤是在碰撞力向后传递过程中形成的，即碰撞力从冲击区域延伸到车身连接区，并且碰撞能量在向毗邻板件移动的过程中被吸收。

2）按车身损伤结果不同分类

按车身损伤结果不同可分为侧弯、凹陷、褶皱或压溃、菱形损伤和扭曲等几种。

侧弯是指汽车前部、汽车中部或汽车后部在冲击力的作用下，偏离原来的行驶方向发生的碰撞损伤。例如汽车受冲击力下的前部侧弯，冲击力造成汽车的一边伸长，一边缩短的损伤情况。

凹陷是指由于正面碰撞或追尾碰撞引起的零件表面呈现的凹陷形状，可能发生在汽车的一侧或两侧。

褶皱就是微小的弯曲，是指汽车发生正面碰撞或追尾碰撞，非承载式汽车车架或承载式车身纵梁上会产生类似损伤。在决定褶皱件修理方法时，定损员必须合理地考虑零件是修理还是换新件，当损伤件弯曲超过 90°时应换新件，当损伤件弯曲小于 90°时可以修理，但必须满足设计强度。

菱形损伤是指一辆汽车的一侧向前或向后发生位移，使车架或车身不再是方形的损伤情况。由于汽车碰撞发生在前部或尾部的一角或偏离质心方向所造成发动机罩和车尾行李舱盖发生了位移的损伤。

扭曲是指汽车的一角比正常要高，而另一角比正常低的损伤情况。非承载式车身发生扭曲时，是指车架的一端垂直向上变形，而另一端垂直向下的变形。承载式车身发生扭曲时，是指前部和后部车身发生相反的凹陷。扭曲一般有车架扭曲和车身扭曲，它们的修理方法和修理工时不同，定损员必须合理地考虑这些。

3.4　汽车回收再生服务

随着我国汽车工业的迅猛发展，汽车的保有量持续增长，废旧汽车的增长速度也是非常惊人。废旧汽车的回收利用就成了一个日益急迫的问题，如果处理不当就容易对环境、交通秩序、人民的生命安全等一系列的社会问题造成影响。汽车产业是我国工业体系的重要组成部分，从汽车产品设计源头削减有毒有害物质使用，促进产品回收再利用，可以有效预防环境污染，提高汽车资源综合利用水平，对于促进我国汽车产业可持续发展有重要意义。在我国，废旧汽车回收再生还是一个新型产业，有着很大的发展空间。

3.4.1 汽车回收再生资源及其利用效益

1.资源及再生资源

1）资源的解释

辞海解释，资源是"资财的来源"。广义上讲，资源包括自然资源、社会资源和经济资源三个方面。自然资源包括土地资源、气候资源、水资源、生物资源、海洋资源、景观资源和矿产资源等；社会资源包括人力、科技、文化、教育、卫生、通信、传媒、体育和福利事业等；经济资源包括工业、农业、商业、建筑业、金融业以及交通运输业等。其中，有些资源是可再生的，社会的可持续发展需要可再生资源的支持，因为不可再生资源的开发利用实际上是对有限资源的消耗。所以，当不可再生资源转化为可再生资源后，才能支持社会的可持续发展。

2）自然资源及其再生性

自然资源是指自然界中能被人类用于生产和生活的物质和能量的总称。自然资源的消耗可以转化为其他形式的资源，并具有新的再生属性。自然资源按其再生性可分为：可再生资源和不可再生资源。

可再生资源是指通过自然作用或人类活动能再生更新，并以某一增长率保持或增加蕴藏量，从而可重复利用的自然资源。例如动植物等生物资源在自然界特定的时空条件下能持续再生更新和繁衍增长，保持或扩大其储量。不可再生资源是指随着资源消耗量的不断增加，其存储总量将日益减少的自然资源。另外应该指出的是，不仅不可再生资源的数量是有限的，而且在一定的时间和空间尺度内，可再生资源的数量也是有限的。

2.再生资源

1）再生资源定义

再生资源是指社会生产和消费过程中产生的可以回收利用的各种废旧物资。所谓废物是相对于消费水平的废旧物资处理能力而言，具有明显的相对性。可以说，弃而不废是现代垃圾的一种特性。

废弃物要成为一种"资源"并被利用，必须要具备三个条件：一是产生数量可观，具有产生和利用的规模形态；二是利用费用合理，具有竞争优势的再利用价格；三是符合环保要求，对自然环境无污染。

2）汽车再生资源含义

汽车再生资源是指对废旧汽车进行资源化处理后所获得可以回收利用的物资。20世纪90年代以来，世界性的环境污染日趋严重，废旧汽车也成为一大固体污染源，在2012年就已突破10亿辆汽车拥有量，而每年都有5000万～6000万辆报废汽车，仅仅停放就要占用500～600 km^{2}的土地。而报废汽车当中含有多种重金属、化学液体和塑料等物资，拆解不当会造成环境污染。汽车生产要使用数百种材料，消耗上亿吨的钢铁、上千万吨的塑料，以及大量的橡胶、玻璃、纺织品、铝、铜、铅、铬和各种化工产品等。其消耗的原料绝大部分是不可再生自然资源，因此，汽车工业要可持续发展就要解决制造所用材料的循环再生利用问题。

废旧物资的资源化是节约资源，实现资源持续利用的重要途径，是社会经济可持续发展的重要措施之一。以废旧物品为对象，通过采用现代技术与工艺加工，在规范的市场运作下，最大限度地开发利用其中蕴含的材料、能源及其附加值等财富，使其成为较高品位可以使用的资源，可以达到节能、节材、保护环境等目的，从而支持社会经济的可持续发展。

3.汽车再生资源利用效益

中国过去一直讲"地大物博"，实际上自然资源是相对匮乏的，人均资源占有量仅排在世界第 80 位。资源短缺、浪费严重和生态恶化的状况，使得资源节约和综合利用，尤其是再生资源的开发利用越来越显得重要和紧迫。通过再生资源的回收利用，既减少了对自然资源的开采，又节约了大量的能源，更有助于实现资源的持续利用。为此，世界发达国家相继制定了必要的法规政策，鼓励废弃物的循环利用。

我国政府历来重视再生资源的回收利用，在我国制定的《中国 21 世纪议程白皮书》中，专门将"固体废弃物的无害化管理"列为一章，这也标志着我国再生资源开发利用的长足进步。从可持续发展的高度审视产品的整个生命周期，在汽车的开发之前就预先评估新车型所使用的材料组合或零部件的可循环利用性，这种理念也许不会在销售新车时直接带来经济效益，但却能在未来获得环境效益。报废汽车回收利用是节约原生资源、实现环境保护、保证资源合理利用的重要途径，是我国经济可持续发展的重要措施之一。报废汽车的回收利用是一个涉及面广的系统工程，既需要政府通过完善的法规加强宏观调控，又需要市场合理配置资源。

1）社会效益

再生资源的循环利用不仅能节约自然资源和遏制废弃物的泛滥，而且与利用原料加工制造相比，还可减少能源消耗和污染物排放。汽车生产和使用需要耗用多种材料和能源，而这些资源大多是不可再生的。如汽车中大量用到的有色金属，从资源形成讲需要数以亿年计才能生成。若能够合理回收，可以最大程度地利用这些资源，实现资源利用的良性循环。同时，由于部分回收的汽车零部件经修复处理后可再次进入市场，还可以降低用户的使用成本。

2）经济效益

废旧汽车上的钢铁、有色金属零部件 90% 以上都可以回收利用，玻璃、塑料等的回收利用率也可达 50% 以上。汽车上一些贵重金属，其回收利用的价值更高。有统计表明，50 万辆奔驰汽车的催化转换器中大概就含有 2 t 铂与约 0.5 t 的钯。

3）环境效益

美国是汽车消费大国，其汽车消费所产生的"垃圾"也十分可观，美国每年因老旧或交通事故等而报废的车辆超过 1000 万辆。以往报废汽车都被一扔了事，从而造成了巨大的环境污染，这同汽车尾气带来的大气环境恶化一样成为社会公害。随着废旧汽车对环境危害的不断加剧，美国从 20 世纪的后期就开始重视废旧汽车的回收利用，是现在世界上汽车回收卓有成效的国家之一。如果美国汽车回收业的成果能被充分利用，汽车制造对大气污染的水平将比目前降低 85%，而水污染将比目前减少 75%。

3.4.2　汽车回收再生服务的发展趋势

1.国外汽车回收再生的发展现状及趋势

国外汽车回收再生的发展趋势是：尽可能提高回收利用率，开发利用快速装配系统和重复作用的紧固系统及其他能使拆卸更为便利的技术及装置；开展可拆解、可回收性设计；开发由可循环使用的材料制作的零部件及工艺；开发易于循环利用的材料；减少车辆使用中所用材料的种类；开发有效的清洁能源回收技术。

1）日本回收利用情况

日本每年都要有500万左右的汽车报废，这些是有效的资源，要找到有效的方法回收它，过去，日本一般是把车上有用的部分重新使用，然后再把破车卖给汽车报废厂，把金属材料提取出来，加以回收，残渣就被填埋在垃圾厂。在20世纪90年代末的时候日本已经缺少填埋厂，填埋成本越来越高，到现在日本已经没有任何空地来填埋不可回收的废物。同时日本也非常关注自然资源的枯竭，也非常关注温室化效应的发展。因此日本内阁在2000年开始对汽车进行立法，2002年颁布了《汽车回收利用法》。日本现在用一些传统的方式，建立一种体制，让所有的社会各方在参与买车的时候要支付一笔再生费就是100美元左右。

日本对报废汽车回收利用的管理通过政府和民间机构两个途径分别进行管理。政府负责研究制定指导报废汽车回收处理的政策法规，制定报废汽车回收处理行业的准入要求，并由各地方政府负责报废汽车回收处理行业的登记和准入审批，具体的报废汽车回收则由民间机构完成。

日本《汽车回收利用法》一个特点是要求汽车用户要交纳回收利用费，汽车回收再利用促进中心受国家委托征收回收再利用费，并对其进行严格管理和运用，直到报废汽车得以回收利用为止。在确认汽车生产企业、进口商的粉碎残渣、氟利昂、安全气囊回收工作完成后，才向汽车制造厂、进口商支付回收再利用费。

此外，日本《汽车回收利用法》要求对粉碎残渣的处理方式进行详细管理。在法律实施之前，报废汽车破碎后的残渣通常是进行填埋处置，在对报废汽车的信息管理方面也不完善。新的管理体系对粉碎残渣、氟利昂和安全气囊类三种物质规定了不同的回收要求。

2）美国的汽车回收利用

美国是汽车消费大国，也是在报废汽车回收领域走在前面的国家，完善的报废汽车回收利用体系和成熟的回收利用技术在全球报废汽车回收利用行业处于领先水平。

在严格的环境保护法规的作用下，美国的报废汽车是不能被随便遗弃的，必须送到专门的报废汽车回收利用企业进行处理。报废汽车作为一种重要的材料资源，在美国具有较高的残值，能够完全按照市场化运作方式进行回收利用。

虽然美国没有国家级的报废汽车回收利用法规，但是有关产品连带责任的法规，再加上完善的环境保护法规体系，严格限制了废弃物的填埋，将报废汽车所造成的环境污染降低到了最小程度。美国汽车消费者不能废弃报废汽车，一般都主动将报废汽车提交给报废汽车拆解企业。报废汽车回收利用企业对汽车废液的管理十分严格，能将废液收集后提供给专业回收企业处理；对报废汽车的残余物则采取付费填埋的方式处理，不能随便处置。

总体上讲，产品连带责任是指产品制造链中的部分或全部制造商和销售商要对生产销售危险产品或缺陷产品所造成损失负有连带的法律责任。在这样的产品连带责任法规要求下，汽车产品的制造商、分销商、供应商、零售商和其他参与向公众提供该产品的都将被要求对汽车产品所造成的损失负法律责任。这种连带责任包括三类：设计缺陷、制造缺陷和无提醒过失。

基于市场驱动的美国报废汽车回收利用体系，在美国强有力的产品责任法规和环境保护法规的监控下，形成了报废汽车回收利用市场驱动机制，使美国汽车行业能够主动承担起引领报废汽车回收利用的义务，组织并发动了整个汽车产业链和回收利用行业开展报废汽车回收利用技术研究工作，确保了回收利用行业的良性循环。

通过对日本、美国报废汽车处理的研究，可以看出，两个国家对报废汽车的解决方法各不相同。日本在国土面积小、资源缺乏的情况下，要求企业不仅要负责回收并处理粉碎残渣，还要确保整个回收再利用体系的顺利运行。同时通过征收回收再利用费以增强消费者保护环境的意识。

美国在严格的环境保护法规的作用下，报废汽车是不能被随便遗弃，必须送到专门的报废汽车回收利用企业进行处理。报废汽车作为一种重要的材料资源，在美国具有较高的残值，能够完全按照市场化运作方式进行回收利用。

3）德国汽车回收利用

德国作为汽车工业的发源地，汽车工业的发展水平已处在一个非常先进的水平。2011 年德国汽车保有量达 4400 万辆，每年注销机动车 350 万辆，车辆的平均使用年限为 7～9 年。但真正在德国报废拆解的只有 100 万辆左右，其余则通过不同途径卖到俄罗斯、波兰、西班牙等国家。

在德国，当车主决定报废汽车后，必须将报废车辆送交经过专业机构认证的汽车回收站，由它们将报废车辆送交由经专业机构认证的汽车拆解工厂进行处理，或者由车主将报废车辆直接送汽车拆解工厂进行处理。报废车辆处理主要是拆解，包括拆出还能够再使用的汽车零部件以出售或供修车时使用；不能重复利用的零部件送往废物处理厂或破损厂进行处理。拆解及报废处理所需费用根据每辆车的品牌、型号、生产时间和技术状况来决定。汽车拆解厂在处理完报废汽车后，必须填写一张利用证明，并将该证明交给车主，车主凭该证明和车主证件向当地的交管所和税务部门申请注销车辆登记和停止缴税。报废车辆的利用证明及车主证件二者缺一不可。没有利用证明或该证明未按照有关规定填写的，被视为违反法律规定，并且可处以罚款。

2. 国内汽车回收再生的发展现状及趋势

美日德法等发达国家报废汽车的再利用率已达 80% 以上。美国在 2009 年再制造业的规模已经突破 2000 亿美元，其中汽车行业占到了 700 亿美元。而我国还属于刚刚起步阶段，2009 年，我国机动车保有量达到 1.8 亿辆，正常年报废汽车总量将达到 400 万辆，加上国家出台汽车以旧换新政策，鼓励汽车提前报废，今后每年报废车辆的数目将会增加，再加上每年因维修更换下来的废旧零部件数量更是惊人。

虽说汽车回收产业正处在朝阳期，但这个行业眼下却很尴尬。当前，我国汽车报废标准遵循的还是 2001 年由国务院颁布的《报废汽车回收管理办法》，其中对不同车型的使用年限进行了详细的规定。按照这一规定，包括摩托车、农用运输车在内的汽车，如果达到国家报废标准，或者虽未达到国家报废标准但如发动机或者底盘严重损坏，经检验不符合国家机动车运行安全技术条件或国家机动车污染物排放标准的，都将进行报废处理。

然而，对于大多数中国购车者来说，购车是一笔巨大的开支，即便是在汽车接近报废期限时，很多车主也舍不得换车，更不会将汽车送进报废汽车回收中心，而是希望尽可能多开几年，哪怕是冒着一定的安全隐患。另一个重要原因就是当前报废汽车获得的补偿费很低，远远提不起车主的兴趣。

从 2009 年开始，我国调整了部分车型老旧汽车报废更新的补贴标准，以调动车主报废旧汽车的积极性。比如说报废大型载客车的补贴标准，由原来的 6000 元提高到了 1.8 万元。

这在一定程度上改善了报废汽车回收的情况，一些报废汽车回收企业短时间内出现了车源增加、效益提升的现象。

然而，由于以旧换新的车型范围限制过严、补贴金额少、手续复杂等原因，这一政策并未带来持久的助推力。像以旧换新的车辆主要是针对符合一定使用年限要求的中、轻、微型载货车和部分中型载客车，限制条件太多；补贴金额虽然较以往有了明显提高，但与车辆转让出售相比，还是没有绝对的吸引力；由于补贴金额并不是现场发放，而是需要申请的车主办理一系列审核手续，非常复杂，这也把很多车主拒之门外。

此外，拆解工艺落后，再利用渠道不畅，拆解企业生存状况不妙。商务部公布的数据显示，目前我国具有一定规模的报废汽车回收拆解企业有 400 多家，但大多拆解水平低，场地简陋，设备、设施落后。

按照 400 万辆汽车的年报废量计算，平均一家报废汽车拆解企业每年可以接收报废车 1 万多辆。但是实际上，一个厂一年拆掉 500 辆汽车已经是非常不容易的事情了，根本"吃不饱"。原因是大约 60% 的应当报废汽车流入了二手市场，没有经过报废拆解处理，就又上路行驶了。这样，汽车报废回收企业拆解汽车的数量十分有限，规模效益根本出不来。由于车辆的拆解主要靠人工完成，企业人力成本也比较高。此外，汽车拆解再利用渠道单一，也使拆解点难有好的收益。

技术水平跟不上也是重要原因，由于汽车是一个由成千上万零件组成的组合体，这些零件由性能各异的不同材料组成。因此，报废汽车的回收并不是简单的回炉所能解决的。它必须采用科学的方法，先进行分解，然后再分别进行处理。这一切都建立在高端技术和先进装备的基础上，因为修复一件产品往往比生产一件新品所需的技术水平还要高。而目前我国汽车零部件修复、改造等产品设备和技术的发展还远远不够。

在很多拆解点，报废汽车回收之后能循环利用的主要限于废金属，其他材料回收利用率不高，橡胶、塑料、玻璃等多作为垃圾处理，报废汽车的总体利用率还较低。沈阳一家报废汽车回收企业负责人说，目前报废汽车拆下来的玻璃、玻璃钢等材料因为数量很少还没有人来收购，只能作为垃圾填埋。报废回收汽车企业希望对拆下来的废料进行更细致的分类，不同类型的材料能有不同的用途，这样可以增加回收利用的附加值。可是，这些想法要变成现实，除了企业自身拆解回收技术的提高，还需要形成更细的产业分工。

现阶段，我国报废汽车回收之后能循环利用的主要限于废金属，其他材料回收利用率不高，橡胶、塑料、玻璃等多作为垃圾处理，报废汽车的总体利用率还较低。由于目前对报废汽车在拆解处理过程中产生的环境污染及材料回收利用率还没有详细规定，报废汽车零部件的再使用率、拆解材料的再利用率不高，废液和废弃物处理不当导致的污染问题日益突出。此外，我国还面临报废汽车非法延长使用期和使用报废汽车非法拼装车的严重问题。

3. 我国汽车回收利用的注意事项

我国报废汽车处理问题刚刚引起社会重视，回收体系不完善，需要借鉴国外在报废汽车处理方面成功的经验，对我国报废汽车处理进行系统和规范化的管理，总结国外经验，结合我国的实际国情，对未来国内报废汽车处理应注意以下几个问题：

1）让汽车生产企业成为报废汽车回收再利用的核心参与者

通过对美国、日本和欧洲国家报废汽车处理研究，可以看出企业在报废汽车回收利用过程中发挥重要作用，汽车生产企业通过可回收性技术开发、易拆解性技术开发、环保材料替代技术等直接参与,可以从源头上提高报废汽车的回收利用率水平。

2)明确汽车在设计中可回收利用率目标和时间表

只有通过法规将汽车的可回收利用率强行规定下来,使企业在汽车设计过程中就体现可回收利用的设计思路,并严格按时达到目标,才能保证所有汽车生产企业在设计过程中承担同样的回收利用率设计责任,避免不同汽车回收利用率出现大的差异化,从而导致在产品竞争上的不公平。

3)报废汽车回收处理应走市场化道路

由于报废汽车中超过 80%质量可以被回收利用(以金属为主),具有回收价值,美国的报废汽车回收以市场化为主,也证明走市场化道路是可行的,因此我国可以对报废汽车回收走市场化的道路,这样不仅有利于回收过程的透明化,而且可以用经济杠杆促进报废汽车的回收处理量。

4)对报废汽车处理过程进行规范

报废汽车及其零部件在回收、拆解、粉碎、再利用等环节存在着对环境的污染问题,如果处理不当,会对环境造成不可逆转的影响。比如,铅、铬、水银等扩散,废油液直接渗入土壤,都会对生态环境产生危害。

5)严格规定回收过程中废物的处理程序

通过市场化处理,报废汽车绝大部分质量将会得到有效的再利用,但剩余的 15%左右质量(主要是树脂、橡胶等),只能做废物处理。这些物质处理是否得当,直接关系到我国报废汽车处理的成败。如果不能对这些物质进行恰当的处理,将严重污染环境。因此,对于这些不能回收的废物,必须规定严格的处理程序,保证不会被随意丢弃。

6)慎用行政指定方法确定报废汽车处理企业

行政指定报废汽车回收处理企业的方法,使被指定回收企业成为既得利益群体,削弱市场化环境下的竞争,不利于将报废汽车处理市场化。对于报废汽车处理行业的进入,应该向整个社会敞开,制定相应的审批标准和管理规范,达到标准的企业都可以对报废汽车进行处理。

7)发挥市场机制和经济杠杆的作用

除了要加强宣传外,还要充分发挥市场机制和经济杠杆的作用,逐步理顺资源性产品和再制造产品间的关系,允许再制造后的产品经标记后在市场出售,并可适当提高资源性产品价格、大幅度降低再制造产品价格,来提升再制造产品的竞争力。国家和地方应鼓励消费者和公共机构优先使用再制造产品,加强宣传,逐步提高消费者对再制造产品的认识,扩大再制造产品的市场规模,积极推动再制造汽车零部件产品的国际贸易。

总之,推行汽车回收利用工程,发展循环经济,不仅可以促进汽车再制造业的发展,而且更是解决废旧汽车引发的社会公害问题的重要途径。因此,从可持续发展的观念出发,依托科技手段,研究对废旧汽车的有效回收、再制造利用和妥善处置,对节约资源和保护环境,推动社会、经济、环境的协调发展具有十分重要、十分长远的现实意义。图 3-8 是实现汽车回收利用率 95%目标规划。

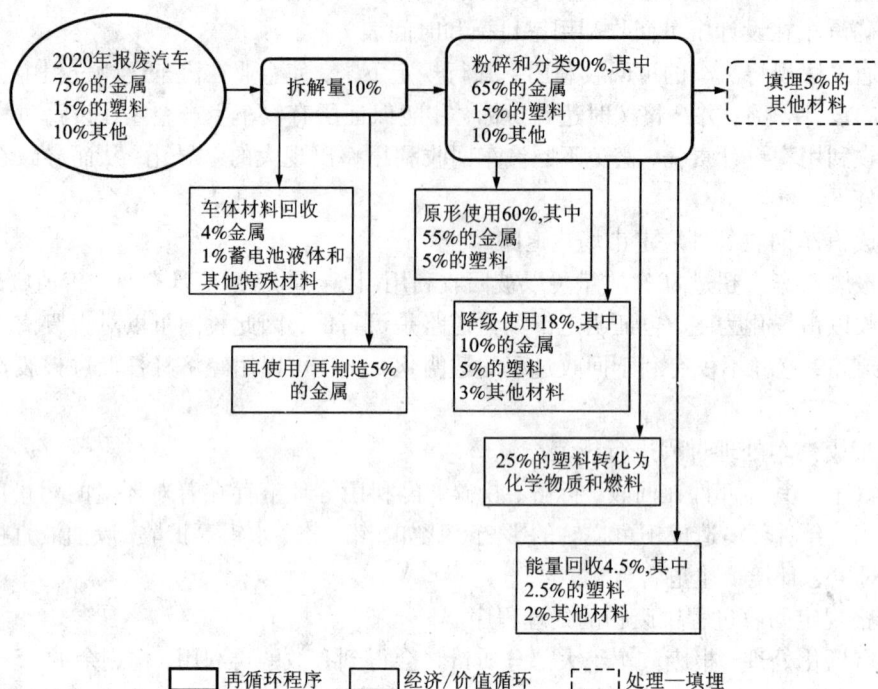

图 3 - 8 实现汽车回收利用率 95% 目标规划图

3.4.3 汽车报废

我国最早的《机动车报废标准》制定于 1986 年，随着我国国民经济的快速发展，人民生活水平不断提高，作为国民经济的主要支柱产业之一的汽车工业呈现出产销两旺的趋势。该标准已不再适应交通安全、节能、环保等方面的需要，国家有关部委在 2000 年对非营运汽车和旅游载客汽车的使用年限及办理延缓报废标准进行了调整。国家商务部、发改委、公安部、环境保护部于 2012 年制定了《机动车强制报废标准规定》，于 2013 年 5 月 1 日起实行。

1.汽车报废标准规定

《机动车强制报废标准规定》规定，已注册机动车有下列情形之一的应当强制报废，其所有人应当将机动车交售给报废机动车回收拆解企业，由报废机动车回收拆解企业按规定进行登记、拆解、销毁等处理，并将报废的机动车登记证书、号牌、行驶证交公安机关交通管理部门注销：

（1）达到本规定第五条规定使用年限的；

（2）经修理和调整仍不符合机动车安全技术国家标准对在用车有关要求的；

（3）经修理和调整或者采用控制技术后，向大气排放污染物或者噪声仍不符合国家标准对在用车有关要求的；

（4）在检验有效期届满后连续 3 个机动车安全技术检验周期内未取得机动车检验合格标志的。

2. 各类汽车的规定使用年限

(1)小、微型出租客运汽车使用 8 年，中型出租客运汽车使用 10 年，大型出租客运汽车使用 12 年；

(2)租赁载客汽车使用 15 年；

(3)小型教练载客汽车使用 10 年，中型教练载客汽车使用 12 年，大型教练载客汽车使用 15 年；

(4)公交客运汽车使用 13 年；

(5)其他小、微型营运载客汽车使用 10 年，其他大、中型营运载客汽车使用 15 年；

(6)大、中型非营运载客汽车(大型轿车除外)使用 20 年；

(7)三轮汽车、装用单缸发动机的低速货车使用 9 年，装用多缸发动机的低速货车以及微型载货汽车使用 12 年，危险品运输载货汽车使用 10 年，其他载货汽车(包括半挂牵引车和全挂牵引车)使用 15 年；

(8)有载货功能的专项作业车使用 15 年，无载货功能的专项作业车使用 30 年；

(9)全挂车、危险品运输半挂车使用 10 年，集装箱半挂车 20 年，其他半挂车使用 15 年；

(10)正三轮摩托车使用 12 年，其他摩托车使用 13 年。

对小、微型出租客运汽车和摩托车，省、自治区、直辖市人民政府有关部门可结合本地实际情况，制定严于上述使用年限的规定，但小、微型出租客运汽车不得低于 6 年，正三轮摩托车不得低于 10 年，其他摩托车不得低于 11 年。

小、微型非营运载客汽车、大型非营运轿车、轮式专用机械车无使用年限限制。

机动车使用年限起始日期按照注册登记日期计算，但自出厂之日起 2 年内未办理注册登记手续的，按照出厂日期计算。

3. 各类汽车的规定行驶里程

(1)小、微型出租客运汽车行驶 60 万 km，中型出租客运汽车行驶 50 万 km，大型出租客运汽车行驶 60 万 km；

(2)租赁载客汽车行驶 60 万 km；

(3)小型和中型教练载客汽车行驶 50 万 km，大型教练载客汽车行驶 60 万 km；

(4)公交客运汽车行驶 40 万 km；

(5)其他小、微型及大型营运载客汽车行驶 60 万 km，其他中型营运载客汽车行驶 50 万 km；

(6)小、微型非营运载客汽车和大型非营运轿车行驶 60 万 km，中型非营运载客汽车行驶 50 万 km，大型非营运载客汽车行驶 60 万 km；

(7)装用单缸以上发动机的低速货车行驶 30 万 km，微型载货汽车行驶 50 万 km，危险品运输载货汽车行驶 40 万 km，其他载货汽车(包括半挂牵引车和全挂牵引车)行驶 60 万 km；

(8)专项作业车、轮式专用机械车行驶 50 万 km；

(9)正三轮摩托车行驶 10 万 km，其他摩托车行驶 12 万 km。

4. 报废汽车对社会的影响

(1)报废汽车重新回流进入社会，危害极大，由于报废车辆本身已不符合道路行驶条件，被再次被改装后进入路面行驶，其车本身性能大变，安全系数大大降低。

(2)汽车生产过程中含有大量有害物质，汽车报废后被非正确处理过程中，所产生废气、废油、废电瓶以及报废零部件，对环境的污染十分严重。

（3）国内汽车在到达报废期后，经常被非法延长使用时间。超期运行的汽车零部件，在汽车运行时可靠性降低，会直接导致刹车失灵，转向及发动机等零件失灵；会使车辆的操作稳定性变差，极易跑偏；这些超期使用的报废汽车，在使用过程中，功能下降，安全隐患增加。此外，超期使用的报废汽车，所有机件磨损严重，燃油消耗大于正常水平，排放废气无法达到正常标准，机油消耗增加，都造成资源浪费、大气环境污染等问题。

3.4.4　汽车回收

1. 汽车回收的特点及付费机制

1）汽车回收的特点

（1）回收利用的初始性。

产品回收指废旧产品的收集过程，称为废旧产品收购或废旧产品收集，废旧汽车收集和收购活动决定着可以进行资源化的废旧汽车数量。

（2）回收物流的逆向性。

产业回收与产业销售的物流相反，废旧产品回收是多对一的、分散到集中的物流；

（3）回收活动的制约性。

进行废旧汽车的收集活动需要遵守国家相关的法规，同时进行回收活动的企业也需要进行资格认证。

（4）回收效益的市场性。

报废汽车回收活动具有直接的社会效益，但其回收经济效益又取决于市场规律。

2）汽车回收付费机制

（1）交易制。

政府对报废汽车回收付费方式无强制性规定。有关报废汽车的回收是采取有偿回收或报废的交易方式，即视回收车辆的状态来决定是由车主付费报废还是由企业付费回收。交易制在英国、法国、德国等曾经进行。

（2）基金制。

政府通过制定法律或管理文件的形式，对有关报废汽车回收的办法、内容、程序和付费方式作出规定，所有汽车报废回收处理费用在车主购车或注册时以基金方式支付，并由基金会依法进行管理。基金制在日本、荷兰、瑞典等国实行。

（3）补偿制。

由政府财政支出汽车报废补贴资金，对按规定报废的车辆进行补偿，车主可以获得一定数量的财政补贴资金。目前我国采用这种机制。

（4）无偿制。

也称生产者责任制。例如，欧盟报废汽车回收指令规定，对于2002年7月以后生产的新车及2007年7月后的全部报废车，在交给加盟国认定的处理设施处理时，最终所有者不负担回收处理费用，由生产者负担回收处理费用的全部或大部分。

2. 汽车回收的模式

根据参与汽车回收主体不同，汽车回收模式可分为三种模式，即生产商负责回收、生产商联合体负责回收和第三方负责回收。

1）生产商负责回收

生产商负责回收是指汽车制造商为废旧汽车回收工作的主体，通过一定的回收渠道回收废旧汽车，在此基础上依靠自身的能力推动汽车再利用的后续环节，最大限度完成废旧汽车全部使用价值并获取一定经济效益和社会效益的过程：包括制造商直接回收和经销商回收—制造商处理两种形式。

（1）优点：①可以更好地掌控资源，大幅降低原材料成本，可以获取较高利润；②汽车制造商主动承担了废旧汽车的回收利用工作，有利于节约资源、保护环境，可以塑造良好的企业形象；③有利于汽车生产商基于汽车的生命周期考虑如何提高回收再利用的技术水平问题。

（2）缺点：①生产制造系统的规划控制变得非常复杂；②企业的生产能力、物流技术、信息技术、人员素质、组织结构等方面提出了更高的要求，且需要汽车制造企业投入大量的人力、物力、财力，回收成本高；③孤立产品无法解决；④采用自营方式也容易使汽车生产商不能专注于自身核心业务，并且不能有效发挥专业化的优势。

2）生产商联合体负责回收

生产商联合体负责回收模式是指生产同类汽车产品的制造商，成立一个联合责任组织，由该组织负责这些汽车制造商生产的同类产品的回收处置工作。

（1）优点：①可以减轻单个汽车制造企业在建立回收系统上的投资压力，而且具有专业技术优势，容易实现规模经营；②实现企业间合作共赢；③市场风险、财务风险及技术风险可以由合作企业共担，可以分散和降低企业风险。

（2）缺点：①合作单位的选择、合作体的管理和成果的分享中可能存在许多矛盾和困难；②汽车循环经济链条上的各个环节的协调配合优势没有生产商负责回收模式发挥的好，各个环节的交易成本较高。

3）第三方负责回收

第三方负责回收模式，即生产商在销售产品后，自己并不直接参与对产品的回收工作，而是选择一个专门的回收企业负责回收工作。

（1）优点：①企业运营风险小。②管理成本较低。③可以减少汽车生产商企业在回收再利用设施和人力资源方面的投资，将巨大的固定成本转变为可变成本，降低回收管理的成本。④可以提供更高的服务质量，有利于提高企业的竞争实力。

（2）缺点：①不利于汽车全生命周期内各个环节的协调配合优势的发挥，容易忽视汽车回收业追求社会效益和环境效益目标的达成；②交易费用过高。③不利于汽车制造商对终端信息的把握。

3. 汽车回收实务

1）汽车回收企业资质

根据《报废汽车回收管理办法》的规定，报废汽车回收企业除应当符合有关法律、行政法规规定的设立企业的条件外，还应当具备下列条件：

（1）注册资本不低于 50 万元人民币，依照税法规定为一般纳税人。

（2）拆解场地面积不低于 5000 m²。

（3）具备必要的拆解设备和消防设施。

（4）年回收拆解能力不低于 500 辆。

（5）正式从业人员不少于 20 人，其中专业技术人员不少于 5 人。

（6）没有出售报废汽车、报废"五大总成"、拼装车等违法经营行为记录。

（7）符合国家规定的环境保护标准。

2）汽车回收处理程序

我国汽车回收处理程序如图 3 – 9 所示。

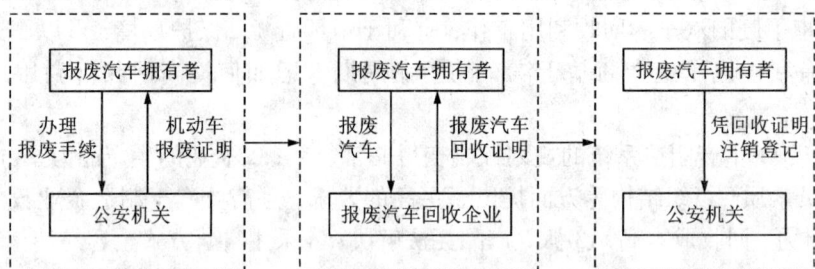

图 3 – 9　我国报废汽车回收处理程序

报废汽车回收处理各流程中应注意如下事项：

（1）报废汽车拥有单位或个人首先向公安机关办理机动车辆报废手续，公安机关应当于受理当日，向报废汽车拥有单位或个人出具《机动车报废证明》，并告知其将报废汽车交售给报废汽车回收企业；

（2）任何单位或个人不得要求报废汽车拥有单位或者个人将报废汽车交售给指定的报废汽车回收企业；

（3）汽车回收企业凭《机动车报废证明》收购报废汽车，并向报废汽车拥有单位或者个人出具《报废汽车回收证明》；

（4）报废汽车拥有单位或者个人凭《报废汽车回收证明》，向汽车注册登记地的公安机关办理注销登记。

3）汽车回收处理要求

报废汽车拥有单位或者个人应当及时将报废汽车交管给报废汽车回收企业。任何单位或者个人不得将报废汽车出售、赠予或者以其他方式转让给非报废汽车回收企业的单位或者个人，不得自行拆解报废汽车。

报废汽车回收企业对回收的报废汽车应当逐车登记，发现回收的报废汽车有盗窃、抢劫或者其他犯罪嫌疑的，应当及时向公安机关报告。报废汽车回收企业不得拆解、改装、拼装、倒卖有犯罪嫌疑的汽车及其"五大总成"和其他零配件。

报废汽车回收企业必须拆解回收的报废汽车；其中，回收的报废营运客车，应当在公安机关的监督下拆解。拆解的"五大总成"应当作为废金属，交售给钢铁企业作为冶炼原料；拆解的其他零配件能够继续使用的，可以出售，但必须标明"报废汽车回用件"。

禁止任何单位或者个人利用报废汽车"五大总成"以及其他零配件拼装汽车。禁止报废汽车整车、"五大总成"和拼装车进入市场交易或者以其他任何方式交易。禁止拼装车和报废汽车上路行驶。

报废汽车回收企业拆解报废汽车应当遵守国家环境保护法律、法规，采取有效措施，防治污染。

各省市根据本地的实际情况又颁布了具体的《机动车回收拆解管理规定》实施细则，例如：回收企业回收报废汽车时，首先核对发动机号、车架号，对整车附号牌以回收企业为背景进行拍照存档，然后到公安机关车辆管理部门核对档案资料，核对无误后立即进行拆解（大型客车、大型货车及其他营运车辆应当在公安机关车管部门的监督下拆解）。拆解后，还需拍照、刻录光盘存档。

4. 汽车回收物流及其特点

1)汽车回收物流定义

汽车回收物流是逆向物流的一种形式，汽车回收物流是指将废旧汽车进行回收，并将其运到专门的回收利用地点的物流过程。

2)汽车回收物流的特点

回收物流与正向物流相比具有其特殊性，汽车回收物流的一般特点是：

(1)分散性

汽车废旧产品或材料可能产生于生产领域、流通领域或消费领域，汽车回收物流产生的地点、时间、质量和数量等方面都不是集中的。

(2)延迟性

首先，同一或同类产品开始回收时，回收物流数量少，在不断汇集的情况下才能形成较大规模的物流；其次，废旧汽车产品或材料的产生往往都需经过较长的时间，同时其到达一定的可利用数量的规模也需要时间，这就决定了废旧汽车的回收具有延迟性。

(3)多样性

废旧汽车回收过程中，不同种类和状况的废旧汽车都是混杂在一起的，回收的废旧汽车具有多样性。

(4)多变性

由于废旧汽车回收物流的分散性和延迟性，回收的时间与空间难以控制，这就导致了多变性，其主要表现有三：①回收物流过程的随机性；②回收物流方式具有复杂性；③回收物流技术具有特殊性。

5. 影响废旧汽车回收模式选择的因素

回收模式影响回收效率，下面从经济、管理及技术因素来分析影响废旧汽车回收模式的选择问题。

1)经济因素

反映废旧汽车回收模式选择的经济性指标主要包括投资额、盈利性和成本等。

(1)投资额。从事废旧汽车回收利用需要进行投资，特别是回收系统的建立，需要在回收处理的设施设备以及人力资源等方面投入较多的资金，此外其中一些技术性较强的工作还需要对操作人员进行专门的培训。

(2)盈利性。在生产商负责回收模式下，盈利性主要表现在将废旧物品转变为再生资源，能为企业带来原材料的成本节约，以及顾客满意度的提高、产品质量的提高及企业形象的改善等；而在生产商联合负责回收和第三方负责回收模式下，企业在上述几方面所获得的收益可能较少，或者仅仅避免法律法规的惩罚。

(3)成本。当企业采用生产商负责回收模式时，需要为回收业务支付较高的成本，这主要是因为废旧零部件通常缺少固定的外形尺寸，又具有不确定性，难以充分利用运输和仓储的规模效益；另一个重要原因在于许多商品需要人工的分类、检测、判断和处理，不可避免地增加了人工费用。而在采用生产商联合体负责回收和第三方负责回收模式时，企业也需要向合作方支付一定的回收处理费用，但这部分费用比前者要少。此外，还有企业之间合作时的"交易成本"。第一种回收模式成本最高，第二种回收模式次之，第三种模式最低。

2）管理因素

管理因素是指生产企业对各种回收模式的运用和管理能力，反映管理因素的主要指标有：

（1）设施设备管理能力

废旧汽车回收过程中通常需要许多设施设备，包括回收处理设施、检测设备、加工设备以及运输车辆等。对于这些设施设备的维护保养及管理是企业需要考虑的一个重要因素。在采用生产商负责的模式下，这些设施完全需要企业自己维修保养和管理，而在采用生产商联合体负责回收和第三方负责回收模式下，这些主要由合作企业承担。

（2）人员管理与沟通能力

企业现有员工的业务知识和技术水平能否满足废旧汽车回收的要求，是否需要对员工进行培训，以及如何加强企业内部员工的交流与沟通，这是企业在采用生产商负责回收模式时必须考虑的问题。而在采用生产商联合体负责回收和第三方负责回收模式时，企业还需要加强与外部合作企业员工的交流和沟通，以保证良好的合作关系。因此，在不同模式下的人员管理和沟通能力是企业需要考虑的重要因素。

（3）信息管理能力

在采用生产商负责回收模式时，企业可以通过加强对企业内部的回收信息的管理，实现信息共享，不断提高产品和服务质量。而在采用生产商联合体负责回收和第三方负责回收的模式下，企业还需要加强与合作伙伴的信息交流与沟通。因此，回收信息的管理能力同样是企业回收模式决策中要考虑的因素之一。

3）技术因素

在汽车回收的某些环节尤其是报废汽车处理环节，通常需要专门的技术设备、高水平的技术工人，才能实现废旧物品的再生利用或者无害化处理。在采用生产商负责回收模式时，企业需要进行再制造、再利用的处理，回收利用水平要求较高，其他两种模式次之。

3.4.5　汽车拆解

1. 汽车拆解的业务内容

汽车拆解的业务内容主要有：

1）废旧汽车的接收

废旧汽车拆解企业所接收的应是具有《机动车报废证明》的废旧汽车，对报废车辆进行检查确认后才能接收。

从接收废旧汽车时起，就必须建立废旧汽车拆解文档。拆解文档的内容应包括：车辆识别信息、车辆状态信息、报废证明、拆解日志以及废旧汽车再生利用情况等。

2）废旧汽车存放

废旧汽车拆解企业必须有足够的区域存放废旧车辆，企业整个区域的面积及其划分应与拆解废旧汽车的数量和拆解车型相协调。一般被分成以下区域：运输区、待拆解区、预处理区、拆解区、零部件存储区、压实区以及辅助区。

3）废旧汽车拆解流程

废旧汽车的拆解是拆解企业的主要业务内容，包括以下工作过程：①预处理；②拆解；③分类。

拆解人员必须经过拆解技术培训，获得相应的职业资格，遵守相关的法律法规，掌握拆解作业安全知识，了解环保要求，拆解设备的操作者必须具有劳动部门颁发的操作许可。

4）拆解物品的存储

拆解物品存储区一般分为：可再用件存储区、循环材料存储区、液体存储区、含液体部件存储区、固体废弃物存储区及液体废弃物存储区等，应该有具体的措施保证可回收的部件处于自然状态，并对环境没有任何损坏。这种状态可通过封闭、覆盖、压实等方法进行处理，以保证对土壤和水没有污染的状态。电池应存放在耐酸的容器中，或没有泄漏及排放的耐酸地面上。

5）拆解车体的压实

报废汽车拆解下来的零部件和材料被分类存储后，剩余的车体会被压实以便于运输至破碎处理厂或剩余物处理厂。

2. 汽车拆解方式

根据对废旧汽车回收利用的目标，即零件再使用还是材料再利用，拆解方式分为非破坏性拆解、准破坏性拆解和破坏性拆解。破坏性拆解是对被拆解零部件进行没有限制性条件的任意分解，而准破坏性拆解主要是对连接件进行破坏拆解。

1）对报废汽车零部件的拆解可分成两个层次，或称为拆解深度

第一层次拆解，是指从车上直接拆卸部件。第二层次拆解，是对拆卸下来的部件进行更细的拆解。

根据欧盟指令的要求，第一层次拆解的部件应包括催化转化器，轮胎，较大的塑料件，玻璃，含有铜、铝、镁等材料的零件。此外，对含有汞的部件应尽可能地进行无害化处理。拆卸下来的部件是否可以再使用或再利用，取决于元器件的市场价格、拆解时间和拆解成本等因素。第一层次的拆解次序是从外到内，它要求较好的可达性和可操作性，零部件进行第二层次拆解，增加了拆解深度。例如，将接线盒的盒盖和印刷电路板拆下来，分别回收处理。

第二层次拆解的目的是：

（1）减少零部件及其材料再利用过程中的危险物质和环境污染。

（2）分离有价值的零部件和材料。

（3）提高回收利用的经济效益及其再利用材料的纯度。

为了提高废旧汽车的拆解效益，许多汽车制造商对汽车进行优化设计，提高了汽车的拆解性。

2）汽车拆解作业方式

汽车拆解的作业方式有两种，即定位作业法和流水作业法。

（1）定位作业法。定位作业是指废旧汽车被放置在一个工段上进行全部拆解作业的方式。在工段上，进行拆解作业的工人按不同的劳动组织形式，在定额规定的时间内，分部位和按顺序地完成作业任务。这种方式便于组织生产，适应于车型复杂的拆解企业。

（2）流水作业法。是指废旧汽车被放置在拆解生产线上。按照拆解工艺顺序和节拍依次经过各个工位进行拆解作业的方式。流水作业方式的拆解工作效率高，拆解车辆的再生利用率高，平均每辆车的面积利用率高。但是，要求拆解的车型较单一，设备数量较多。

一些汽车制造公司开发了自动化汽车拆解生产线。如现代、宝马等公司。我国对汽车拆解生产线非常重视。2002 年，宝钢集团组建了上海宝钢钢铁资源有限公司，开展报废汽车的拆解生产经营业务。经过两年的努力，已经建立了一条环保、安全、高效的报废汽车拆解生产线，为国内报废汽车的拆解处理探索出了一条新路。此后，全国各地相继建成了多条汽车拆解生产线。

3. 汽车拆解的工艺流程

回收部门把废旧汽车、事故报废车收集来，送入再利用企业，经清洁，放出燃油、润滑油、齿轮油及制动油等类油料后，经质检，把发动机、轮胎、变速器、前后桥、蓄电池、方向仪表、催化剂装置等拆解，将可利用的半新部件经再制造，作为旧零件进入配件市场，剩下的零部件，按材料分类处理，还原成原材料再利用。

废旧汽车拆解的工艺流程如图 3 - 10 所示。

3.4.6 废旧汽车资源化

1. 废旧汽车资源化的内涵

废旧汽车资源化是以废旧汽车为再生资源开发对象，在符合法律规章要求及获得合适经济效益的前提下，通过采用新技术与新工艺，最大限度地回收利用可使用零部件、可利用材料及能源物质等具有使用价值财富的工程活动。其目的是节约资源、减少能耗和保护环境，从而支持社会的可持续发展。

汽车制造不仅消耗大量的资源，而且汽车报废还会造成环境污染和资源的浪费。当资源枯竭和环境污染成为制约社会发展的主要问题时，必然对国民经济的增长和人类生活质量的提高产生影响。再生资源产业，号称"第四产业"。巨额资金的投入、优惠政策的导向、前沿科技的支持，使其成为全球发展最快的朝阳产业。

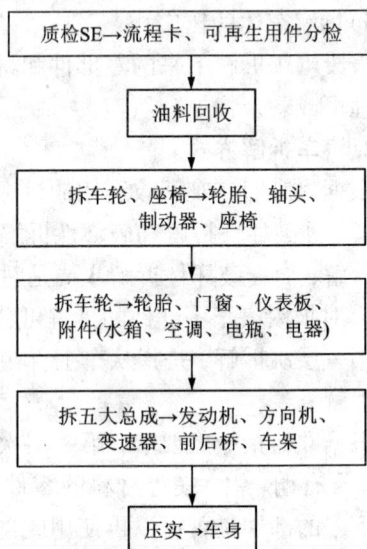

图 3 - 10　汽车拆解的工艺流程

2. 废旧汽车资源化方式

根据回收处理方式，废旧汽车零部件可分为以下类型。

（1）再使用件。指经过检测确认合格后可直接使用的零部件。由于同一车辆汽车的所有零部件不可能达到其寿命设计，当汽车报废时总有一部分零部件性能完好，因此既可以作为维修配件，也可作为再生产品制造时的零部件。

（2）再制造件。指通过采用包括表面工程技术在内的各种新技术、新工艺，实施再制造加工或升级改造，制成性能等同或者高于原产品的零部件。

（3）再利用件。指无法修复或再制造不经济时，通过循环再生加工成为原材料的零部件。

（4）能量回收件。指以能量回收方式回收利用的零部件。

（5）废弃处置件。指无法再使用、再制造和循环利用时，通过填埋等措施进行处理的零部件。

所以,废旧汽车资源化的基本方式可分为:再使用、再制造、再利用及能量回收四种主要方式。汽车零部件常见的资源化方式如表 3 - 2 所示。

表 3 - 2　汽车零部件常见的资源化方式

序号	部件名称	可选的资源化方式	典型的资源化形式
1	前保险杠	再使用、再利用及能量回收	前保险杠、内饰件或工具盒等
2	冷却液	再利用、能量回收	作为锅炉或焚化炉燃料
3	散热器	再利用	铜、铝材料
4	发动机润滑油	再利用、能量回收	作为锅炉或焚化炉燃料
5	发动机	再制造、再利用	再制造发动机或铝制品
6	线束	再利用	铜产品
7	发动机舱盖	再利用	钢材用于汽车部件和其他产品
8	风窗玻璃	再利用	再生玻璃
9	座椅	再利用、能量回收	用于车辆的隔音材料
10	车身	再利用	车身部件或钢材用于汽车部件和其他产品
11	行李舱盖	再利用	行李舱盖或钢材用于汽车部件和其他部件
12	后保险杠	再使用、再利用及能量回收	后保险杠、内饰件
13	轮胎(内胎)	再利用、能量回收	橡胶原料或水泥窑燃料
14	车门	再使用、再利用	车门、钢制品
15	催化器	再利用	稀有贵金属
16	齿轮油	再利用、能量回收	作为锅炉或焚化炉燃料
17	变速器	再制造、再利用	钢或铝制品
18	悬架	再利用	钢制品
19	车轮	再使用、再利用	车轮通用钢、铝制品
20	轮胎(内胎)	再使用、再利用及能量回收	橡胶原料或水泥窑燃料
21	蓄电池	再制造、再利用及能量回收	蓄电池、再生铅材料

再使用和再制造是废旧汽车产品资源化的最佳形式。虽然受汽车产品设计、制造等多种因素的影响,整车的再使用和再制造的比例还较低,但是某些总成的可再使用和再制造零配件比例还是较高的。再利用及零部件材料的回收是目前整车回收利用的主要方式。是获得资源效益的首选途径。而能量回收是在当前循环利用技术水平低或回收利用经济效益差的条件下,不得已采取的回收利用方式,应尽量限制。

3.5 汽车美容与装饰服务

目前，中国每1000人拥有125辆汽车，而全球平均水平为165辆，美国为815辆。汽车保有量的增加使大量的汽车露天栖息，饱受风吹、雨淋、日晒的无奈，致使汽车日渐老化，汽车的平时清洁护理和定期美容保养，必然成为人们的日常消费内容。因此，汽车美容业作为一种新兴产业正在崛起，而且必将成为21世纪的黄金产业和朝阳产业。

3.5.1 汽车美容概述

汽车美容是针对汽车进行的美容、护理、装饰等作业的总称，主要包括汽车外部和内部的清洁、车身漆面的美容护理、汽车发动机的免拆清洗护理和汽车附属设备的加装及装饰等作业。

1.汽车美容业的产生与发展

汽车美容业产生于20世纪30年代，发展于第二次世界大战后70年代世界石油危机过后。20世纪80年代，美国汽车维修市场开始萎缩，修理厂锐减31.5万家，而专业汽车美容养护中心却出现了爆炸性的增长，每年以3万余家的速度递增。根据欧美国家的统计，在一个完全成熟的国际化汽车市场中，汽车的制造以及销售利润在整个汽车业的利润构成中仅占20%，零部件供应的利润占20%，而50%~60%的利润全部是从汽车后市场服务业中产生的。目前，美国汽车美容养护店的比例占汽车保修行业的80%。美国汽车服务业的营业额已经超过汽车整车的销售额。

随着我国经济的持续高速发展和人们消费观念的改变，一方面，汽车正以大众化消费品的姿态进入百姓生活。目前中国已超过美国成为世界第一大汽车消费国。与此同时，人们对自己的汽车也愈加呵护，汽车的款式、性能以及汽车的整洁程度，无一不体现出车主的性格、修养、生活观念以及个人喜好。许多人对自己的汽车关怀备至，希望它看起来干净漂亮，用起来风光舒适。因而汽车的平时清洁护理和定期美容保养，必然成为人们的日常消费内容。

另一方面，汽车在我国大中城市虽然发展很快，但由于市政建设配套不足。缺乏足够的停车场所，大量的汽车只能露天栖息，致使汽车日渐老化。市场调查表明：目前我国60%以上的私人高档汽车车主有给汽车做美容养护的习惯；30%以上的私人低档车车主也开始形成给汽车做美容养护的观念，30%以上的公用高档汽车也定时进行美容养护；50%以上的私车车主愿意在掌握基本技术的情况下自主进行汽车美容养护。据不完全统计，对于一部10万多元的车，按10年使用期限每年3万公里行程计算，每年须用于车辆美容、保养和维修的费用在3000元以上，对中高档车来说费用更高，因此对于一个拥有1万辆乘用车的中小城市而言，就意味着让人心动的3000万元的市场。

然而，与其他汽车消费发达国家相比，中国的汽车服务行业介入程度还不到50%。据有关数据显示，我国平均每辆汽车每年的美容养护费用至少1550元。目前，国内专营和兼营汽车美容服务的在册企业尚不到1万家。因此，汽车美容业作为一种新兴产业正在崛起，而且必将成为21世纪的黄金产业和朝阳产业。

2. 汽车美容的含义

早期的汽车美容是水管、刷子、水桶、一包洗衣粉和一块抹布。美容结果是汽车漆面不断受到新的损伤、新的锈蚀，车身漆面寿命不断缩短。美容方法是：洗车—打蜡—交车。美容产品多选用硬质蜡20小时后才能抛光，清洁剂多用洗衣粉、肥皂和洗涤，pH 在 10.3 ~ 10.9之间。名为护车，实则毁车。

现代的汽车美容——在西方国家被称为"Car Beauty"或"Car Care"，即"汽车保姆"或"第四行业"，是专业化很强的服务行业，汽车美容护理使汽车焕然一新，长久保持艳丽的光彩。洗车时所选用的是中性洗车液 pH 在 8.0 以下，选用非离子表面活性剂制成，能使污渍分子分解浮起，因而容易被洗掉，对原车有保护作用。

所谓汽车美容，是指针对汽车各部位不同材质所需的保养条件，利用专业美容系列高科技技术设备，采用不同性质的汽车美容护理产品及施工工艺，对汽车进行全新保养护理。

3. 汽车美容的目的、作用及原则

专业汽车美容师要十分明确汽车美容的目的、作用及原则，根据其依据和原则实现美容的作用，达到美容的目的。

1) 汽车美容的目的

汽车美容的目的是通过车身表面、内饰和漆面的美容对汽车进行全新保养护理，更重要的是提高车辆的安全性能。

例如，汽车的车身表面、底盘、内室会受到以下多方面的侵害。

(1) 紫外线对汽车漆面的侵害。

阳光中含有强烈的紫外线，汽车油漆经过长期的阳光照射，漆层内部的油分会大量损失，漆面日益变得干燥，会出现失光、异色斑点，甚至龟裂。

(2) 有害气体对漆面的侵害。

随着全球大气污染的日益严重，大气中有害气体，如二氧化硫、二氧化碳、二氧化氮等含量也逐渐增加。汽车在高速行驶时，车体与空气摩擦使车身表面形成一层强烈的静电，由于静电的作用大大增加了车身与有害气体的附着作用，导致更多的有害气体黏附在车身上从而造成侵害。

(3) 雨水、雪水对漆面、底盘的侵害。

由于工业污染，使雨水中二氧化硫、二氧化碳、盐分及其他物质的含量越来越多而形成酸雨，造成对漆面的持续侵害。

(4) 其他因素对车漆的损害。

汽车在运行过程中也会受到外界的伤害，如车漆被硬物等划伤、擦伤，鸟粪和飞漆等附于漆面而形成的侵害等。

以上种种原因造成的车体伤害，如果不进行定期的汽车美容专业护理，长期积累，恶性循环，不仅影响汽车的美观，更重要的是会影响到汽车和人的安全。

2) 汽车美容的作用

汽车美容的主要作用是装饰汽车、保护汽车和美化环境。

(1) 装饰汽车。

随着人们消费水平的提高，对于一些中高档轿车来说，其已不仅仅是一种交通工具，更成为一种身份的象征。车主不仅要求汽车具有优良的性能，而且要求汽车具有漂亮的外观，并想方设法把汽车装点得靓丽美观，这就对汽车的装饰性能提出了更高的要求。汽车的装饰性不仅取决于车型外观设计，而且取决于汽车表面色彩、光泽等因素。

通过汽车美容作业，可使汽车涂层平整、色彩鲜艳、色泽光亮，长久保持美丽的容颜。

(2)保护汽车。

汽车涂膜是指汽车金属等物体表面的保护层。它使物体表面与空气、水分、日光以及外界腐蚀物质相隔离，起着保护物面、防止腐蚀的作用，从而延长金属等物体的使用寿命。汽车在使用过程中，由于风吹、日晒、雨淋等自然侵蚀以及环境污染的影响，涂膜会出现失光、变色、风化、起泡、龟裂、脱落等老化现象；另外，交通事故、机械撞击等也会造成涂膜损伤。一旦涂膜损坏，金属等物体便失去了保护的"外衣"。因此，注重汽车美容作业，维护好汽车表面涂膜是保护汽车金属等物面的前提。

(3)美化环境。

随着我国国民经济的不断发展和科学技术的不断进步，以及人们生活水平的不断提高，在道路上行驶的各种汽车将越来越多。五颜六色的汽车装点着城市的条条道路，形成了一道道美丽的风景线，对城市和道路环境起着美化作用，给人们以美的享受。

这些成果的得来与我国汽车美容业的兴起是分不开的。如果没有汽车美容，通路上行驶的汽车车身会灰尘污垢堆积，漆面色彩单调、色泽暗淡，甚至锈迹斑斑，这样将会形成与美丽的城市建筑极不协调的景象。因此，美化城市环境离不开汽车美容。

3)汽车美容的依据

汽车美容应根据车型、车况、使用环境及使用条件等因素，有针对性地、合理地安排美容作业的时机与项目。

(1)因车型而异。

由于实施汽车美容的项目、内容及使用的用品不同，其价位也不一样。对汽车进行美容不仅要考虑到效果，同时也要考虑使用问题。因此，不同档次的汽车所采取的美容作业及其使用的美容用品应有所不同。对于高档轿车应主要考虑美容效果，而对于一般汽车只需进行常规的美容作业就可以了。

(2)因车况而异。

在进行汽车美容时，应根据汽车漆膜及其他物面状况有针对性地进行。车主或驾驶员应经常对汽车表面进行检查，发现异变现象要及时处理。如车漆表面出现划痕尤其是较深的划痕，若处理不及时，导致金属锈蚀，就大大增加了处理的难度。

(3)因环境而异。

汽车行驶的地域和道路不同，对汽车进行美容作业的时机和项目也不同。如汽车经常在污染较重的工业区使用，应缩短汽车清洗周期，经常检查漆面有无污染、色素沉积，并采取积极预防措施；如汽车在沿海地区使用，由于当地空气潮湿且含盐分较多，一旦漆面出现划痕应立即采取护理措施，否则极易造成内部金属锈蚀；如汽车在西北地区使用，由于当地风沙较大，漆面易失去光泽，应缩短抛光、打蜡的周期。

(4)因季节而异。

季节、气温和气候的变化，对汽车表面及内室部件具有不同的影响。如汽车在夏季使用时，由于高温，漆膜易老化；在冬季使用时，由于严寒，漆膜易冻裂。因此，在冬夏季节，应进行必要的预防护理作业。另外，冬夏两季车内经常使用空调，车窗紧闭，车内易出现异味，应定期进行杀菌和除臭作业。

　　4）汽车美容的原则

　　（1）预防与治理相结合的原则。

　　汽车美容要以预防为主，即在汽车漆膜及其他物面出现损伤之前要进行必要的维护作业，预防损伤的发生。一旦出现损伤应及时进行治理，恢复原来状态。因此，汽车美容应坚持预防与治理相结合的原则。

　　（2）自助护理与专业护理相结合的原则。

　　汽车美容有很多属于经常性的维护作业，如除尘、清洗、擦车、检查等，几乎天天都要进行。这些简单的护理作业，只要车主或驾驶员掌握了一定的汽车美容知识，完全可以自己完成。但定期到专业汽车美容场所进行美容也是必不可少的，因为还有很多美容项目是车主或驾驶员无法完成的，尤其是汽车漆面或内室物面出现某些问题时必须进行专业护理。因此，车主或驾驶员护理一定要与专业护理相结合，这样才能将车护理得更好。

　　（3）单项护理与全套护理相结合的原则。

　　汽车美容作业的项目和内容很多，在作业中应根据汽车自身状况有针对性地选择美容项目和内容。进行某些单项护理就能解决问题的就不必进行全套护理，这样不仅是为了节省费用，同时对汽车本身也是有利的。例如，汽车漆膜的厚度是一定的，如果每次美容都进行全套护理，即每次都要研磨、抛光，这样漆膜厚度很快会变薄。当车漆被磨损时，就必须进行重新喷漆，这就得不偿失了。当然，在需要时对汽车进行全面护理也是必要的，关键是要根据不同情况具体对待。

　　（4）局部护理与全车护理相结合的原则。

　　汽车车身局部出现损伤，只需对局部进行处理即可；只有在汽车漆膜绝大部分出现损伤时，才选择进行全车漆膜处理。在实际美容作业时，应根据需要决定护理的面积：只需局部护理的，就不要扩大到整块板；需整块板护理的，就不要扩大到全车。

3.5.2 汽车美容的主要项目

　　专业汽车美容的特点是项目多、覆盖范围广，施工项目有简单的也有复杂的，组合随意、服务灵活多变、作业时间短见效快的特点。因此，应全面了解其主要项目，以便在美容中灵活运用和组合。

　　1. 车表美容主要项目

　　车表美容作业是汽车美容服务的前提和基础，是日常美容施工中最广泛、最普及的作业项目，主要包括以下内容：

　　1）汽车清洗

　　汽车清洗不同于传统洗车，它是利用专用设备和清洗剂，对汽车车身及其附属部件进行清洁处理，使之保持或再现原有风采的基本美容工序。汽车清洗又可细分为普通清洗和特种清洗。特种清洗包括汽车涂装前的除油、除锈等清洗工作。

　　2）去除沥青、焦油

　　选用专门的焦油和沥青去除剂，在去除污迹的同时，最大限度地保护漆面，也可以采用抛光研磨方法去除。

　　3）汽车打蜡

选用专用车蜡,定期对汽车表面进行涂敷护理,上光保护,使水、紫外线及高温对漆面的损坏得以控制,保持漆面持久亮丽如新。

4)新车开蜡

对于出厂后即将投入使用的新车,首先要进行开蜡处理,使车身袒露光彩。

5)镀铬件翻新

使用专门的护理品,对经常采用镀铬处理的部件,如钢圈、保险杠、车轮扣盖等进行翻新作业,使之再现原有光泽。

6)轮胎翻新

使用专用轮胎清洁增黑剂,迅速渗透橡胶,分解有害物质,延缓轮胎老化,增黑增亮。

2. 汽车内饰美容主要项目

1)驾驶室美容护理

驾驶室内真皮丝绒座垫、顶棚、仪表板、地毯、脚垫、门板等皮、塑料、橡胶、纤维物件,长期使用极易藏污纳垢,不但令人生厌,而且还会使细菌滋生而产生异味,影响使用者的身心健康。

许多路边洗车场和车主自己清洁内室时,常用的清洁剂中含有水分,久而久之,湿气使真皮座椅、仪表板、门板等处发霉、变硬、褪色甚至龟裂,丝绒则会收缩脱落、受潮而滋生细菌。长期积垢还会使冷暖风口堵塞,发出恶臭。针对这些油性或水性的污垢,专家研制了真皮、塑料、丝绒等专用清洁保护剂,不仅有美容功效,还有防污抗尘、防水、杀菌除臭等作用。另外,还有皮件、塑件上光翻新保护剂,能令皮革、塑料恢复原有光泽,并可在表面形成一层保护膜,防止老化。通过吸尘、消毒后,采用保护剂或干洗护理剂擦拭与清洁车室、地毯、脚垫、座套等。再喷清洁剂与高温蒸汽消毒,便可使驾驶室焕然一新。

2)发动机美容护理

发动机作为汽车的动力源,历来被广大司机、车主、维修人员所关注。由于传统的观念,人们把目光的焦点大多集中在发动机维修及传统保养项目上。而对国际上广为流行的免拆养护,特别是发动机表面的护理缺乏正确的认识。随着近几年汽车美容行业的兴起,国内越来越多的人士把发动机护理的着眼点一分为二,即内部护理(包括燃料与空气供给系统、润滑系统、冷却系统的免拆养护)及外部护理,而这里的外部护理作业,通常被专业人士称为发动机美容。发动机美容作业包括高压水冲洗、表面油再清洁、上光保护、翻新处理等养护工作。

3)行李箱清洁

行李箱作为汽车内部的重要设施,它的清洁工作,作为内饰美容的一部分在汽车美容中不容忽视。

3. 汽车漆面美容主要项目

漆面处理作为现代汽车美容的重要组成部分,包括以下主要内容。

1)漆面失光处理

汽车在使用过程中,免不了风吹、日晒、雨淋及受到空气中有害物质的侵蚀,致使漆面逐渐失去原有光泽,在汽车美容作业中采用特殊处理工艺与方法,配合专门的护理品,可以有效地去除失光,重现漆面亮丽风采。

2)漆面浅划痕处理

由于使用中摩擦及日常护理不当,久而久之。会在漆面上出现轻微划痕,这种划痕在阳光下尤其明显。在汽车美容作业中一般采用抛光研磨的方法。对漆面上出现的浅划痕予以去除。

3）漆面深划痕处理

汽车漆面深划痕多为硬性划伤所致，当你用手试划痕表面，会有明显的刮手感觉。目前在汽车美容行业的深划痕处理工艺上，虽然称谓命名不同，但从实质特点上看，仍采用喷涂施工来完成。

4）喷漆

喷漆是汽车美容作业中要求最为严格、技术含量最高的施工项目。当汽车漆面出现划伤、破损及严重腐蚀失光等现象时，即可采用喷漆工艺来恢复汽车的昔日风采。

3.5.4　汽车装饰

1. 汽车形象设计

随着汽车逐步进入家庭，汽车的形象设计也开始流行起来。汽车形象设计也称汽车改装，目前国内一些大城市的汽车装饰店或专业改装店（即汽车形象设计店），已经开始展开汽车外形改装业务，以满足现代车主追求个性的需求。汽车改装（Car modification）是指根据汽车车主需要，将汽车制造厂家生产的原形车进行外部造型、内部造型以及机械性能的改动，主要包括车身改装和动力改装两种，在本书内只考虑车身改装部分。

1）汽车改装用的材料

汽车改装所用的材料一般有两种：玻璃钢和碳纤维。由于碳纤维的成本较高，而玻璃钢具有质量轻、抗撞性好、价格低廉等优点，所以汽车改装时使用较多的是玻璃钢。

2）汽车改装分类

一般说来，汽车改装分为外观设计型、普通安装型和参赛改装型三类。

（1）外观设计型。外观设计型是对整个车身进行重新设计，为了外形设计的需要，必要时还会更换车轮及对车内的一些附加设备的位置进行重新调整，其各部分的车身部件都是根据原有车体进行"量体裁衣"式的定做。它多用于对过时车型的外观改造。另外，还受到许多超级玩车族的青睐。

（2）普通安装型。普通安装型又称"大包围"，是比较常见的改装方法，它的各个车身组件是由专门从事汽车改装的厂家批量生产的，改装时只需要进行相应的安装即可。对改装人员的技术要求较低。只要有相应的部件，一般的维修厂都能进行安装。具体的内容有；加装前头唇、裙脚、后尾唇、高位扰流板、改装前脸等。前头唇和后尾唇是分别加装在前、后保险杠上的，能起到压流、稳定车身的作用，裙脚是在车身左右两侧的底部加装导流板，具有降低风阻系数的作用，高位扰流板，俗称尾翼，高速时能起到增大车轮附着力的作用。由此可见，大包围除了能改善车身的外观，还具有增强汽车的行驶（特别是高速行驶时）稳定性等实用价值，因此特别受到普通有车族的欢迎。图 3 - 11 就是"大包围"改装的汽车。

（3）参赛改装型。参赛改装型是为了满足参赛的需要而进行的改装。它除了对本身进行改装外，还需对发动机、轮胎等与汽车动力性能相关的部件进行改进或更换。由于参赛具备高强度的竞争性，因而对车进行改装时其安全性、速度性及防撞性等方面的要求相当高，所以它一般在专业性较强的改装厂施工，以满足参赛改装的性能要求和安全保障。

图 3-11　改装的奥迪汽车

2. 汽车太阳膜装饰

太阳膜的隔热性是评价太阳膜好坏的一个很重要的关键因素，但光凭眼睛和手是无法判定太阳膜质量好坏的。如果有条件，可以做以下试验来比较选择：在一个碘钨灯上放一块贴着好膜的玻璃，用手只感到一丝热意；而换上另一块贴着次膜的玻璃，马上感到手热。这样好坏的区别一下子就出来了。另外，如果一种膜有中国质检中心的证明，一般来讲这种膜在隔热性等方面都是不错的。

另外在挑选膜的颜色时，不要在太阳光底下看它颜色的深浅。而应将它放在车窗上，并把车门关好。只有这样试过之后，才不会和你想要的颜色有误差，因为在阳光下单看一种膜的颜色都是很浅的。

3. 汽车音响的改装

车门应做隔音，音箱布置要考虑音场。

在音响改装方面，功放、扬声器之类的改装非常重要，同时音响器材安装的位置、布局对音响效果也会产生极大的影响。

1）车门隔音

在汽车内听音乐与在家里欣赏音乐有一个最大的不同，那就是车在快速移动，为了达到很好的效果，这就对音响器材提出了更高的要求，同时车辆高速行驶时，风噪、胎噪及机械噪声会对音响系统产生干扰。因此就需要对车辆进行改造，一般是选择车门做制震和隔音。车门隔音在许多汽车改装店、汽车音响店里都可以做。此外，车门隔音还能对喇叭形成箱体，这样喇叭的声音就会聚集起来，使得喇叭播放出来的音乐更加真实，不会出现失真的效果。

2）车门密封

一般采用柔软的发泡海绵来密封门腔，效果最好的是用专业的制震板，但是制震板的成本比发泡海绵要高很多。

3）扬声器位置有讲究

汽车音响改装时，高、中、低音的扬声器也要各自独立，如果安装在一起只会互相干扰。如一位奥迪 A6 车主，改装他的奥迪 A6 音响时，将高音喇叭安装在 A 柱两侧，中音喇叭安装在前车门的中部靠前的位置，而中低音喇叭安装在前车门的底端。据改装技师介绍，这样有利于中高音间的衔接，形成音场的准确定位。而且这样改装并没有破坏原车部件，随时可以分拆下来。

4）音箱巧布局

不少车主改装时选择将音箱藏匿起来，采用内置式的音箱，这样也可以节省空间，是非常实用的选择。同时还可以选择外形不规则的音箱，这样可以最大限度地利用空间，而且不规则的外形有利于消除音波之间彼此的干扰。

本章小结

汽车技术服务包括汽车售后服务、汽车维修服务、汽车事故理赔定损、汽车回收再生服务、汽车美容与改装服务等几方面内容。

根据汽车在使用过程中服务的范围不同，汽车售后服务可分为广义的汽车售后服务和狭义的汽车售后服务两种。

狭义的汽车售后服务：指从新车进入流通领域，直至其使用后回收报废的各个环节涉及的各类服务。它包括汽车营销服务以及整车出售及其后与汽车使用相关的服务；广义的汽车售后服务：可延伸至原材料供应、产品开发、设计、质量控制、产品外包装设计以及市场调研等汽车生产领域。我们通常所说的汽车售后服务，一般是指汽车在售出之后维修和保养所使用的零配件和服务，包括汽车零配件销售、汽车修理服务和汽车美容养护三大类。

汽车售后服务的特点，与传统产成品相比，汽车售后服务有以下几个特点：无形性、差异性 、易消失性、复杂性。

汽车售后服务内容有技术培训、质量保修、配件供应、售后服务网络的建立、售后服务的管理等。

汽车后市场质量管理的法规主要有汽车召回和汽车三包。召回是在汽车使用过程中发现的一些可能造成人身、财产安全的缺陷，这些缺陷主要是由设计制造不当所致，发现后以召回的方式来消除缺陷，确保用户的使用安全。

维修是为保持或恢复工程系统在其规定的技术状态所进行的全部活动。汽车维修包括技术性活动（如检测、隔离故障、拆卸、安装、更换或修复、校准）和管理性活动（如维修大纲的制定与活动规划）。

按照维修方式，可以分为两类：预防性维修和基于故障（事后）维修。一般来说，预防性维修主要适用于故障后果影响较严重的情况，它包括定时维修和视情维修两种形式。

汽车维修的前提是汽车出现或即将出现故障，需要维修的是汽车具备再制造性（修复性）功能，可以维修。汽车需要维修的直接原因是汽车的磨损和损坏。

汽车维修的主要目的就是为了恢复汽车使用性能、延长汽车使用寿命、保持社会运力功能的正常进行。

我国汽车维护分为日常维护（亦称例行维护），一级维护、二级维护和根据实际需要进行的走合维护、换季维护等。

汽车检测技术是随着汽车工业的发展而发展的。目前检测的方法主要有：检测线检测、维修过程检测和例行检测。

从汽车维修企业分类来看，按行业管理分两类：汽车整车维修企业和汽车专项维修业户。

汽车事故理赔是指保险汽车在发生保险责任范围内的损失后，保险人依据保险合同的约定解决保险赔偿问题的过程。理赔工作是保险政策和作用的重要体现，是保险人执行保险合同，履行保险义务，承担保险责任的具体体现。保险的优越性及保险给予被保险人的经济补偿作用在很大程度上都是通过理赔工作来实现的。

车险理赔服务包括报案受理、异地委托和受理、查勘救援调度、查勘定损、核价核损、立案、缮制、核赔、结案归档、赔款支付、服务品质评估、服务品质改进等环节。

查勘定损中介绍了查勘定损岗位职责、现场查勘技术。

事故现场分类，根据实际情况，一般分为原始现场、变动现场和恢复现场三类。

现场查勘技术主要包括车辆查验技术、调查取证技术、现场照相技术等。

汽车碰撞损伤按碰撞损伤行为不同可分为直接损伤和间接损伤两种，直接损伤也称一次损伤，间接损伤也称二次损伤。

汽车报废是指汽车达到了使用寿命周期(通常为使用年限或行驶里程)，技术状况处于极限状态，使其停止使用并回收利用。

汽车回收是生态学、经济学规律作为理论基础，运用系统工程研究方法把汽车全生命周期作为研究对象，以资源高效利用和环境友好为特征的经济形态下的回收形式。

汽车再生资源是指对废旧汽车进行资源化处理后所获的可以回收利用的物资。

我国目前应用的是2013年发布的《机动车强制报废标准规定》。

汽车的回收模式有三种，即生产商负责回收、生产商联合体负责回收和第三方负责回收。

汽车拆解的业务内容主要有：废旧汽车接受、废旧汽车存放、废旧汽车拆解、拆解物品存储和拆解车体压实。

根据回收处理方式，废旧汽车零部件可分为再使用件、再利用件、能量回收件、废弃处置件等类型。

废旧汽车资源化有：再使用、再制造、再利用及能量回收四种主要方式。

汽车美容是针对汽车进行的美容、护理、装饰等作业的总称，主要包括汽车外部和内部的清洁、车身漆面的美容护理、汽车发动机的免拆清洗护理和汽车附属设备的加装及装饰等作业。

汽车美容的主要项目包括：车表美容、汽车内饰美容。

汽车整容包括：吸尘器整容、仪表板及门饰板处理、汽车内饰件清洗。

汽车改装是指根据汽车车主需要，将汽车制造厂家生产的原形车进行外部造型、内部造型以及机械性能的改动，主要包括车身改装和动力改装两种，在本书内只考虑车身改装部分。

一般说来，汽车改装分为外观设计型、普通安装型和参赛改装型三类。

汽车装饰包括汽车太阳膜装饰、汽车音响的改装、轿车真皮座椅装饰、电器装置的安装。

思考题

1. 什么是汽车售后服务？有何作用？

2. 汽车售后服务一般包括哪些内容？

3. 按汽车配件的使用性能不同，通常可把汽车配件分成哪几类？

4. 汽车配件的定价有哪几种策略？有何特点？

5. 调查某汽车 4S 店的售后服务体系，画出其机构设置框图，并分析其特点。

6. 简述我国汽车维修企业的划分标准。

7. 汽车经销和维修公司的售后服务工作内容有哪些？

8. 汽车维护通常分为哪三种级别？各作业内容有哪些？

9. 汽车故障诊断有哪些方法？

10. 简述我国汽车检测技术的发展过程。

11. 简述我国汽车维修行业的特点。

12. 简述我国汽车维修行业的发展趋势。

13. 一类汽车维修企业与二类汽车维修企业有何区别？

14. 汽车维修行业管理有何作用？主要涉及哪些管理内容？

15. 什么是汽车维修质量管理？汽车维修企业的维修质量保证体系是如何运作的？

16. 汽车保险理赔的意义是什么？

17. 什么是汽车事故现场勘查？其目的是什么？

18. 按汽车事故现场完损状态不同，可分为哪几种事故现场？各有何特点？

19. 汽车事故现场勘查的工作内容有哪些？

20. 简述发达国家汽车回收再生服务现状。

21. 简述我国汽车回收再生服务的现状。

22. 简述我国汽车回收再生服务存在的问题及其对策。

23. 为何对非营运乘用车不采取强制报废？

24. 汽车回收通常采用哪些模式，各有何特点？

25. 汽车拆解的主要工作内容有哪些？

26. 何谓废旧汽车资源化，有哪些方式？

27. 简述再使用、再制造、再利用三者的差别。

28. 什么是汽车美容？

29. 汽车美容的目的、作用有哪些？

30. 专业汽车美容主要有哪些内容？

31. 什么是汽车装饰？汽车装饰有何作用？

32. 汽车装饰有哪些类型？

33. 汽车内部装饰服务项目主要有哪些？

33. 汽车改装有哪些内容？

第4章　汽车金融服务

4.1　汽车金融服务发展

4.1.1　汽车金融服务的概念

汽车金融服务是指主要在汽车的生产、流通、购买与消费环节中融通资金的金融活动，包括资金筹集、信贷运用、抵押贴现、证券发行和交易，以及相关保险、投资活动，具有资金量大、周转期长、资金运动相对稳定和价值增值性等特点。它是汽车制造业、流通业、服务维修业与金融业相互结合渗透的必然结果，并与政府有关法律、法规、政策以及金融保险等相互配合的大系统。

汽车金融服务经过百年的发展，在国外已经成为位居房地产金融之后的第二大个人金融服务项目，是一个规模大，发展成熟的产业，每年的平均增长率3%左右。目前，在全世界每年的汽车销售总额中，现金销售额为30%左右，汽车金融服务融资约占70%左右。

4.1.2　汽车金融服务的作用

对制造商而言，汽车金融服务是实现生产和销售资金分离的主要途径；对经销商而言，汽车金融服务则是现代汽车销售体系中一个不可缺少的基本手段；对汽车营运机构而言，汽车金融服务是其扩大经营的有力依托；对消费者而言，汽车金融服务是汽车消费理想方式。

1.汽车金融在宏观经济中的具体作用，主要在以下几方面

(1)调节国民经济运行与消费不平衡的矛盾。

(2)充分发挥金融体系调节资金融通的功能，提高资金的使用效率。

(3)汽车金融服务的发展有利于推动汽车产业结构的优化与升级。

(4)汽车金融服务通过乘数效应以及与其他产业的高度关联性，促进国民经济的发展。

(5)汽车金融服务的发展有助于熨平经济周期性波动对汽车产业的影响。

2.汽车金融服务的微观作用

(1)汽车金融对汽车生产厂商可以起到维护销售体系，整合销售策略，提供市场信息的作用。

(2)汽车金融对汽车经销商可以起到提供存贷融资，营运资金融资，设备融资等作用。

(3)汽车金融对汽车用户可以起到提供消费信贷，租赁融资、维修融资、保险等业务。

（4）汽车金融业的发展能够完善汽车金融服务体系。

（5）汽车金融对汽车生产商起到促进销售、加快资金流转的作用。

（6）汽车金融可帮助汽车销售商实现批发和零售环节资金相互分离。

（7）汽车金融的发展能够完善金融服务体系，拓展个人消费信贷方式。

4.1.3　汽车金融服务的内容

汽车金融服务的内容有如下几种：

1）汽车消费信贷服务

汽车消费贷款是对申请购买汽车的借款人发放的人民币担保贷款；是银行或汽车财务公司向购买者一次性支付车款所需的资金提供担保贷款，并联合保险、公证机构为购车者提供保险和公证。

2）汽车保险服务

汽车保险是由保险公司对机动车辆由于自然灾害或意外事故所造成的人员伤亡或财产损失负赔偿责任的一种商业保险。

3）汽车租赁服务

汽车租赁是指汽车消费者通过与汽车销售者之间签订各种形式的付费合同，以在约定时间内获得汽车使用权为目的，经营者通过提供车辆功能、税费、保险、维修、配件等服务实现投资增值的一种实物租赁形式。

4）汽车置换服务

汽车置换，从狭义来说，就是以旧换新，经销商通过二手车的收购与新车的对等销售获取利益。广义的汽车置换，则是在以旧换新的基础之上，同时还兼容二手车整新、跟踪服务、二手车再销售乃至折抵分期付款等项目的一系列业务组合，从而使之成为一种有机独立的营销方式。

4.1.4　国内外汽车金融业的现状与发展

1. 全球汽车金融服务业的发展

汽车金融行业从诞生之日起就是最重要的消费金融领域，一直随着全球汽车产业而不断变革，实现外延扩张和内涵深化，可分为以下三个阶段。

（1）起步阶段（20 世纪初）：全球汽车制造业的规模化生产和大众化消费成为了汽车消费信贷的发展土壤。1919 年，美国通用汽车票据承兑公司的成立标志着汽车金融服务业的诞生。一战后，美国以汽车消费信贷刺激市场需求并取得了显著成绩。1930 年，德国大众汽车公司推出了针对甲壳虫汽车的购车储蓄计划，首开社会融资先例。至此，欧美汽车信贷服务体系初步形成。

（2）发展阶段（1950 至 1990 年）：二战后，商业银行凭借其雄厚的资金实力曾一度主导汽车消费信贷市场，而美国汽车巨头组建的汽车金融公司优势逐步显现。20 世纪 80 年代，美国已全面建立起较为完善的汽车金融社会服务体系及法律法规体系。此时，汽车金融的实质仍然是通过各类信贷工具来扩大汽车消费量，进一步推动全社会的金融资源向汽车产业优化配置。

（3）成熟阶段（1990 年至今）：经济危机期间，商业银行贷款不良率上升及兼并重组后收缩经营战线等因素，导致汽车消费信贷业务减少。汽车金融公司则在制造商的大力支持下巩固市场主导地位，从单纯的信贷工具发展到为消费者提供综合金融服务，为母公司的扩张和重组提供专业投融资服务，并逐步完善制度体系、运营体系、产品体系。至此，汽车金融已全面覆盖汽车生产、流通、消费等各个环节，实现了产业和金融的相互融合，标志着汽车金融走向成熟。

提供汽车金融服务的金融机构主要是商业银行、信贷联盟、信托公司等金融机构，同时也包括汽车金融服务公司等非金融机构。大的跨国公司都有自己的融资公司为其产品销售提供支持，这些汽车金融公司具有的专业优势可以为消费者提供涵盖汽车售前、售中、售后的更广泛的专业产品和服务。更重要的是，多年的从业经验，先进高效的风险评估控制和处理系统，保证了较高的业务处理效率。在国外，个人信用制度健全、抵押制度完善，一切金融活动均被资信公司记录在案，并将其网络化，免去了银行鉴别申请人相关信息的繁杂劳动，使贷款手续简便化。资料显示，世界范围内70%的私用车是贷款购买的。在美国，贷款购车的比例是80%~85%，德国为70%，即使在不太发达的印度，贷款购车的比例也达60%。

由于汽车产业是一个技术性很强的行业，融资机构进行融资评估需要掌握较高的专业知识，对产品有较深入的分析和了解，这是银行较难做到的；同时银行并非处理二手车、库存车的专业机构，因此银行并不是汽车金融服务的主要提供者。在欧美等汽车消费大国，向用户提供金融服务最多的部门是各大厂商自己组建的财务公司。虽然他们只为自己的品牌服务，但是由于用户购车一般是直接找到汽车经销商，且选购、筹款或过户等所有的手续都在一地一次完成，给消费者带来极大的方便。因此，由汽车制造商组建自己的财务公司为自己的品牌汽车量身定做金融服务产品才是国际上的主流做法。

汽车金融服务是一个"融资—信贷—信用管理"的运行过程，汽车金融服务公司是汽车销售中商业性放款和汽车个人消费贷款的主要提供者。因此，汽车金融服务模式实际上反映的是汽车消费贷款金融服务模式。目前，国际上汽车消费贷款服务模式主要有以下几种。

(1)分期付款销售方式。

(2)融资租赁方式。

(3)汽车分期付款合同的转让与再融资方式。

(4)信托租赁方式。

(5)剩余款项一次还清的分期付款方式。

目前，全球汽车金融已成为仅次于房地产金融的第二大个人金融业务领域，每年的融资总额超过万亿美元，规模巨大、发展成熟，具有以下主要特点：

(1)市场主体多元化：欧美发达国家的商业银行、信托公司、汽车金融公司在汽车金融业务上均形成了有特色的经营模式。其中，汽车金融公司凭借其专业化优势及与母公司的紧密联系，已经取得了市场主导地位。

(2)服务内容综合化：欧美发达国家的汽车金融公司通过互相代理制扩展到其他制造商的下属品牌，并全面涵盖融资租赁、保险、担保、二手车、购车储蓄、应收账款保付代理及分期付款的转让和证券化等综合服务。

(3)服务方式现代化：欧美发达国家的汽车金融机构基本都开通网络服务，现代化的服务方式缩短了汽车金融机构与客户之间的距离，有助于提高效率和降低成本。统计显示，目前美国超过30%汽车金融业务是通过网络来完成的。

（4）制度体系的建设：欧美发达国家拥有大量的金融资产、成熟的金融市场、完备的金融组织、先进的管理经验和风险控制能力，为汽车金融的快速健康发展提供了有力保障。其制度核心是以社会征信为基础的法律法规体系，辅之以操作性较强的债权可质押性、浮动担保制度等担保法律制度。

全球汽车金融的发展模式：

全球主要汽车发达国家的汽车产业和金融制度不同，经过长期的产业发展演变，当前全球汽车金融主要形成了美国、德国、日本三类发展模式。

（1）以汽车金融公司为主的美国模式：美国大型汽车制造商通过下设的汽车金融公司提供服务，相互联系紧密，风险控制成熟。主要特点是拥有完善的社会服务系统和先进的电子计算机系统，汽车金融公司的融资渠道宽，包括商业票据贴现、银行贷款、中期票据、信贷应收账款的证券化等，美国政府采用业务监管、行业自律的灵活监管方式，为汽车金融公司的创新发展营造良好环境。

（2）以全能型银行为主的德国模式：由于德国实行全能银行制度，汽车制造商附属设立的汽车金融机构大都采用银行名称，此类汽车金融全能型银行既有交易服务和贷款等传统的银行职能，也有服务于母公司汽车战略的产业职能，还能开展涵盖各类增值服务的综合性金融业务。大众汽车银行是德国汽车金融模式的典型代表，也是欧洲最大的汽车金融公司。

（3）以信托为主的日本模式：日本汽车极为发达的信托业催生出专门从事汽车消费信贷的信托公司，主要负责顾客贷款申请审核、担保、贷款催收，金融机构负责发放贷款，经销商负责发放车辆。由于专业信托公司可面向所有汽车品牌进行融资，有助于达到规模经济，该模式备受推崇。随着日本金融管制逐渐放宽，汽车金融公司的综合业务发展较为迅速。

2.国内汽车金融服务业的发展

中国汽车信贷市场在不同的历史发展时期，只有显著不同的阶段性特征，可划分为：起始阶段、发展阶段、竞争阶段和有序竞争阶段。

1）起始阶段（1993年—1998年9月）

中国汽车消费信贷市场的起步较晚，也就是在1993年，当美国福特汽车财务公司派专人来到中国进行汽车信贷市场研究的时候，中国才刚刚开展了汽车消费信贷理论上的探讨和业务上的初步实践。这一阶段，恰逢国内汽车消费处于一个相对低迷的时期，为了刺激汽车消费需求的有效增长，一些汽车生产厂商联合部分国有商业银行，在一定范围规模之内，尝试性地开展了汽车消费信贷业务，但由于缺少相应经验和有效的风险控制手段，逐渐暴露和产生出一些问题，以致于中国人民银行曾于1996年9月，下令停办汽车信贷业务。

这一阶段一直延续到1998年9月，中国人民银行出台《汽车消费贷款管理办法》为止。其主要特点为：汽车生产厂商是这一时期汽车信贷市场发展的主要推动者；受传统消费观念影响，汽车信贷尚未为国人所广泛接受和认可；汽车信贷的主体——国有商业银行，对汽车信贷业务的意义、作用以及风险水平尚缺乏基本的认识和判断。

2）发展阶段（1998年10月—2001年末）

央行继1998年9月出台《汽车消费贷款管理办法》之后，1999年4月又出台了《关于开展个人消费信贷的指导意见》，至此，汽车信贷业务已成为国有商业银行改善信贷结构，优化信贷资产质量的重要途径。与此同时，国内私人汽车消费逐步升温，北京、广州、成都、杭州等城市，私人购车比例已超过50%。面对日益增长的汽车消费信贷市场需求，保险公司出于扩大自身市场份额的考虑，适时推出了汽车消费贷款信用（保证）保险。银行、保险公司、汽车经销商三方合作的模式，成为推动汽车消费信贷高速发展的主流做法。

这一阶段的主要特点为：汽车消费信贷占整个汽车消费总量的比例大幅提高，由1999年的1%左右，迅速升至2002年的15%；汽车消费信贷主体由四大国有商业银行扩展到股份制商业银行；保险公司在整个汽车信贷市场的作用和影响达到巅峰，甚至一些地区汽车信贷能否开展，取决于保险公司是否参与。

3）竞争阶段（2002年末—2004年）

从2002年末开始，中国汽车信贷市场开始进入竞争阶段，其最明显的表现为：汽车消费信贷市场已经由汽车经销商之间的竞争、保险公司之间的竞争，上升为银行之间的竞争，各商业银行开始重新划分市场份额，银行的经营观念发生了深刻的变革，由过去片面强调资金的绝对安全，转变为追求基于总体规模效益之下的相对资金安全。一些在汽车消费信贷市场起步较晚的银行，迫于竞争压力，不得已采取"直客模式"另辟蹊径。即银行直接寻找合适的客户而不是等客户上门；另一种是"间客模式"，即银行通过汽车经销商提供的客户资源开展汽车信贷业务。

这一阶段的主要特点是：银行"直客模式"与"间客模式"并存。银行不断降低贷款利率和首付比例，延长贷款年限，放宽贷款条件、范围。竞争导致整个行业平均利润水平下降，风险控制环节趋于弱化，潜在风险不断积聚。汽车消费信贷占整个汽车消费总量的比例继续攀升，由2002年的15%提高至2003年上半年的20%左右。保险公司在整个汽车信贷市场的作用日趋淡化，专业汽车信贷服务企业开始出现，中国汽车消费信贷开始向专业化，规模化发展。

4）有序竞争阶段（2003年、2004年及以后）

长期以来积聚的信贷风险在一些地区已表现出集中爆发的态势，纵观整个中国汽车信贷市场，正在逐步由竞争阶段向有序竞争阶段发展，衡量标准为：汽车信贷市场实现分工分业，专业经营，专业汽车信贷服务企业已成为整个市场发展的主导者与各方面资源的整合者及风险控制的主要力量。银行成为上游资金提供者，汽车经销商和汽车生产厂商成为汽车产品及服务的提供者。产业趋于成熟，平均年增长率稳定为5%～8%。产品设计更具有市场适应，风险率控制在一个较低的水平。

中国银监会于2003年10月3日颁布了《汽车金融公司管理办法》，它的颁布实施是规范汽车消费信贷业务管理的重要举措，这对培育和促进汽车融资业务主体多元化、汽车金融服务的专业化将产生积极和深远的影响，并对促进我国汽车产业发展，推动国民经济持续健康发展等各方面都将发挥积极的作用。

4.2 汽车消费信贷

4.2.1 汽车消费信贷的概念

消费信贷是个人和家庭用于满足个人需求（房产抵押贷款例外）的信贷。主要由商业企业、银行或其他金融机构对消费者个人提供的信贷。

消费贷款也称消费者贷款，是商业银行和金融机构以消费者信用为基础，对消费者个人发放的，用于购置耐用消费品或支付其他费用的贷款。消费贷款有居民住宅抵押贷款、非住宅贷款、信用卡贷款。其中非住宅贷款包括汽车贷款、耐用消费品贷款、教育贷款和旅游贷款。所以说汽车贷款是消费贷款中的一种。

消费信贷有两种基本类型：封闭式信贷和开放式信贷。封闭式信贷指在一段时间内以相同金额分数次偿还债务的方式。开放式信贷是循环发放的贷款，部分付款根据定期邮寄的账单缴付。封闭式信贷包括抵押贷款、汽车贷款、分期付款贷款（分期付款销售合同、分期现金支付信贷和一次性信贷）；开放式信贷包括旅游与娱乐卡、信用卡等。

汽车消费信贷属于消费信贷中的封闭式信贷，一般采用分期付款。在分期付款的具体业务中，汽车零售商一般与消费者签订汽车分期付款零售合同。汽车分期付款零售合同是指汽车零售商和消费者之间签订的零售商保留所售汽车的所有权，以作为买方担保的一种买卖合同。

汽车消费信贷是指对申请购买汽车的借款人发放的人民币担保贷款，是银行与汽车销售商向购车者一次性支付车款所需的资金提供担保贷款，并联合保险公司为购车者提供保险和公证。是银行对在其特约经销商处购买汽车的购车者发放的人民币担保贷款的一种新的贷款方式。

汽车消费信贷起源于美国，据统计，全球 70% 的私人用车都是通过贷款购买的。在国外，特别是经济发达的西方国家，信贷消费方式非常普遍，汽车消费信贷已经成为购买的主要方式之一，也成为其国民的一个重要消费特征。当前西方发达工业国家的消费信贷规模在整个信贷额度中所占比例已经达到相当高的程度。贷款购车已经成为国际上普遍采用的购车方式，在美国，贷款购车的比例高达 80%；在德国，这一比例达到 70%；即便在经济不甚发达的印度，贷款购车比例也达到 60%。

4.2.2　我国汽车消费特点与发展趋势

2003 至 2013 年是我国汽车行业飞速发展的十年，我国汽车产销量由 2002 年的 320 多万辆增长到 2013 年的 1840 多万辆，并将在 2014 年实现突破 2000 万辆大关，创造了举世瞩目的"中国速度"，一跃成为世界第一汽车产销大国。

1. 我国汽车消费市场特点

1）我国轿车的人均保有量低

相关数据显示，截至 2013 年底，我国汽车保有量达 1.37 亿辆，是 2003 年的 5.7 倍。随着经济社会的发展，汽车快速进入千家万户，近十年汽车年均增加 1100 多万辆。而 2013 年更是同比增加 1651 万辆，增长了 13.7%，我国已快速进入汽车社会。2014 年，国内小型载客汽车达 1.17 亿辆，以个人名义登记的小型载客汽车（私家车）达到 1.05 亿辆，占小型载客汽车 90.16%，全国平均每百户家庭拥有 25 辆私家车。但与其发达国家相比，我国人均汽车拥有量还相对较低，如日本，日本每 2.4 个人就有一辆自己的车。

2）小排量车已成为我国轿车消费主流

根据我国的消费水平，人口、资源和道路情况，轿车进入家庭必然是以小型轿车为主。在我国各大城市中，普遍存在着行车难和停车难的现象。由于我国近年来机动车发展迅速，而城市道路建设却相对滞后，交通堵塞已成为一个普遍性的社会问题。而我国的大中城市，由于城市规划的原因，交通状况的根本改变决非一朝一夕之事。因此，体积小，车身短，转弯灵活，停靠方便的小排量车必将受到人们的青睐。

3）国产轿车将成为我国轿车市场的主流产品

中国轿车消费者的心理需求基本有以下几点。首先，要讲究气派。中国的家庭购买第一辆轿车，从消费心理上分析，都是一种事业成功的标志，在一定程度上讲究气派和大方，是非常正常的渴望。其次，希望轿车有足够的空间，以尽可能增加实用性。其三，对于中等收入阶层来说，可靠性是必不可少的，相对而言，追求豪华和高配置则不是很重要。其四，价格要相对便宜。

4）中小城市成为私车发展最快的地区

最近几年里，特别是当汽车开始呈现出全面普及的态势之后，随着一、二线城市消费市场的逐渐饱和以及竞争的加剧，三、四线的中小城市已经成为了众多汽车企业竞相争夺的重要市场，4S店也开始开到了县城。同时，随着中国经济的快速增长，中国公民的可支配收入也在逐年递增，车价则在连年下跌。三、四线城市的汽车保有量在最近几年里呈现的增长活力开始高于一、二线城市。一方面，中小城市及乡镇由于人口远不如大城市密集，不存在停车难及交通堵塞等问题，汽车使用成本比大城市低得多；另一方面，民营经济发展带来的交通需求日益加大，私人汽车自然会成为普及消费品。我国近年高速公路的快速发展，更是汽车进入中小城市及乡镇居民家庭购车的极好外在环境。同时，我国大城市居民却有许多放弃了买车的想法。相关调查表明，目前我国中小城市居民中两年后汽车需求意向是近期的6.4倍，而大城市中两年后汽车需求意向仅是近期的3倍。调查显示，在中国城市汽车消费潜力排行榜上名列前10位的城市有大连、玉溪、珠海、昆山、成都、厦门、无锡、长沙、宁波和苏州。而北京、上海、广州等大城市排名都非常靠后。

5）二次购车成为主流消费群体

自21世纪初的二次购车开始又过了10年的时间，现在大部分大城市已进入到二次甚至是三次购车时代，部分中小城市进入到二次购车时代。换车者正在集结为中国汽车市场的主力消费群体。

二次购车、三次购车的消费者中，相当部分是20世纪90年代汽车开始进入家庭时或者21世纪初购车的，目前所拥有的汽车已接近报废期或车况不尽如人意。二次购车者换车一般会选择15万元以上的车型，三次购车者会选择20万甚至30多万的汽车，还有相当部分消费者换车纯粹出于追新心理，其所购汽车的车龄颇短，许多甚至不到3年。层出不穷的新车型，领导了中国汽车消费的时尚化潮流，如换衣服和换手机一样换汽车成为不少新富族的消费习惯。这类消费群体往往都具有年轻、事业蒸蒸日上、喜爱驾驶感受等特点，是企业销售新车型的重点客户。

用发展的眼光看，在我国大城市，汽车进入家庭的节奏将不再体现为暴发式增长，而会越来越体现为稳步增长，更换汽车的消费群体沉淀为一个坚实、庞大的消费基座。当汽车价格基本与国际接轨后，能否承受越来越昂贵的使用成本才是用户权衡购买与否的重点。

一般的消费规律是，完成首次购买行为的消费者更容易承受不断增长的使用成本，这部分消费群体一旦买车便会长期甚至终生保持开车习惯，甚至长期忠实于一个品牌的汽车。不久前还骑自行车的他们，许多人甚至已不能想象没有汽车的日子。这部分消费者才是企业心心相念把持于手的，"回头客"被当成汽车企业的重要消费群体。

2. 汽车消费信贷的特点

汽车消费贷款除具有一般贷款的特点外，还具有如下独特的特点：一是贷款对象不集中、还贷风险率高；二是对个人的资信调查和评估存在信用风险；三是汽车消费信贷是一项全新的业务，银行缺乏经验，不能有效地防范风险；四是汽车消费信贷服务方向的业务延伸不全面；五是资源来源多元化。

4.2.3　我国汽车消费信贷模式

我国汽车消费信贷主要有三种模式。

1）银行为主体的直客式

直客式的信贷模式是指由银行、律师事务所、保险三方联合，银行为信用主体，委托律师事务所进行资信调查，保险公司提供保证保险的业务模式。在这种模式下银行直接面对客户，在对客户进行信用评定后，银行与客户签订信贷协议。客户将从银行设立的汽车贷款消费机构获得一个车贷额度，使用该车贷额度可以在汽车市场上选购自己满意的产品。在这种模式下银行的资金雄厚、网络广泛、成本较低等优势充分发挥出来。但是，由于汽车市场变化迅速，汽车生产企业的商业策略以及竞争策略会因市场变化进行及时调整，银行在开展信贷业务时需要对汽车产品本身以及汽车企业的情况进行全面了解，银行对市场及市场策略的变化反应滞后，从而影响金融产品的适应性和服务质量。

2）经销商为主体的间客式

经销商为主体的间客式的汽车消费信贷是由银行、保险、经销商三方联合，经销商作为资信调查和信用管理的主体，保险公司提供保证保险，经销商附带保险责任，并代银行收缴贷款本息，而购车者可享受到经销商提供的"一站式"服务。但是这种模式下，由于经销商的资金来源和自身的资产规模有限，在信贷业务方面的经验也比较缺乏，因此该模式只适合在一定范围内采用。

3）非银行金融机构为主体的间客式

非银行金融机构对购车者进行资信调查、担保、审批，向购买者提供分期付款。风险主要由汽车金融公司或汽车财务公司、经销商和保险公司共同承担。我国汽车金融业发展迅速，目前我国大型汽车厂商均拥有汽车财务公司，提供汽车金融业务平台。

我国汽车金融行业尚处于初级阶段，加之受限于金融行业监管，商业银行仍然占据市场主导地位，但是汽车金融公司正在快速崛起。

（1）商业银行的优势和劣势：优势主要是资金实力雄厚，拥有存款、发债、股权融资等广泛的融资来源，资金成本相对较低，加上多年积累的丰富信贷经验和客户资源，具有大规模开展业务的良好条件，同时也不存在汽车品牌限制。劣势主要是业务专业性不足，难以提供更细致的金融服务，而且银行的主要收入来源仍然是息差，大额公司信贷和低风险的个人住房贷款是首选，汽车消费信贷单笔贷款较小、手续较为复杂、综合贡献有限，容易被管理层忽视。

（2）汽车金融公司的优势和劣势：优势主要是与汽车制造商天然具有紧密联系、高度信任和共同利益，上下游产业链之间的协同配合较好，汽车金融公司也有专业领域的技术人员和销售人员，在风险控制、产品开发、售前售后等方面的专业能力较强，还能提供与制造商、经销商、维修商等开展合作为客户提供一站式综合服务。劣势主要是融资渠道窄，股东存款缺乏持续性且资金量不足，发行金融债及资产证券化产品的要求严苛，暂时难以通过发行商业票据、公司债、购车储蓄、应收账款等方式融资，目前主要依赖于银行借款，实际上是将短期资金用于中长期业务，导致资金成本高，同时在业务范围、开设网店、贷款利率、信贷规模等方面都存在较为严格的监管约束。

4.2.4 汽车消费信贷实务

1. 汽车消费信贷工作的参与单位及其职责

汽车消费信贷工作的参与单位有汽车经销商、商业银行、保险公司、汽车厂家、公证部门、公安部门等。各单位在汽车消费信贷工作中的职责如下所述：

（1）经销商的职责：组织协调整个汽车消费信贷所关联的各个环节、车辆资源的组织、调配、保管和销售。客户贷款购车的前期资格审查和贷款担保。汽车消费信贷的宣传，建立咨询网点及组织客源。售后跟踪服务及对违规客户提出处理。

（2）银行的职责：提供汽车消费信贷所需的资金；对贷款客户资格终审；购车本息的核算；监督客户按期还款；汽车消费信贷的宣传工作。

（3）保险公司的职责：为所购车辆办理各类保险；购车客户按期还款做信用保险或保证保险；处理保险责任范围内的各项理赔。

（4）公证部门的职责：用户提供文件资料合法性和真伪性的鉴证；对运作过程中所有新起草的合同协议从法律角度把关认定；与客户签订的购车合同予以法律公证，并向客户讲明其利害关系。

（5）汽车厂家的职责：不间断地提供汽车分期付款资源支持；与经销商提供展示车、周转车的支持；经销其产品的经销商提供广告商务支持；销售达一定批量的经销商返利支持；保证车辆的质量问题及售后维修服务。

（6）公安部门的职责：对有关客户提供有效的证明文件；对骗购事件进行侦破；快速办理完成车辆入户有关手续；车辆在车款未付清前不能过户。

（7）咨询点的职责：发放宣传资料、扩大业务覆盖面，解答客户提出的有关购车问题；整理客户资料；对欲购车的客户进行初、复审查。

2. 汽车消费信贷的基本流程

汽车消费信贷业务的基本流程可以归纳为申请、审批、实施、监控和违约处理五个阶段。

（1）信贷申请阶段。申请信贷的消费者通过经销商，或直接向汽车消费信贷服务机构申请信用贷款，并提交各种证明资料。汽车消费信贷机构对申请个人进行初步审核，决定是否接受申请，并及时回复。这一阶段或以去除风险很高的贷款申请者。

（2）汽车信贷申请的审批阶段。对于符合汽车信用要求的申请人，汽车消费信贷机构通过自己或委托专业资信公司开展各种形式的资信评估和分析，对于符合条件的申请人启动贷款审批程序。

（3）贷款发放和业务实施阶段。对于通过正式审批的申请人，汽车消费提供机构一般会与申请人和经销商签订各种合同，并要求申请人完成相关的流程手续，如交纳首付款、购买保险、办理抵押等，对申请人发放汽车贷款。

（4）汽车信贷监控阶段。汽车消费信贷机构正式发放汽车贷款后，会自行或委托专业的机构监控风险，检查贷款人的财务情况或偿付能力，追踪其资信变化情况，及时发现风险并采取控制措施。

(5)违约处理阶段。汽车消费信贷机构的风险监控部门一旦发现预警信号,会立即采取措施止损,如收回车辆或抵押资产等,并启动法律程序,维护公司利益。

3. 以银行为主体的直客式服务流程

以银行为主体的信贷模式的业务流程如图4-1所示。业务流程说明:①购车人在选定车型后直接向银行申请汽车贷款;②银行对客户进行信用状况、资产负债情况等进行审核;③客户向银行提供担保;④银行同意贷款后,客户与经销商签订购车合同;⑤签订合同后,购车人还要办理保证保险、汽车登记,到公证部门进行公证等;⑥手续齐全后,客户可以到经销商处进行提车;⑦银行将车款划拨给经销商;⑧客户按分期付款合同还款给银行。

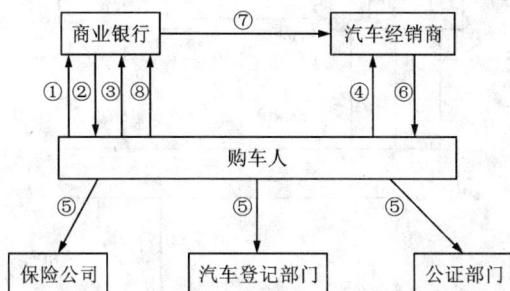

图4-1 银行为主体的汽车消费信贷业务流程

4. 以经销商为主体的间客式服务流程

以经销商为主体的汽车信贷消费模式的业务流程如图4-2所示。业务流程说明:①客户在经销商处选定车型并申请贷款;②经销商对客户进行资信审查与客户签订购车合同;③银行对客户审定并办理贷款有关手续;④银行向经销商划拨款项;⑤经销商帮助客户进行合同的签订、抵押权登记和车辆的上牌,以及各类保险;⑥手续齐全后,客户可以到经销商处进行提车;⑦银行向经销商支付佣金;⑧客户按分期付款合同还款给银行。

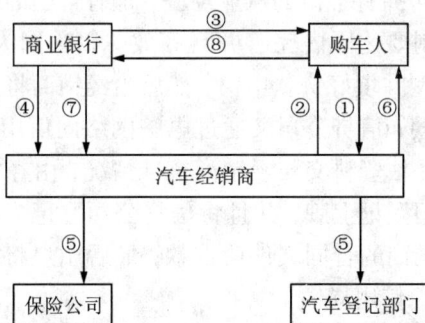

图4-2 经销商为主体的汽车消费信贷业务流程

5. 以非银行机构为主体的间客式服务流程

以汽车金融公司为信贷主体的汽车消费信贷模式是由汽车金融公司组织对购车者的资信

调查、担保、审批，向购车者提供分期付款。

以汽车金融公司为主体的间客式业务流程如图4-3所示。业务流程说明：①客户在经销商处选定车型并申请贷款；②经销商将客户的贷款资料传给汽车金融公司；③汽车金融公司向信用调查机构咨询客户的信用状况，进行信用评估；④金融公司通知经销商客户贷款情况，授权经销商同客户签订融资合同；⑤汽车金融公司帮助客户进行抵押权登记和车辆的上牌；⑥手续齐全后，客户可以到经销商处进行提车；⑦汽车金融公司向经销商支付款项；⑧客户按分期付款合同还款给汽车金融公司；⑨汽车金融公司将客户的还款信息传给信用调查机构。

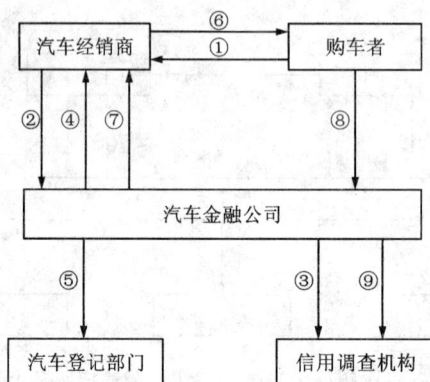

图4-3　汽车金融公司为主体的汽车消费信贷业务流程

4.2.5　我国汽车消费信贷风险与防范

1.国内外汽车消费信贷风险管理比较分析

国外以汽车金融服务公司为主，因此对于国外我们主要分析汽车金融公司的信贷消费风险管理。由于依靠汽车集团公司，汽车金融公司在违约车辆的收回处理上具有很大的优势，此外国外专业的汽车金融公司拥有丰富的从业经验，都有自己的风险评估系统和售后追踪催收系统，因此国外的风险控制要比国内完善并且高效。以美国为例：美国的间接融资贷款，首先由用户在经销商选好车型并填好贷款申请；然后由经销商将贷款申请资料通过电脑网络送到信贷公司在当地的分公司；信贷公司又通过电脑网络向信用局调取客户的信用资料，进行信用评估；信贷公司再将评估资料交与经销商核准情况，由经销商与客户签订信贷销售合同，并向州政府汽车管理部门登记上牌，并且将信贷公司登记为车辆抵押权人；经销商将车交给用户，信贷公司收到经销商的合同文件后放款；最后用户将按期付款给信贷公司，信贷公司将用户的还款情况提供给信用局。

国内汽车消费贷款以银行为主，因此对于国内我们主要分析银行的信贷消费风险管理。该种业务主要是以银行、专业资信调查公司、汽车经销商和保险公司四方联合，银行直接面对消费客户，在银行对客户进行资信调查后会根据客户的信用等级给予一个信用额度，然后在这个信用额度内直接放款给客户。此外由银行指定的经销商销售车辆，由银行指定的保险公司提供保险，并要求客户购买。

对比国内外风险控制的形式,明显国外的做法更加人性化、以消费者主,而且非常有效率;同时在风险控制方面由专业的信用局提供信用资料,还要经过经销商的审核,同时规定信贷公司为抵押权人,最后还要将客户的还款情况反馈给信用局保证消费者信用的实时更新。由此可以看到美国的汽车消费信贷在保证客户利益的前提下又对客户进行了比较完善的风险管控,同时每个模块的服务都属于自己专业化的公司或机构,从而有效地控制了风险。国内弊端显而易见,首先客户享受不到比较专业化和人性化的服务,而信用调查基本依靠银行的信用记录,风险基本上都集中在银行身上,而且没有相应的售后追踪,虽然从贷款的额度、担保的规定和首付比例等条件来看银行规定得比较苛刻,但风险并没有因此而减少,这主要是因为相应的保险机制和信用机制配套制度不完善,不仅限制了汽车消费信贷业务的扩张,同时风险也比较高。

表 4-1　中外汽车消费信贷风险管理比较

类别	中国	国外(发达国家)
贷前	评估困难	专业的风险评估
贷后	贷后管理薄弱	监控、预警
第三方信用机构	政府主导、低效	专业、联运
贷款等方面的规定	严格	较人性化
信用制度	比较完善	比较完善
担保物	重复抵押	明确的抵押权人
风险管理机构	银行为主	明确的抵押权人
信用风险	高	低

2. 汽车消费信贷风险的主要来源

中国汽车消费信贷风险可以分为直接风险和间接风险。直接风险主要由自身内部的管理所带来的。间接风险则是由于第三方的行为而产生的连带责任。汽车消费信贷风险发生在经销商和消费者身上,但产生于个人因素、政策因素、内部管理因素等各个方面的变化之中。

1)消费者道德风险及收入波动带来的偿还能力风险

在汽车消费信贷中,消费者不按时还款的情况有:一是道德问题。利用假的身份证明、收入证明,购得车辆后将车辆进行转卖或通过其他方式处理向银行套取现金。二是由于借款人收入波动造成自身还款能力的变化。偿款能力风险与信用密切相关,造成此风险的主要原因是我国的个人信用制度不健全,目前我国的信用主要采取人民银行的个人征信系统,而且数据来源主要是个人的信用卡以及个人的贷款的历史记录,同时由于没有相应的法律或规定要求金融机构上报数据的完整性,所以信用数据完整性有待核实。对于那些以前在银行没有信贷记录的消费者甚至没有数据可查,因此失去提供贷款的机会。

2)抵押保证风险

在我国目前已有汽车产权证书,买车人可以通过购车发票、车辆购置税完税证明等文件到车管所登记,上牌领证。但是我国的抵押制度不完善,因为汽车是一种比较个性化的产品，不同的消费者的使用情况大不一样，因此其价值难以准确衡量，而且汽车的流动性强，出现违约后对汽车进行强制收回的难度也大，而且也使得风险处理成本大大增加。

国外汽车市场已经比较成熟，价格比较稳定，基本上不会出现大幅度的波动。但是在我国，汽车市场大，汽车保有量大，汽车市场正处于发展的热潮，因此许多厂商和经销商为了抢占市场和增加自己的销量便会在价格上产生激烈的斗争。许多国内自主家用汽车品牌的崛起，不断为消费者提供了更多、更加实惠的产品选择，因此大量消费者纷纷选择自主品牌的汽车，尤其是对于目前"80后""90后"来说，刚上班钱不多，分期购车成为其首要选择，但是同时又想要有丰富的配置，但是国内汽车一般在上市初期基本上不会降价甚至还会加价，但是等到新车型推广一两年后，市场趋于饱和或者由于长期使用发现有很多问题，而商家为了促销便开始降价或者以购车送礼返现、送礼的方式变相降价，或者由于产品本身问题而大幅降价（如北汽的 E 系列汽车，降价基本上达到 40%），此时之前按原价购买汽车的车主，便会产生较强的不满心理，甚至会由此而拒绝支付后续分期款项，而提供贷款的机构便会遭受较大的抵押风险。

3）银行自身管理薄弱致使潜在风险增大

银行内部各部门之间、岗位之间协作不好，办事效率低，操作不按规定，致使业务办理过程困难。我国尚未建立完善的个人征信体系，贷款人的信用信息资料分散在各个业务部门，且大部分资料不能实现资源共享。在汽车贷款业务审批材料的真实性没有明确的途径进行验证。且银行对个人的信用调查基本上依靠于借款人的自报及就职单位的说明，借款人的资产负债状况、社会活动及表现，有无违法记录，有无失信情况等也缺乏正常的程度和渠道进行了解，导致银行和客户之间的信息不对称，在车贷审批中就缺少可依赖的依据。此外，由于汽车消费信贷业务量巨大，贷款人的情况千差万别，在汽车消费信贷业务受理的整个过程中审贷人无法做到逐户核查借款人的实际能力和担保能力。

4）保险公司内部管理不善，导致高额的车贷险的赔付而造成的经营风险

中国汽车消费信贷的主体为银行直接开展业务，为了降低经营风险，通常将保险公司引入到汽车消费信贷风险管理的主体中，巨大的保险市场也为保险业带来了新的发展机遇，但"车贷履约保险"是一个新的险种，保险公司对面临的信用风险，既没有历史依据，又无法准确预测，所以随着业务的开展，保险公司面临的风险压力越来越大。保险公司的车贷险赔付率越来越高，造成这一局面的原因有：诈骗、挪用资金、恶意拖欠及经营不善引发的拖欠；车贷险业务中涉嫌诈骗案件和法律纠纷较多，使保险公司陷入大量的刑事案件和诉讼纠纷中；清理逾期贷款，保险公司投入了大量的人力和物力，为此付出了很高的管理成本。

5）政策、法规不健全造成的政策性风险

我国的汽车消费信贷业务发展时间不长，相关的法规政策也是在逐步探索中完善，在现有的政策中，对消费者个人贷款的条款，对失信、违约的惩处办法不具体。使得银行开办消费信贷业务缺乏法律保障，对出现的问题往往无所适从。在实际司法过程中，保护借款人或保证人的正常生活，忽视银行债权法律保护的现象时有发生，这也给风险防范造成一定的负面影响。

3. 汽车消费信贷风险分析

汽车消费借贷中涉及的四个主体分别为商业银行、保险公司、经销商、消费者。在不同的汽车消费信贷模式中，各主体在汽车消费信贷中所承担的风险及风险的传递模式也有所差

别。目前，中国汽车消费信贷市场主要存在着"以银行为主体的间客式""以经销商为主体的间客式"和"以非银行机构为主体的间客式"三种模式。

（1）在"以银行为主体的间客式"模式中，由银行直接面对客户，直接开展汽车消费信贷业务所涉及的各项业务环节，风险的产生和转移相对简单。在整个信贷过程中，经销商不承担任何风险，银行和保险公司共同承担由于消费者欠贷不还而产生的风险。

（2）在"以经销商为主体的间客式"模式中，风险主要由经销商（或与保险公司共同）承担。此时经销商不仅仅是汽车销售者，也是个人信用的管理者与风险控制者。银行通过汽车经销商的担保来转移和化解风险，间接地与客户形成借贷关系。商业银行与汽车经销商合作，借助经销商之力抢占市场，实现业务的快速增长的同时，也引起了银行与经销商之间的矛盾。该模式下汽车消费信贷风险主要有银行对经销商的选择风险、银行和经销商存在利益冲突、其他部门给汽车信贷带来的潜在风险。

（3）以汽车金融公司为信贷主体的汽车信贷模式，可以在一定程度上完善"直客式"和"间客式"的不足，以银行为信贷主体的信贷模式中，银行在发展业务上虽具有资金及金融管理上独特的优势，但却缺乏汽车信贷业务的专业知识，而且汽车信贷业务的特点也给银行带来了较高的成本。以经销商为信贷主体的信贷模式尽管使消费者有了更大的选择空间，享受到专业化的增值服务，但是销售商的资金有限，从而限制了汽车信贷业务的开展，由于汽车金融公司在我国起步晚，没有丰富的经验，约束因素多，扩张困难，短时间内无法得到很快的发展。因此需要我国各个信贷主体的相互合作，实现双赢。

4. 汽车消费信贷风险控制与防范

1）个人信用征信体系的有待完善

在我国信用征信体系虽然存在，但是不论是在信用法律法规还是在信用征集环节都有许多亟待解决的问题。

第一，我国目前的信用管理模式仍以银行为主，政府为辅，导致商业信用发展缓慢、存在规模小，而且商业信用管理效率低下，欺诈严重。在我国真正市场化的信用评级公司还没有，而且以人为主导的几个信用评级机构大部分已被国外的信用评级公司收购。当然在发展过程中，一国的民众信用信息我们要保护好。

第二，目前，我国还没有信用征信网，信用中介机构缺乏，导致我国信用管理断层，反馈跟踪环节缺失。在国外，当一个消费者通过信用贷款进行了汽车消费贷款后，它之后的消费行为和其他的信贷行为，都会通过其先进的计算机征信系统进行收集和传递，并最终反馈到提供信贷的金融机构那里，以便于其对信贷消费者进行售后的追踪和评估。但是在我国，银行只是对售前审核比较严格，对于售后没有相应的追踪系统，同时成本也比较高，而消费者也可能因为没有有效的监督而产生较高的道德风险，从而给提供贷款的金融机构带来了较高的信用风险。

第三，另外在法律法规、失信惩戒制度等相关方面的落后也拖累了我国信用征信体系发展。借鉴发达国家比较完善的信用征信体系和制度，我国目前急需由政府牵头，对相关的信用制度和法律实时更新，在市场经济条件下加大对建立第三方信用机构的支持力度，并建立相关信用机构和公司之间的连接系统，以便在售前、售中和售后各个环节提供更多的服务和产品，同时也能给个人信用的实时更新、反馈做好铺垫，形成良性循环。

2）我国应当加快建立第三方信用评级公司

我国虽有四大信用评级公司，但是都是由人民银行组建，市场化程度不高，而且除大公外，其他几家都已被美国所控制，我国应当在加强维护我国金融安全的前提下，加快我国信用评级的市场化（专业化）发展，并以政府带头形成联动机制，即加强信用评级的各个部门信用信息的及时更新、沟通、反馈和监督。

3）加强银行、评级机构等信用部门的信息传递和沟通

加强银行等机构或公司之间的信息交流和合作，可以有效弥补我国个人资信评估的漏洞，比如汽车金融公司与银行的合作，汽车金融公司对汽车行业有着天然的优势，对于汽车个人消费贷款的消费者的信用评估和风险管理更加专业化，再加上银行的风险控制可以使双方互利，共同减小信贷风险。同时可以相互学习，互相合作，能够为消费者提供更多、更人性化的汽车金融服务和产品。

4）加快制定和完善相应的法律、法规

政府应当在法律、法规方面严厉打击各种恶意信贷、骗贷的现象，以维护个人汽车消费信贷市场的稳定，有效降低汽车金融公司和银行的汽车消费信贷风险，同时使不法行为受到严厉的制裁。在法律制定方面，我国政府机构应当从消费者、银行、保险公司、汽车金融公司等对象出发，综合考虑其运行模式，制定一套系统的、关联的法律制度，为我国汽车消费信贷市场营造一个良好的制度环境。

5）及时关注售后的抵押物价值的变化（包括汽车本身）

国外已经具有比较成熟的汽车市场，因此其汽车价值的变化相对来说比较有规律，比较好监控。但是我国汽车金融业起步晚，还处于初级阶段，汽车价格的变化相对要大一些，所以及时对贷款期间相应的车款进行估价预测，可以有效地降低贷款的风险。同时，如果抵押物是其他资产，也要做好相应资产的市场价值调查评估，有担保人的，则应做好担保人的资信调查并及时关注其收入等方面的状况。

6）建立有效的售后跟踪及催收系统

在我国售后的监管和催收不管是银行还是其他信用机构，因为跟踪成本高等方面的原因，没有引起足够的重视，良好的跟踪及催收系统，可以有效地帮助放款的主体或经营主体及时收回可能丢失的债权利益，减少坏账损失。

第一，及时的跟踪进行贷款购车的消费个体的资信状况和付款情况，对于逾期未缴款的客户或拒绝付款的客户就能够及时地进行催收，以尽量减小风险敞口，保障债权。

第二，根据国外的汽车消费信贷经验，建立良好的汽车信贷售后跟踪和催收系统，对客户通过计算机建立汽车消费信贷档案以便及时的跟踪和对过期未付款客户进行催收，这种方法是非常有效的。

第三，政府要积极大力的支持。在一个国家想要建立一个全国性的信息征集系统，没有政府的支持是不可能的，因此在我国信用风险管理的过程中，政府应当在政策上提供指导，在基础建设上给予物力和人力支持，在建设过程中协调好各个相关部门的职责和义务。以尽快促进我国信用体系的不断建设和进步。

综合来说，我国应当在借鉴国外成熟经验的基础上，加快建立适合我国国情的汽车消费信贷追踪和催收系统，形成自己的一套高效有保障的信贷售后系统，以保障各方权益。

4.3 汽车保险

4.3.1 汽车保险概述

1. 保险的定义

所谓保险，是以合理计算的风险分摊金为基础，集合多数对同等风险有取得保障需要的人，建立集中的专用基金，对约定灾害事故发生所致的经济损失（或人身伤亡）进行补偿（或给付）的合同行为。这一定义包含以下四方面的含义：

（1）保险是以保障经济安定为目的的补偿机制，以经济损失为前提条件。经济损失不是主观臆断，而是客观的事实。在现代社会中，经济损失一般意味着发生货币收支不平衡，而这种情况的出现是由于人身或财产上发生的种种灾害事故导致了经济单位或个人收入减少，支出增多，破坏了收支平衡的局面。而当收支失去平衡时，其责任和后果完全由经济单位或个人承担，这样就带来了经济的不稳定。保险就是适应这种需要而产生的。对约定事故的损失给予赔偿或给付以维持经济单位或个人的货币收支平衡。保险实质上是一种补偿机制，其作用是保障人民生活的安定。

（2）保险是以多数经济单位或个人的互助共济关系为必要条件。所谓多数经济单位或个人，虽然不可能具体的划定为几百人或几千人，但应该是能使大数法则发挥作用的数字。大数法则就是人们在长期的实践中发现的。在随机现象的大量重复中出现的几乎必然的规律。具体地说，就是根据概率论的科学方法，合理地计算保险费率，由多数投保人交纳保险费，积聚起来的保险基金，能用于支付少数人实际发生的灾害损失。也就是一种互助共济的关系，由多数经济单位或个人都立足于同一立场交纳保险费，积聚保险基金作为补偿经济损失的手段，任一经济单位或个人一旦发生事故，都可以按照合同规定得到赔偿。实际上，参加保险的许多单位或个人，即使分别加入而互不相识，也很自然地发生着这种互助共济的关系。不论男女、老少、亲属，甚至从未见过面的陌生人，只要参加了保险，缴纳了保险费，就可以从保险基金中，对因灾害事故造成的经济损失得到补偿。这种保险基金的利用并不根据保险费的数量和交纳次数，而且不论保险费积累的多少，都可根据保险合同的签订，以保险基金来维持经济的安定。当然，大部分投保人还未意识到已经结成这种互助共济的关系，但实际上，他们已经处于这种关系之中，并受到保险的保障了。换言之，互助共济的关系就是"我为人人，人人为我"。

（3）保险的分摊金即保险费是根据一定的数理技术合理计算出来的。自然灾害和意外事故虽然不能个别的、凭主观预测出来，但综合的、凭客观的预测还是可以实现的。这是由于通过观察过去发生的大量事故的结果，从中可以测知特定事故在将来出现的可能性。我们把特定事故在过去实际发生的比率，叫作发生率，它被适用于未来时，称为概率。把过去的发生率视为概率，必须以过去的事实是将来的重演为前提条件，而这个前提条件则是根据大数法则进行算定的。大数法则认为，对某一特定事故过去的发生率通过大量观察可以得出一稳定的结果，只要一般情况不变，该事故的将来发生率即概率和过去的发生率相同。简言之，某特定事故的将来发生率即概率，和大量观察过的发生率是相等的。

(4)保险是一种合同行为。保险经济关系的确立，一般说来，是通过双方当事人(保险人和被保险人)在平等自愿的基础上签订保险合同(强制保险除外)来实现的。因此，这种契约关系也就属于民事法律关系的范畴，受到国家法律保护。通常，保险人是按照双方事先协商签订的合同上的规定，在约定灾害事故发生后对投保人(被保险人)履行经济补偿或给付责任。

2. 汽车保险及其特点

1)汽车保险的含义

汽车保险是以保险汽车的损失，或者以保险汽车的所有人或驾驶员因驾驶保险汽车发生交通事故所负的责任为保险标的的保险。它包含以下几方面的含义：

(1)它是一种商业保险行为。保险人要按照等价交换关系建立的汽车保险是以盈利为目的的，简言之，保险公司要从它所开展的汽车保险业务上获取利润，因此，汽车保险属于一种商业行为。

(2)它是一种合同行为。投保人与保险人要以各类汽车及其责任为保险标的签订书面的具有法律效力的保险合同。保险双方要填制保险单，否则汽车保险没有存在的法律基础。

(3)它是一种权利义务行为。在投保人与保险人所共同签订的保险合同中，明确规定了双方的权利和义务，并确定了违约的责任，要求双方在履行时要共同遵守。

(4)它是一种以合同约定的保险事故发生为条件的损失补偿或保险金给付的保险行为。也是损失补偿或保险金给付行为，才成为投保人转移车辆及相关责任风险的一种方法，才体现了保险保障经济生活安全的互助共济的特点。

2)常用的保险名词

(1)保险标的。是保险保障的目标和实体，保险合同的双方当事人权利和义务所指向的对象，可以是人的生命、身体、财产、利益、责任。

(2)被保险人。指受保险合同保障的汽车所有者，即《机动车行驶证》上登记的车主。

(3)保险人。保险人就是有权经营汽车保险的保险公司。

(4)投保人。投保人是指与保险公司订立合同、负有支付保险费义务的单位或个人，即办理保险并支付保险费的人。

(5)第三者。保险合同中，保险人(即保险公司)是第一方，也叫第一者；被保险人是第二方；第三者是指被保险人及其财产和保险车辆上所有人员及其财产以外的所有人员及财产。

(6)保险价值。保险价值是投保人与保险公司订立保险合同约定的保险标的的实际价值，即投保人对保险标的所享有的保险利益的货币价值。

(7)实际价值。在投保或事故发生时，所投保车辆剔除折旧等因素以后的价格。

(8)保险金额。保险金额是保险公司赔偿的最高限额。可以按保险价值确定，也可以由保险双方协商确定，或者由实际价值确定。如果保险金额高于保险价值，超出的部分无效；如果保险金额低于保险价值，发生部分损失时按以下比例赔偿：赔偿金额＝损失金额×保险金额/保险价值。

(9)保险费。交给保险公司的实际保险费用，通常保险费的收取按保险金额与保险费率的乘积来计算，保险费率是保险费与保险金额的百分比。有时保险费也按固定的金额来收取，如第三者责任险的保险费。

（10）免赔额。指事先由双方约定，被保险人自行承担一定比例金额的损失。损失额在免赔额之内，保险人不负责赔偿。免赔额又分为相对免赔额和绝对免赔额。

（11）相对免赔额。指损失额在一定免赔额内不赔，超出免赔额时，保险人按实际损失额不做折扣地赔偿。例如，规定相对免赔额为 500 元，如果发生损失，损失金额为 490 元，由于损失在相对免赔额内，保险公司不赔。但如果发生损失的损失额为 1000 元，由于损失超过相对免赔额，保险公司赔偿 1000 元的全部损失。

（12）绝对免赔额。指无论什么情况，保险公司都不赔的金额。例如，规定绝对免赔额为 500 元，如果发生损失的金额为 1000 元，按照绝对免赔，保险公司只赔偿 500 元。如果损失为 490 元，保险公司不赔。

（13）免赔率。保险公司赔偿金额中不赔部分占总金额的比例。

（14）不计免赔。不计免赔是一种附加险，可以附加在车损险上。也可以附加在第三者责任险上。其作用是，对于保险条款中规定的，应该由被保险人根据事故责任自己承担的部分损失，保险公司负责赔偿。

（15）保险责任。保险条款中列明的保险公司能够赔偿的内容，但要注意，有些造成保险事故的原因比较特殊，可能就在责任免除条款中免除了。

（16）责任免除。保险条款中规定的保险公司不负责赔偿的部分。

（17）勘查。车辆发生事故以后，保险公司的人员到事故现场进行查看、拍照、测量、分析，对事故车辆或受损财产进行初步鉴定的工作。

（18）保险赔款。出险后，保险公司经过赔款理算，最终付给被保险人的赔款。

（19）保险期限。是指保险合同的有效期限，即保险合同双方当事人履行权利和义务的起讫时间。

3）汽车保险的特点

（1）保险对象具有广泛性和差异性的特点。这一特点是针对汽车保险的被保险人和保险标的而言的。汽车是陆地的主要交通工具。由于其经常处于运动状态，总是载着人或货物不断地从一个地方开往另一个地方，很容易发生碰撞及其意外事故，造成人身伤亡或财产损失。由于车辆数量的迅速增加，一些国家交通设施及管理水平跟不上车辆的发展速度，再加上驾驶人的疏忽、过失等人为原因，交通事故发生频繁，汽车出险率较高。

（2）保险标的具有可流动性的特点。狭义的财产保险标的划分标准之一是根据其流动性，即按动产或不动产划分保险标的。汽车保险标的的可流动性是由于标的作为动产和运输工具的特点决定的。保险标的是否具有可流动性直接影响到其面临的风险以及风险的种类。

（3）具有出险频率高的特点。汽车保险相对于其他财产保险而言具有出险率高的特点。这一点从日常生活中每天都会发生大量的交通事故中得到印证。影响汽车风险的因素通常有三个，一是汽车本身的因素，二是外部因素，三是使用因素。

（4）条款和费率的管理具有刚性特点。由于汽车保险业务的特殊性，在其发展过程中始终存在着如何加强管理，确保其健康发展的问题。之所以特别需要强调对汽车保险的管理，一是汽车保险涉及一个庞大和广泛的消费群体。二是由于汽车保险业务占财产保险业务领域一个相当大的比例，汽车保险业务发展和管理的情况将对财产保险，甚至整个保险带来较大的影响。

4.3.2 汽车保险的种类

根据汽车保险的标的及其内容，我国汽车保险分为交强险和商业车险两大类。

1. 交强险

2006 年 7 月 1 日由国务院颁布《机动车交通事故责任强制保险条例》，自该日起，所有上路行驶的机动车必须投保机动车交通事故责任强制保险(简称交强险)，这也是交强险其最大的特点——强制性。交强险是首个由国家法律规定的强制保险制度，它的实施标志着我国第一个以立法形式设立的机动车强制险种开始出现在机动车保险领域。

《机动车交通事故责任强制保险条例》规定，交强险是由保险公司对被保险机动车发生道路交通事故造成受害人(不包括本车人员和被保险人)的人身伤亡、财产损失，在责任限额内予以赔偿的强制性责任保险。

交强险的特点主要表现在：

(1)交强险的强制性会使受害人得到及时有效的赔偿。商业机动车第三者责任保险(简称商业三者险)也是责任保险的一种，由投保人自愿购买，但现实中，商业三者险的投保比率较低，致使发生交通事故后，有的因没有保险保障或致害人支付能力有限，受害人不能得到及时的赔偿，进而造成大量经济赔偿纠纷。交强险就是通过法律强制机动车所有人购买相应的责任保险，最大程度为交通事故受害人提供及时有效的经济保障和医疗救治，减轻肇事方的经济负担。

(2)保费按驾驶员的历史记录实行"奖优罚劣"，安全驾驶者费率下调，经常肇事者费率上调，通过经济杠杆促进驾驶人增强安全意识。交强险费率浮动情况如表 4-2 所示。

表 4-2 交强险费率浮动比例

浮动因素			浮动比率
与道路交通事故相联系的浮动	A1	上一个年度未发生有责任道路交通事故	-10%
	A2	上两个年度未发生有责任道路交通事故	-20%
	A3	上三个及以上年度未发生有责任道路交通事故	-30%
	A4	上一个年度发生一次有责任不涉及死亡的道路交通事故	0%
	A5	上一个年度发生两次及两次以上有责任道路交通事故	10%
	A6	上一个年度发生有责任道路交通死亡事故	30%

(3)保险公司经营交强险不以盈利为目的，坚持社会效益原则，充分发挥保险的社会保障功能，维护社会稳定。

(4)交强险的费率由保险公司制定，保监会按照交强险业务总体上不盈利不亏损的原则进行审批。

2. 机动车商业保险

遵循自愿原则，即客户自愿投保，可以不买商业险；保障更全面、更充分，即不单只是对第三者的赔偿，还有车损类的赔偿；商业行为，即以盈利为目的。

机动车商业保险分为主险和附加险。根据《机动车商业保险条款(2014版)》主险包括机动车损失保险、机动车第三者责任保险、机动车车上人员责任保险、机动车全车盗抢保险共四个独立的险种,投保人可以选择投保全部险种,也可以选择投保其中部分险种。保险人依照本保险合同的约定,按照承保险种分别承担保险责任。附加险不能独立投保,只有在投保了相应主险的基础上,才能投保附加险和特约条款。有的附加险和特约条款必须在投保机动车第三者责任保险之后才能投保,有的要在投保机动车损失险后才能投保,有的则要在投保了这两类保险之后才能投保。附加险条款与主险条款相抵触之处,以附加险条款为准,附加险条款未尽之处,以主险条款为准。

1)机动车损失保险

机动车损失保险是保险人对于被保险人承保的汽车,因保险责任范围内的事故所致的损失给予赔偿的保险。因汽车在使用过程中发生的意外事故很多,各国会针对本国事故形态制定保险范围,并提供综合保险以扩大对投保人的保障。将一些损失频率较高的危险事故列为独立险种。如美国和日本的车辆损失险,包括碰撞损失和汽车综合损失,全车盗抢险包括在汽车综合损失险内,我国由于机动车盗抢现象较为严重,发生频率高,所以将全车盗抢险作为车辆损失险的附加险单独列出。

2)机动车第三者责任保险

机动车第三者责任保险是指被保险人或其允许的合格驾驶员,在使用保险汽车过程中,发生意外事故,致使第三者遭受人身伤亡或财产的直接损毁,依法应当由被保险人支付的赔偿金额,保险人依法给予赔偿的一种保险。机动车第三者责任保险的第三者是指因被保险机动车发生意外事故遭受人身伤亡或者财产损失的人,但不包括投保人、被保险人、保险人和保险事故发生时被保险机动车车上人员。

被保险人允许的合格驾驶员:这里有两层含义,一是被保险人允许的驾驶员,指持有驾驶执照的被保险人本人、配偶及他们的直系亲属或被保险人的雇员、或驾驶员使用保险车辆在执行被保险人委派的工作期间、或被保险人与使用保险车辆的驾驶员具有营业性的租赁关系。二是合格,指上述驾驶员必须持有效驾驶执照。

交强险与第三者责任保险比较:属于商业行为,保额可自由选择;是交强险的有效补充。

3)车上人员责任险

即车上座位险,是车上人员责任险中的乘客部分,指的是被保险人允许的合格驾驶员在使用保险车辆过程中发生保险事故,致使车内乘客人身伤亡,依法应由被保险人承担的赔偿责任,保险公司会按照保险合同进行赔偿。其主要功能是赔偿车辆因交通事故造成的车内人员的伤亡的保险。

4)机动车全车盗抢保险

盗抢险全称是机动车辆全车盗抢险,机动车辆全车盗抢险的保险责任为全车被盗窃、被抢劫、被抢夺造成的车辆损失以及在被盗窃、被抢劫、被抢夺期间受到损坏或车上零部件、附属设备丢失需要修复的合理费用。

5)附加险

机动车辆保险中的附加险及特约条款,不能单独投保,只有在投保了机动车第三者责任保险或机动车损失保险的基础上,才能投保附加险和特约条款。机动车辆的附加险是机动车辆保险的重要组成部分。从中国现行的机动车辆保险条款看,主要有附加盗窃险、附加自燃损失险、附加涉水行驶损失险、附加新增加设备损失险、附加不计免赔特约险、附加驾驶员意外伤害险、附加指定专修险等,保险客户可根据自己的需要选择加保(表4-3)。

表4-3 2014版机动车商业保险条款主险和附加险关系表

险 主险	家庭自用车产品体系			
	车损险	三者险	车损险+三者险	三者险+车上人员责任险
附 加 险	玻璃单独破碎险条款 盗抢险条款 自燃损失险条款 车身划痕损失险条款 不计免赔率特约条款 可选免赔额特约条款 机动车停驶损失条款 新增加设备损失保险条款 附加换件特约条款 送油、充电服务特约条款 拖车服务特约条款 更换轮胎服务特约条款 代步机动车服务特约条款 发动机特约损失险条款 随车行李物品损失保险条款 新车特约条款A 新车特约条款B	不计免赔率特约条款	附加油污污染责任保险条款 附加机动车出境保险条款 异地出险住宿费特约条款	附加交通事故精神损害赔偿责任保险条款

4.3.3 汽车承保

1.汽车承保

汽车承保是保险人与投保人签订保险合同的过程,包括投保、核保、签发单证、续保与批改等程序。首先,个人或单位根据自身保险利益的风险情况,向保险人提出保险要求,填写投保单,协商确定保险费交付办法;然后,保险人审查投保单,向投保人询问有关保险标的和被保险人的各种情况,从而确定是否接受投保,如果保险人接受投保,则在保险单上签章并收取投保人交纳的保险费,保险人向投保人出具保险单或保险凭证,保险合同即告成立。

汽车保险合同主要存在形式有:

1)投保单

2)暂保单

3)保险单

4)保险凭证

5)批单

6)书面协议

2.投保单内容填写的基本要求

1)投保人履行告知义务

保险人需向投保人介绍保险条款,主要包括:保险责任、各项赔偿限额、责任免除、投保人义务、被保险人义务、赔偿处理等内容。其中,关于免除保险人责任的条款内容必须在投保单上作出足以引起投保人注意的提示,并对该条款的内容向投保人作出明确说明。

2)车辆检验

各保险公司对车辆检验的规定不一致,有的将车辆检验过程与投保单填写工作同时进行,有的则将其放在核保阶段与查验车辆一起进行。

行驶证检验,检验车辆行驶证或临时牌照是否与投保标的相符,车辆是否为已经办理有效年检的合格车辆,投保车辆的使用性质和车辆初次登记日期等。并重点对如下车辆进行检验:首次投保车辆;未按期续保的车辆首次投保车辆;投保第三者责任险后,又加保车辆损失险的车辆;申请增加附加险的车辆,如盗抢险、自燃损失险及玻璃单独破碎险;使用年限较长且接近报废车辆;特种车辆;重大事故后修复的车辆。

3.投保单的填写

1)投保人的基本情况

2)被保险人的基本情况

3)驾驶员的基本情况

4)保险汽车的基本情况

5)投保险种与保险期限

6)投保人签章

4.3.4 汽车保险欺诈预防

汽车保险欺诈是指汽车保险的投保人、被保险人不遵守诚信守则,故意隐瞒有关保险车辆的真实情况,以谋取保险赔偿金的行为。相关统计显示,汽车保险欺诈金额占理赔总额的20%~30%。过高的欺诈金额会直接导致经营效益和广大投保人购买保险成本支出都会造成较大影响。

1.汽车保险欺诈的原因

经营性原因。保险合同的性质决定了保险人和投保人之间的非赢即输的权利和义务关系,这也是诱发汽车保险欺诈的行业因素。不出险时,保险方白赚取投保人的保费;出险时,保险人偿付比保险费高得多的费用给投保人,这也构成了保险欺诈骗赔的物质基础,它引诱了某些缺乏道德以及因种种原因需要解脱困境的人或集体铤而走险。

(1)社会原因。社会道德对汽车保险行业有重大影响,社会道德环境好便有利于保险行业健康发展,然而社会中有好多不利因素,不良的社会风气。尤其是汽车保险行业从保险诞生之日起就有与歪风邪气做斗争,尽管人们的道德素质也是逐渐提高,但是仍有少部分人抵挡不住利益对道德的冲击。还有多数人认为我交了保险费用,但是我没有出事故,保费应当退回,在这种利益的诱惑和心理不平衡下,会让被保险人故意制造假事故,以骗取金钱。

(2)保险机构内部原因。保险合同条款的局限性或疏漏。保险合同条款一般是由保险公司事先拟定的,并以格式条款的形式固定下来。虽然保险公司在制定保险条款时会尽力避免保险欺诈现象的出现,但是由于现实生活纷繁复杂,在保险合同的履行过程中,使得保险合同条款很难约束所有可能发生的保险事故,很难估计被保险人可能提出的种种索赔要求。由于保险合同条款的疏漏,容易为保险欺诈提供可乘之机。

(3)保险公司管理制度上的缺陷。对欺诈者处理过于宽松,承保、理赔程序没有完全达到规范化、程序化、制度化和标准化,使保险诈骗者有机可乘;虽然借保险谋财的违法犯罪现象层出不穷,形形色色的骗取保险金的案件时有发生,但除有命案的罪犯外,大都没有被追究骗取保险金的刑事责任,对案件的行为人,保险公司只是以拒绝赔偿或追回赔款了事,很少追究其相应的法律责任,使保险谋财者的恶习膨胀;监督检查不力,威慑力量不强,甚至存在对保险业内部业务员内外勾结、合谋作假骗取赔款的行为姑息迁就等。保险内部制度的不健全、保险监督管理的不科学等,必然导致借保险谋财的事件越来越频繁地发生。

(4)保险从业人员素质偏低也是保险欺诈蔓延的一个重要原因。代理人队伍良莠不齐,其中一些人文化水平实在太低。如果保险从业人员不能胜任本职工作,很容易给欺诈者以可乘之机;更为恶劣的是,个别人经不住金钱的诱惑,同欺诈者内外勾结,共同骗取保险金。

(5)法制原因。汽车保险事故发生量大,保险人员现场查勘取证不到位,给汽车保险欺诈造假留下机会。汽车由于其机动性和高危险性的特点,其事故也比一般财险事故发生的概率高,但由于汽车事故总量大,对一些损失金额不大的“碰撞”事故,查勘人员一般不到现场勘查,这就给部分人员留下了大量的准备时间和侥幸机会。

2. 汽车保险欺诈的预防

1)加强保险知识和法律知识的宣传普及,加大对保险欺诈的打击力度

尽管刑法上明确规定了保险欺诈所可能承担的法律责任,但是在司法实践中,绝大部分涉嫌人员都没有被追究刑事责任,尤其是涉及较小金额的保险欺诈,往往都是不了了之。对保险欺诈打击不力,不仅助长了犯罪分子的嚣张气焰,也助长了其他投保人、被保险人的犯罪欲望。加大对保险欺诈行为的打击力度,能有效预防和制止保险欺诈行为的发生。

2)加强与有关部门合作

第一,加强与政法部门合作。对汽车保险的欺诈骗赔案件一经发现,保险公司严格依法处理,绝不姑息。充分发挥法律法规的作用,对应负行政责任的,应配合有关行政部门予以查办,对构成犯罪的,积极配合法律部门将犯罪分子绳之以法。

第二,加强与司法鉴定部门合作。保险公司应该加强与司法鉴定部门的联系,发挥各自的专长,从科学证据上充分揭露汽车保险欺诈犯罪。

第三,加强与警方合作。部分可疑的理赔案件可以借助于警方的刑事侦查优势,达到有效识别汽车保险欺诈案的目的。

第四,加强行业合作。各保险公司应在不泄露商业机密的前提下,进行反欺诈合作。通过建立全行业的数据库,实现信息共享,利用技术手段防止重复保险和多次索赔现象的发生。

3)提高人们对保险欺诈危害性的认识

从表面上看,保险公司是保险欺诈的真正受害者,也是唯一的受害者,其实不然。无论是对保险公司还是对普通的投保人、被保险人、受益人,保险欺诈的危害性都是十分巨大的。从最终的危害结果来看,广大的保户是保险欺诈的最终受害者。因此,除保险公司外,社会各部门都应加强对保险欺诈危害性的宣传,使社会公众都能充分认识到保险欺诈的危害性,认识到保险欺诈对广大保户利益的侵害,使全社会都认识到反保险欺诈的重要意义。只有这

样，才能提高反保险欺诈的战斗力，才能使保险欺诈者不能为所欲为。如果我们对保险欺诈行为听之任之，采取宽恕、怂恿的态度，就很难有效预防和遏止保险欺诈行为的蔓延。

4）加强内部制度建设

保险公司是保险欺诈的直接受害者，加强保险公司内部管理是有效预防和制止保险欺诈的重要环节。为此，保险公司应做好以下的工作：首先，保险公司要建立健全内部控制机制，完善各项规章制度，提高员工反保险欺诈的素质，不给保险欺诈分子以可乘之机；其次，保险公司应杜绝内外勾结骗赔事件的发生；最后，完善保险条款，剔除欺诈责任。

5）强调最大诚信原则在保险法中的重要地位

诚实信用是中国一切民事活动所应遵循的基本原则。但是，保险作为一项特殊的民事活动仅用此原则来规范是不够的。世界上绝大多数国家的法律规定：保险合同要遵循最大诚信原则。保险是保险双方当事人之间的民事活动，保险合同关系即属于民商事法律关系，自然必须遵循诚实信用原则。但是，在保险活动中对当事人诚信的要求要比一般民事活动更为严格，要求当事人具有"最大诚信"。

6）明确汽车保险欺诈的认定标准

从犯罪数额上把握。构成保险诈骗罪，要求行为人骗取的保险金达到"数额较大"。这是区分本罪与保险诈骗的一般违法行为的关键。如果行为人进行保险诈骗活动所获保险金的数额并不是较大，一般不宜以保险诈骗罪论处，而只能依照《保险法》的规定予以行政处罚。对于保险诈骗罪"数额较大"的标准，《决定》未作出明确规定，尚有待于司法解释予以明确。保险诈骗罪的起刑数额标准。应当注意的是，认定保险诈骗罪，除将行为人骗取保险金的数额作为基本标准外，也不能忽视其他情节，但从罪刑相适应的刑法原则出发，该标准应当略高于目前司法解释所规定的诈骗罪的作用。此外，骗取数额较大的保险金，是行为人主观目的与客观行为相统一的内容，对于行为人骗取保险金实际上数额并未达"较大"标准的，不能一概排除在本罪构成之外。比如，行为人以数额较大甚至巨大的保险金为明确目的，已着手实施了诈骗活动，但由于其意志以外的原因致使其最后骗取的保险金数额较小或者根本就无所获取的，仍应以保险诈骗罪（未遂）论处。

明确汽车保险欺诈行为人向保险人提出申请索赔，是区别是否构成欺诈责任的标准。无论主体是谁，只要向保险人申请索赔，并骗取保险金的，都应认为对保险人构成侵权，但已向保险人申请索赔，未骗取保险金的，应予以行政处罚。

7）借鉴外国经验，成立反汽车保险欺诈组织

建立全国性的专门反保险欺诈机构，进行保险欺诈案例的收集、整理及分析，形成一个大的赔偿信息库网络是十分必要的。信息库的建立不仅有助于保险公司掌握保险欺诈动向、洞察保险欺诈手法，发现保险业务中的疏漏之处，帮助保险公司改进业务流程、提高核保和核赔水平，还可以通过对保险欺诈案件的分析和总结，有针对性地加强核保核赔人员反欺诈的特别训练，提高对保险欺诈的识别率，对防止保险欺诈案件的发生大有裨益。

本章小结

汽车金融服务是主要在汽车的生产、流通、购买与消费环节中融通资金的金融活动，包

括资金筹集、信贷运用、抵押贴现、证券发行和交易，以及相关保险、投资活动，具有资金量大、周转期长、资金运动相对稳定和价值增值性等特点。

汽车金融服务的内容主要包括汽车消费信贷服务、汽车保险服务、汽车租赁服务和汽车置换服务。

国内汽车金融服务业的主要模式有以经销商为主体的间客式、非银行金融机构为主体的间客式、以银行为主体的直客式。

汽车保险是以保险汽车的损失，或者以保险汽车的所有人或驾驶员因驾驶保险汽车发生交通事故所负的责任为保险标的的保险。

根据汽车保险的标的及其内容，我国汽车保险分为交强险和商业车险两大类。

思考题

1. 我国汽车消费信贷的特点有哪些？
2. 汽车消费信贷的方式有哪些？
3. 如何进行汽车消费信贷风险防范与控制？
4. 机动车交通事故责任强制保险与商业第三者责任保险相比有哪些不同？
5. 汽车保险的特点有哪些？
6. 汽车保险理赔的重要意义是什么？
7. 汽车保险理赔的原则有哪些？
8. 汽车保险理赔工作人员应具备的条件有哪些？

第 5 章　汽车其他延伸服务

5.1　汽车租赁服务

5.1.1　汽车租赁概述

1.汽车租赁的概念

租赁是以支付(或收取)租金的形式取得(或让出)一项资产的使用权的经营业务。租赁有两个基本的当事人,即出租方和承租方。

有关汽车租赁的定义很多,国内目前尚无统一定论,具有代表性的有:

定义一:汽车租赁为实物租赁,是以取得汽车产品使用权为目的,由出租方提供租赁期内包括汽车功能、税费、保险、维修及配件等服务的租赁形式(中华人民共和国国内贸易部《汽车租赁试点工作暂行管理办法》第三条)。

定义二:汽车租赁是指在约定时间内租赁经营人将租赁汽车交付承租人使用,收取租赁费用,不提供驾驶劳务的经营方式(中华人民共和国交通部、中华人民共和国国家发展计划委员会 1998 年第 4 号令,《汽车租赁业管理暂行规定》第二条)。

上述两则定义对汽车租赁这个新兴行业从宏观管理角度做出了较为准确的概括。

2.汽车租赁的分类

1)按照租赁期长短划分

根据中华人民共和国国内贸易部《汽车租赁试点工作暂行管理办法》第四条的规定,汽车租赁可分为长期租赁和短期租赁。

长期租赁,是租赁企业与用户签订长期(一般以年计算)租赁合同,按长期租赁期间发生的费用(通常包括车辆价格,维修维护费、各种税费开支、保险费及利息等)扣除预计剩存价后,按合同月数平均收取租赁费用,并提供汽车功能、税费、保险、维修及配件等综合服务的租赁形式。

短期租赁,是租赁企业根据用户要求签订合同,为用户提供短期内(一般以小时、日、月计算)的用车服务,收取短期租赁费,解决用户在租赁期间的各项服务要求的租赁形式。

在实际经营中,一般认为 15 天以下为短期租赁,15 ~ 90 天为中期租赁,90 天以上为长期租赁。

2)按照经营目的划分

汽车租赁还可划分为融资租赁和经营租赁。融资租赁是指承租人以取得汽车产品的所有权为目的，经营者则是以租赁的形式实现物的所有权的转移，其实质是一种带有销售性质的长期租赁业务，本书对融资租赁将只作简单介绍。经营租赁指承租人以取得汽车产品的使用权为目的，经营者则是通过提供车辆功能、税费、保险、维修、配件等服务来实现投资的增值。

3. 汽车租赁的特点

汽车租赁作为一种特定的信用形式，有以下主要特点：

(1)融资与融物相结合。出租人出资购进用户所需的汽车，然后租给承租人；或者由承租人与汽车制造厂商洽谈好供货条件，转由出租人出资购买后，承租人再与出租人签订合同，租进汽车。由此可见，租赁实际上是承租人筹措购置汽车资金的一种形式，不过出租人以直接租入汽车的方式代替向金融机构举借购置汽车的贷款，以支付租金形式代替向金融机构支付本金与利息，以融物代替融资，使融物与融资浑然一体。它既不像一般的银行信贷，"借钱还钱"，也不同于商业信用"欠钱还钱"，而是"借物还钱"，还钱又以租金逐期回流的形式进行。

(2)所有权与使用权分离。在租赁条件下的整个租赁期间，汽车的所有权始终属于出租人，承租人在租赁期满时，虽有留购、续租、退还汽车的选择权，但在租赁期内，只能以支付租金为条件，取得汽车的使用权。

(3)租金分期回流。租赁业务中的租金，由租赁期内汽车购置款、利息和租赁费用三个部分组成。租金偿还时，采取分期回流的方式。承租人与出租人事前约定在租赁期内支付租金的次数和每次所付租金的数额。到租赁期满时，租金的累计数相当于汽车价款和该项资金在租赁期内应计的利息及相关费用。采取资金分期回流的方式，承租人负担较轻。

(4)有严格契约关系。租赁合同通常规定汽车的归属，租金数额，汽车使用、维修、保管等内容。租赁合同为不可撤销的合同，一经成立，双方就有义务遵守，任何一方不得单方面随意撤销或违约。

4. 汽车租赁的作用

汽车租赁因为具有使用便捷、高效、负担低、灵活方便等特点，很大程度上解决了有照无车者的用车问题。租车还可以减轻个人在汽车保养、维修、停放等方面的负担。汽车租赁的资源共享属性，使其在提高车辆的使用效率、控制社会车辆总量等方面发挥着巨大作用。由于厂商可以通过对汽车租赁市场的介入和占领，增加品牌的认识度，扩大市场占有率，因此汽车租赁具有显著的市场效应。

5.1.2 汽车租赁的经营模式

1. 汽车租赁企业与汽车厂密切合作模式

国际知名的汽车租赁公司无不与知名的汽车生产厂密切合作。当租赁公司的车辆使用到一定时间(一般为8~12个月)后，便由专门部门按标准进行检查，然后由厂家收回、翻新、检验后再投入租赁市场。这在经济上对汽车租赁公司更为有利，在汽车技术运用上也更为合理。

2. 特许经营模式

当前在汽车租赁业通行的经营方式是特许经营方式。特许经营是汽车租赁公司授予某一候选人特许经营权,使其加入租赁公司的服务网络,使用租赁公司的品牌和标志,按照租赁公司的统一规范进行业务运作。租赁公司对特许经营点的经营进行监督和指导,并收取特许经营权使用费。

3. 会员制模式

由汽车租赁公司出面组建俱乐部,广泛征求吸收客户加入俱乐部成为会员,会员可享受价格优惠和满意的服务,还可以享受由消费累积而给予的奖励。其目的是吸引更多的客户,稳定服务对象,扩大经营业务。

4. 多元化经营模式

对于经营性汽车租赁企业,除了开展主营业务外还可同时开展融资租赁、二手车销售、车辆保险等与之相关的多种业务,这可起到相辅相成的链式作用。特别是二手车销售业务的开展,可以消化租赁业淘汰的二手车,从而有效地扩展了车辆更新的空间和速度。

5.1.3　汽车租赁企业的运营管理

1. 汽车租赁企业的机构设置

要保证汽车租赁企业的正常运作,汽车租赁企业必须合理设计其组织结构,明确各部门的分工与职责,同时确保部门间协作的效率。通常汽车租赁企业都设有业务部、车管部、财务部、行政部,一些大型的连锁经营的汽车租赁公司为了开拓加盟连锁市场还设有网络发展等部门。在实际运作中,工作人员数量和岗位的具体设置可根据站点规模、租赁车辆数目、经营状况而定。

2. 汽车租赁企业的运营成本构成

汽车租赁企业的运营成本是指汽车租赁企业在向客户提供租赁服务(包括汽车功能、税费、保险、维修及配件等)的过程中,发生的相应损耗和管理费用。主要包括如下内容:

(1)车辆折旧,折旧期一般以 5 年计算;

(2)车辆维修、检修费用;

(3)职工工资福利;

(4)财务成本;

(5)各种税费;

(6)经营场所场租费用;

(7)不可预计风险准备费用;

(8)其他经营管理费用。

3. 汽车租赁业务流程

汽车租赁作为一种服务产品,为了提高服务质量、规避运营风险,业务运行中的过程管理十分重要,因此汽车租赁企业应制定和实施合理、严格的业务流程。具体涉及租车、还车和实施救援三个方面。

1)租车流程

客户到达汽车租赁站点后,应由业务人员负责接洽,简要介绍租赁业务情况,解答客户提出的有关价格、车辆使用限制、信用担保、交还车程序等方面的疑问;根据客户的租车目的、用途、所需车型、所用时间等具体情况为客户制定租赁方案,尽可能满足客户需求(对有预约的客户可简化接洽程序)。

各流程的具体工作如下：

（1）接待客户。主要工作是简要介绍租赁情况，解答客户疑问，详细询问客户租车目的、用途、所需车型、租用时间；查阅备车情况，若无客户所需车辆，则提出建议车型；对预约的客户应简化手续。

（2）查验客户证件。业务员应按照公司有关制度仔细查验客户所提供的身份证、驾驶证。经严格确认、留存客户证件复印件，一旦有疑问，及时上报领导，协同保安处理。

（3）签订租赁合同。详细解释合同内容，明确双方的权利和义务，合同签订后双方各执一份。

（4）办理财务手续。业务员应陪同客户到财务部，协助客户办理缴纳押金，预付租金的手续。

（5）提供车辆。业务人员陪同客户到车辆管理部门试车、验车，并填写交接单，交客户签字确认。

（6）客户离站。客户试车满意后，双方共同在租赁车辆交接单上登录验车情况，并签字确认，客户驾车离站。

2）还车流程

当客户到租赁公司交还承租车辆时，业务员应给予客户主动热情的接待，和顾客一起迅速查验汽车租赁合同、车辆交接单等相关单据及其租车时所用证件、证明，会同车管部门对照车辆交接单对车主交还的车辆进行现场勘验；验车结果经车管部门和承租方共同确认后，双方签字验收。然后，由业务人员引导客户至财务部门进行账务结算（若有车损情况，双方应相互协商，由技术部门出具合理赔偿单据，承租方依单据缴纳赔偿金后，方可进行账务结算），财务部门出具结算证明，还车手续结束，汽车租赁合同终止。

3）车辆救援流程

当收到客户要求救援的信息后，业务员应及时填写救援电话记录，建立与客户的联系，询问顾客所在具体地点、联系方式、车辆状况、车损程度、故障部位、是否需要替换车辆等情况。然后通知车管、技术部门安排救援（包括救援车辆、替换车辆的派遣，随车修理工具、通信工具的准备，或准备拖车），并及时提醒或协助客户向公安交管部门和保险公司报案，并会同本公司的车管人员迅速赶赴现场。到达事故现场后，应仔细检查，与客户和公安交管部门一起确认事故原因、责任方及车辆损坏程度，协助保险公司进行定损，双方在救援单据上记录情况并签字确认。然后由工作人员进行维修及必要的车辆替换并跟踪办理保险理赔手续。

5.2 汽车停车服务

5.2.1 汽车停车服务概述

停车问题是提高城市交通效率，推动汽车市场发展的重要环节。据有关部门的不完全统计，2001 年在北京停车泊位与汽车保有量之比达到 83.8：100，也远低于国际公认的 1.3：1 的合理比例。近几年，我国汽车市场高速成长，汽车保有量急剧增加，更加剧了停车位严重不足的情况，这方面说明了我国停车设施落后于汽车市场的发展，同时也反映出经营性停车场具有广阔的市场前景。

1. 汽车停车发展阶段

纵观我国停车设备产业迄今为止的发展，我国的停车大致可分为四个阶段：

(1)20 世纪 80 年代停车产业酝酿时期，停车只是少数人的需求；

(2)20 世纪 90 年代起步时期，随着国外出入口设备巨头进入中国市场，部分民族门控企业在与狼共舞中迅速做大做强，并占领国内出入口控制的大部分市场；

(3)新停车场信息化浪潮中，一批新锐公司进入停车设备业，带来全新的发展思路和理念。

(4)伴随物业服务水平的提高，为更好服务车主，停车场业主对停车场信息化的需求进一步增强，以找车机为代表的全方位智慧停车场系统成为停车场的新高标准。沿着这四个阶段前行的停车业，以停车相关技术的推陈出新作为分水岭，呈现出从无到有，由浅及深的清晰的行业发展脉络。

2. 未来停车场智能化、一体化的发展趋势

停车引导行业从 20 世纪末酝酿，到 21 世纪初发展，再到如今的日渐普及为人们所接受只用了短短数十年时间，发展的速度如同冲天而起的火箭，顺应着时代前进的浪潮，悄然改变着人们的生活。现有的多种停车技术围绕车辆的停放展开专业化智能化的工作，车辆可以在城市停车诱导系统的指引下，迅速有效地寻找到就近的空闲停车场，并在智能车位引导系统的帮助下驶向空车位停放好，而在返回寻车的时候，如果是在客流量和车流量都很多的大型停车场内，因空间广阔缺乏标志而迷失方向寻车困难时，找车机就能发挥出帮助车主快捷反向寻车的重要作用。这些产品是停车引导行业进行专业化发展的重要成果，代表了国内目前在这一领域达到的水平，能够帮助城市实现对有限资源的合理规划配置。

今后停车引导行业的技术发展方向依然不能脱离专业化道路，并将以更经济、节约、有效的方式来满足社会对交通的需求。未来的停车场将同时具备"便捷、安全、舒适"三大特点，在融合包括 ETC 快速道闸放行、车位引导、视频反向寻车、灯控系统等多种技术的前提下，实现停车的一体化服务。当行驶中的车辆有停放需求时，只需简单操作，附近的停车信息就能在数秒之内发送到车内，指引车辆就近进入合适的停车地点，到达停车场后，车辆又能即时接收到车位引导系统发出的引导信息，同时在灯控系统的控制下调整得到最适宜亮度的照明，最后又能在系统的指引下顺利返回爱车停放处，加上无人收费系统、空气净化系统等先进技术，未来的停车将是一种轻松美好的体验。

5.2.2　停车场的分类

汽车停车场是指从事汽车保管、存放，并可进行加油、充气和清洁的作业场所。按照不同的分类标准，汽车停车场具有不同的分类方法。

1)按停车车辆性质分为机动车停车场和非机动车停车场

机动车停车场是指供机动车停放的场地，包括机动车停放维修场地。非机动车停车场是指供各种类型非机动车停放的场地，主要是自行车停车场。

2)按停车位置分为路外停车场和路内停车场

路外停车场是指道路用地控制线以外专门开辟兴建的停车场、停车库或停车楼。

路内停车场是指在道路用地控制线(红线)内划定的供车辆停放的场地，又可分为路上停车场和路边停车场两种形式。路上停车场是指在道路行车带上两侧或一侧，划出若干段带状路面供车辆停放的场地；路内停车场可在城市规划和交通管理等有关部门的指导下，在尽可能减少对交通干扰的前提下，按停车的需要，有选择或分时段地设置于居住小区、机关单位大院、城市次干道、支路、巷道胡同或主路的非机动车道上。

路边停车场是指道路行车带以外的两边或一边路缘外侧(包括路肩、绿化带、人行道、高架桥及立交桥底)所布置的带状停放车辆场地。一般情况下，"路边停车"包含了"路上停车"的概念，因此通常又将路内停车场称为路边停车场。

3)按建筑类型分为地面停车场、地下停车库和地上停车楼

地面停车场是指道路范围以外专辟的供车辆停放的空地或广场，主要由出入口通道、停车坪和其他附属设施组成，具有布局灵活、停车方便、管理简单和成本低廉等特点。

地下停车库是指建在地下具有一层或多层的停车场所。结合城市规划和人防工程设施，在不同地区的公园、绿地、道路、广场及建筑物下面修建地下停车库，是缓解城市用地紧张、提高土地使用价值的有效措施，对改善停车状况的效果显著，但修建地下停车库的成本费用较高。

图5—1 机械式停车场

地上停车楼是指专门为停车辆而修建的固定建筑物或利用大型建筑物顶面作为车辆停放的场所。停车楼又可分为坡道式和机械式两类：坡道式停车楼是指驾驶员驾驶车辆通过坡道进出停车楼，车辆出入便利迅速；机械式停车楼是利用升降机及其传送带等机械设备运送车辆到停放位置，占地面积少，空间利用率非常高。

4)按服务对象分为公共停车场、配建停车场和专用停车场

公共停车场是指为社会车辆提供停放服务的、投资和建设相对独立的停车场所。主要设置在城市出入口、外围环境、大型商业、文化娱乐(影剧院、体育场馆)、医院、机场、车站、码头等公共设施附近，面向社会开放，为各种出行者提供停车服务。

配建停车场是指在各类公共建筑或设施附属建设，为与之相关的出行者提供停车服务的停车场(库)。

专用停车场是指建在工厂、行政企事业单位等内部，仅供本单位内部车辆停放的停车场和私人停车场所。

5）按管理方式分为免费停车场、限时（免费）停车场和收费停车场

免费停车场：主要是大型商业、饭店宾馆等配套的停车场。为与之相关的出行者提供免费停车服务。

限时停车场是指限制车辆的停放时间，辅以适当处罚措施的停车场。在停车场内设置限时装置，由停车者主动启用，交通警察或值班人员经常来往监视。

限时免费停车场是指在限时停车的基础上，辅以收费管理措施的停车场。即不超过限定时间的停车者，可以享受免费优惠；但超过限定时间者，如需继续停车，则将要支付一定的停车费用。

收费停车场是指无论停泊时间长短，均收取一定额度停车费用的停车场。一般有两种收费方式，计时收费和不计时收费，前者是每车收费随停车时间长短而变化，后者不论停车时间的长短，每车收费的标准相同。

6）机械式停车场

系指停车场完全由机械停车设备构成，因其独特多样的停车方式有很强的适应性。具有占地面积小，选型多样，可根据场地特点、使用需要灵活设置，既可以大面积使用，也可以因地制宜见缝插针，还能够与其他方式结合实施，自动化程度高，使用方便，易于管理，在某些条件下是唯一能够定量存车的方法。在我国目前城市条件下，特别是在中心区用地紧张，停车需求集中的地点，机械式停车方式是解决停车难问题的比较经济有效的措施之一。机械式停车场既可做成平面式也可做成立体式。

5.2.3　经营性停车场的建设与管理

1. 选址

选址是经营性停车场投资决策成功与否的最重要因素，它与城市规划中的停车场选址有一定的相似之处。但是，由于这一类停车场除了要配合城市交通疏导之外，还要求投资收益的最大化，因此在选址时应遵循以下原则。

1）停车需求

主要指备选地周边的交通流和相关机构可能为停车场所带来的停车客户的多少，以及周边其他停车设施的形式、数量可能会对投资造成的影响。一般而言，在人口密集的生活小区或商业区的繁华路段修建经营性停车场是比较可行的。

2）步行距离

各国对停车设施规划中的停车后步行时间都曾做过研究，人们一般倾向于停车后有短距离的步行即可到达出行的目的地。人们对停车后步行距离有一定的可容忍范围，一个停车点要保证85%~95%的使用者在其可容忍的服务半径以内。在日本，停车后步行距离一般大约为200~300 m，极限值为400 m左右。我国政府规定，市中心区的停车场服务半径不应大于500 m。

3）交通方便性

停车场所处的交通环境造成的汽车到达停车场的难易程度，主要与停车场周围的路网结构和交通疏导方案有关。交通越方便，停车场的吸引力就越大。

4）连通街道的通行能力

连接停车场与城市主干道的街道，其通行能力必须要适应停车场建成后所吸引的附加交通量，并能提供车辆一定的等候排队所需的空间。

5）征地拆迁的难易及费用

指拟建设停车场的土地上是否存在建筑物需要拆迁，以及拆迁所需的成本和时间，是否有难度较大的地上、地下管线改造，是否存在地质处理等。

6）建设方案与城市总体规划的协调

指在停车场的使用寿命内及服务范围内将来可能发生的停车源的变化，主要考虑新建街道或交通干道出入口布局和现有街道的改造。

2. 审批

停车场建设的审批在我国一般由公安交通管理部门牵头会同规划部门、土地管理部门和消防部门共同负责。公安交通管理部门负责根据城市总体规划的要求协助规划局制定有关城市停车场建设的专业规划，对专业性停车场（库）、楼和公共建筑配建的停车场（库）的建筑施工过程进行技术监督、检查。城市规划部门则主要负责审批要求，对停车场建设和管理实行监督。城市土地管理部门负责审批单位或个人专项建设停车场（楼），申请以划拨或出让方式用地的审批手续。消防部门则负责对停车场的消防情况进行审核。

申请开办经营性停车场，应向地方公安交通管理部门申请办理经营性停车场许可证。在申请申报时，一般要提供以下文件：申请报告、工商行政管理部门核发的营业执照、规划局的图文批件、消防合格证明、市政占道批件、法人代表委托停车场负责人证书、有效的土地使用权证明、停车场建设工程竣工验收合格证明、相应的停车场管理制度和专业巡查人员名单及资格证书、停车场设置车位与进出口标志牌的施工设计图及停车场设施图、主办单位营业执照复印件和法人任命书复印件等。

3. 停车管理系统

目前，经营性停车场均安装智能停车管理系统一般包括出入控制的挡车系统、车辆识别系统、车位显示系统、收费系统等几个子系统，并在相应的计算机管理系统的协调下工作。

1）系统工作流程

现在在用的以非接触式 ID 卡停车场收费系统为代表，能实现停车场系统入口无人看守，入口配置车位显示屏，临时车可以自动取卡、刷卡进入车场，月卡车持卡感应进入车场。出口设置收费控制电脑，收费显示屏和语音提示系统，在非接触式 ID 卡停车管理系统的基础上配置图像捕捉对比系统与汉字同步提示系统等。这类系统工作流程如图 5-2 所示。

2）入场

如图 5-3 所示，临时用户车辆进入停车场时，车辆感应器检测车到。入口处的 LED 显示屏显示车位信息，同时系统以语音提示客户按键取卡，客户按键，票箱内发卡器内的 ID 卡，经输卡机芯传送至入口票箱出卡口，并完成读卡过程。同时启动入口摄像机，摄录一幅该车辆图像，并依据相应卡号，存入中央电脑的数据库中，中央电脑的位置可以放在监控室，一般放在出口收费处。司机取卡后，自动路闸起栏放行车辆，车辆通过车辆检测线圈后自动放下栏杆。月租卡车辆进入停车场时，车辆感应器检测车到，司机把月租卡在入口票箱感应区 10~15 cm 距离内掠过，入口票箱内 ID 卡读写器读取该卡的特征和有关信息，判断其有效性，同时启动入口摄像机，摄录一幅该车辆图像，并依据相应卡号，存入中央电脑的数据库

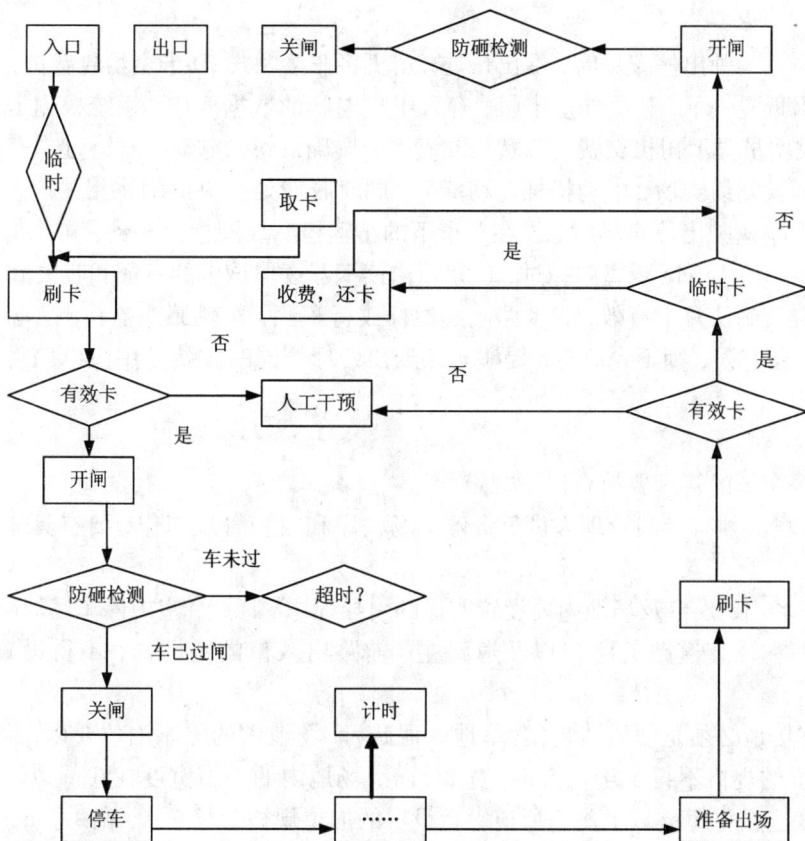

图 5 – 2　系统的工作流程图

中。若有效，自动路闸起栏入行车辆，车辆通过车辆检测线圈后自动放下栏杆；若无效，则不允入场。

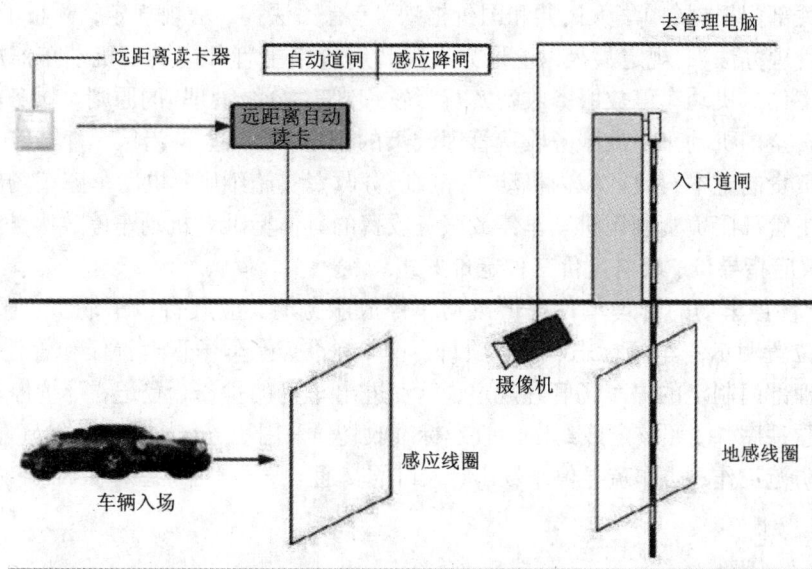

图 5 – 3　进口系统示意图

3）出场

临时用户车辆驶出停车场时，在出口处，司机将非接触式 ID 卡交给收费员，收费员在出口处读卡器附近晃一下，依据相应卡号，存入中央电脑的数据库中，系统根据卡号自动计算出应交费，收费员提示司机交费。收费员收费后，按确认键，电动栏杆升起。车辆通过埋在车道下的车辆检测线圈后，电动栏杆自动落下，同时收费处中央电脑将相关信息记录到数据库内。月租卡车辆驶出停车场时，设在车道下的车辆检测线圈检测车到，司机把月租卡在出口票箱感应器 10～15 cm 距离内掠过，口票箱内读卡器读取该卡的特征和有关 ID 信息，判别有效性。收费员确认月卡有效，自动路闸起栏杆放行车辆，车辆感应器检测车辆通过后，栏杆自动落下；若有误，则不允放行，提醒人工干预处理。同时收费处中央电脑将相关信息记录到数据库内。

4. 管理

经营性停车场的管理要符合以下规定。

（1）停车场必须有专门管理人员负责停车场秩序和收费管理工作，要有具体的规章制度和管理措施。

（2）停车场出、入口及场地内要设置明显的引导标志、标线，室内停车场的出、入口要设置限高标志。在社会道路的路口以及道路主、辅路出入口的范围内，不得设置停车场出、入口。

（3）停车场地必须是硬质铺装（含草地水泥砖）。场地内的停车泊位要以白线标画清晰，每个停车泊位的规格不得少于长 5 m、宽 2.5 m，场地内的通道宽度在 6 m 以上。泊位斜排时，通道宽度应在 4.5 m 以上。与通道平行设置的泊位规格为长 6 m、宽 2.5 m。

（4）停车场须配制必要的消防、排水、通风、防盗、照明设备。并保持其正常运转，消防通道不得设置停车泊位。

（5）室内停车场出、入口的数量，坡道的坡度以及转弯半径必须与规划设计方案相等。

（6）停车场的收费标准应遵循地方政府价格主管部门根据国家有关规定核定的标准执行。国家有关部门根据《中华人民共和国价格法》等有关法律、法规规定，颁布了《机动车停放服务收费管理办法》，规定县级以上地方人民政府价格主管部门负责机动车停放服务收费方面的管理工作。机动车停放服务收费实行"统一政策、分级管理"的原则。国务院价格主管部门统一负责全国机动车停放服务收费管理政策的制定；各省、自治区、直辖市人民政府价格主管部门负责制定本行政区域内机动车停放服务收费实施细则；机动车停车场所在城市人民政府价格主管部门负责制定机动车停放服务收费的具体标准。机动车停放服务收费实行市场调节价、政府指导价、政府定价三种定价形式。

（7）经营性停车场的管理单位提供机动车停放服务时，应履行以下职责：在停车场出、入口的显著位置明示停车场标志、服务项目、收费标准、停车场管理责任和管理制度；执行公安交通管理部门制定的停车场管理规定；负责进出车辆的检查、登记；维护停车场车辆停放秩序和行驶秩序；按照核定或约定的收费标准收费，采用税务统一发票；做好停车场防火、防盗等安全防范工作；协作疏导停车场出、入口的交通。

5.3　汽车代驾服务

　　汽车代驾服务是指服务者通过向"客户"提供代替驾车的服务而收取服务费的、新型的服务方式。在中国近十年来，汽车代驾作为新兴服务行业已经毋庸置疑地快速发展起来，市场需求凸显。汽车代驾服务包括商务代驾、旅游代驾、婚礼代驾、长途代驾、日常代驾、酒后代驾等。代驾服务有两大类存在模式，一类是许多较大的酒店、俱乐部等为特殊客户提供代驾，比如：为醉酒者、无能力、无权限者提供车辆驾驶服务；另一类是俱乐部、汽车服务公司为汽车租赁，或者是有临时需要司机的单位或个人的客户提供的服务。

　　在代驾服务过程中，一旦发生道路交通事故（或本车辆单方事故）而造成客户车辆损失的，首先按道路交通法律法规判定事故责任，必要时请交警裁定责任。经营者应按照与客户签订的代驾服务协议规定予以赔偿。

5.3.1　代价服务标准流程

　　(1)客户致电公司，咨询价格，预定代驾服务；
　　(2)调度员记录客户服务信息，并派服务单；
　　(3)代驾员准时前往客户预约地点；
　　(4)与客户联系确认并签订服务协议；
　　(5)出发前准备工作；
　　(6)行车中按规范操作；
　　(7)服务完成请客户签字确认；
　　(8)代驾员致电公司报告任务完成情况。

5.3.2　代驾公司设立的基本要求

1. 代驾公司的市场准入要求
　　(1)代驾公司应具有代驾经营项目的工商营业执照、组织机构代码证、税务登记证。
　　(2)代驾公司注册资本金应不少于 50 万元人民币。
2. 代驾公司的基本管理要求
　　(1)应具有健全的安全标准、定价标准、接线、回访制度及管理员与代驾员管理制度。
　　(2)应建立规范的人事录用、培训、辞退制度。
　　(3)应在营业场所公示安全服务理念、服务质量管理规范、代驾服务流程及规范等相关制度规定。
　　(4)经营者应根据代驾服务环节科学合理地安排各岗位的设置，并明确岗位职责、任职条件、工作要求与考核指标。
　　(5)在已有保险公司开发出了代驾企业责任险的地域，要求代驾公司投保代驾企业责任险。
3. 绩效考核与激励机制
　　应制定绩效考核办法，对各岗位人员定期进行培训与绩效考核；并建立激励机制，根据绩效考核结果进行奖、罚。

5.3.3 代驾员的从业资格要求

代驾公司选择的代驾员应有当地公安机关或派出机构出具的无犯罪记录证明和公安交管部门出具的近五年来无重大交通事故与无酒驾被处罚记录证明。代驾公司原则上应聘用驾驶证年限与实际驾龄均在五年以上，身体健康、能熟练驾驶多种类型轿车的合格的代驾员。从业的驾驶员应接受当地人力资源与社保部门或相关机构的代驾岗位技能与资格认证培训，具备良好的服务意识，熟练掌握本规范制定的服务操作流程与标准要求，熟悉当地地理交通。

5.3.4 代驾服务基本要求

1. 管理制度要求

(1)代驾员服务时着统一工装和服务单位证件(如胸卡)，使用规范用语。

(2)应开展安全服务培训和多种类型轿车的驾驶培训，提高驾驶员安全服务意识和基本技能。

(3)应制定潜在紧急情况和事故的应急预案，并确保各级人员熟悉紧急情况的应急处理。

2. 服务记录管理要求

(1)应建立代驾服务档案，档案应包括消费者签署的服务协议底联。

(2)档案中各项记录的内容应真实、详细，能够反映经营者和消费者之间的交易过程，确保服务质量和服务人员可追溯。

(3)应制定消费者档案管理制度，按规定做好消费者档案的保密工作，不得公布或泄漏消费者信息。

5.3.5 服务流程规范要求

1. 服务预约

在接到预约代驾服务需求时，应详细记录消费者预约基本信息。

2. 评估报价

客服人员应明确告知将为消费者提供的代驾服务项目、费用组成、收费标准及注意事项。客服要明确向消费者告知本次服务可能产生的费用，并与消费者就服务项目、服务时间和服务费用等相关事项达成口头协议(现场评估前)或服务协议(现场评估确认后)，最终以消费者验收时签字的服务协议为准。

3. 服务流程操作要求

服务前要求按照代驾公司制定的代驾服务流程与规范要求准时到达客户指定地点，需着统一工装并佩戴胸卡等证件，带好驾驶证等相关证件。与客户见面出发前，要检查车辆外观有无明显伤痕(如有要请客户在协议上签字确认)，先请客户在代驾服务协议上签字确认此次服务开始。车辆启动后要确认车辆各性能正常方可开动。确认目的地后按照客户希望的路径行驶。为客户车辆停车入位后，共同检查好车辆外观，协助客户锁好车辆。收取约定服务费用，请客户保存好代驾服务协议付联，礼貌道别。

4. 消费者回访

应设置客服人员对消费者进行及时电话回访、短信回访及其他方式回访。认真记录回访内容，及时总结，根据回访结果，加强对员工进行考核、培训，以提高服务水平。

5.4　汽车法律服务

5.4.1　汽车法律服务概述

1.汽车法律服务的概念

汽车法律服务：汽车法律工作者或相关机构根据委托人要求进行的汽车生产、投资、贸易、消费等各项法律业务，以维护当事人的合法权益，维护汽车服务法律、法规的正确实施，保障和促进汽车服务行业的法律建设而进行的活动。以解决如汽车产品责任纠纷、交通事故纠纷、汽车信贷保险纠纷等汽车法律服务问题。

2.汽车法律服务的特征

汽车法律服务具有专业性、地域性、信任性及差异性四个特征，这是因为汽车法律服务必须具有丰富的国内法律知识、国际法知识、外贸知识以及一定的汽车专门知识，才能有效地维护当事人合法权益。不同的法律制度具有不同的社会性质，在法律属性、术语、结构、实施等方面也大相径庭，外国律师要提供涉及东道主或第三方法律服务的业务相当困难，因此往往会聘请当地的律师来进行相关法律事务。

3.汽车法律服务的表现形式

1）反倾销领域

WTO 关于反倾销的定义是：一国产品以低于"正常价值"的价格出口到另一国，并对进口国相关工业造成了损害的行为。

2）贸易壁垒领域

又称贸易障碍，对国与国之间商品劳务交换所设置的人为限制，主要指一国对外国商品劳务进口所实行的各种限制措施。

3）技术壁垒领域

技术壁垒表现为知识产权保护、产品质量认证以及技术标准控制和垄断等。

4）WTO 体制下的汽车法律服务贸易

（1）在 WTO 体制下，汽车法律服务的执业环境得到改善，摆脱了过去众多事物无法可依的尴尬状态。

（2）汽车法律服务需求增长

随着汽车保有量的迅速增加，汽车法律服务客户数量增加迅猛，同时传统业务量扩大、汽车法律服务品种多样化以及反倾销、反补贴和 WTO 争端等新型法律服务领域出现都使得汽车法律服务需求日益增长。

5.4.2　汽车服务相关的法律法规

1.汽车技术服务管理方面的法律规定

表 5-1　汽车技术服务管理政策法规

法律法规名称	发布部门	实施时间	适用场合	主要目的
机动车维修管理规定	交通部	2005 年 8 月 1 日	机动车维护、修理以及维修救援等相关经营活动	规范机动车维修经营活动,维护机动车维修市场秩序,保护机动车维修各方当事人的合法权益,保障机动车运行安全,保护环境,节约能源,促进机动车维修业的健康发展
汽车运输业车辆技术管理规定	交通部	1990 年 10 月 1 日	汽车运输业运输车辆	加强汽车运输业车辆的技术管理,保持运输车辆技术状况良好,保证安全生产,充分发挥运输车辆效能和降低运行消耗
汽车运输业车辆综合性能检测站管理办法	交通部	1991 年 10 月 1 日	汽车运输车辆综合性能检测站	加强车辆综合性能检测站的管理

2.汽车金融管理方面的法律法规

1)《汽车金融公司管理办法》

《汽车金融公司管理办法》经 2007 年 12 月 27 日中国银行业监督管理委员会第 64 次主席会议通过,2008 年 1 月 24 日中国银行业监督管理委员会令 2008 年第 1 号公布。分总则,机构设立、变更与终止,业务范围,风险控制与监督管理,附则 5 章 40 条,自公布之日起施行。

2)《汽车贷款管理办法》

《汽车贷款管理办法》,对车贷业务品种进行细分,并扩大了放贷机构范围。在个人汽车贷款和用于商业用途的企业汽车贷款方面,新《汽车贷款管理办法》沿用 1998 年的规定,设定了最长为 5 年的贷款期限,并彻底终结"零首付",贷款买车最少要自付两成。

3)《中华人民共和国保险法》

《中华人民共和国保险法》是为了规范保险活动,保护保险活动当事人的合法权益,加强对保险业的监督管理,维护社会经济秩序和社会公共利益,促进保险事业的健康发展,制定的法律。

4)《机动车辆保险条款》

《机动车辆保险条款》规定了机动车基本险及附加险的定义及外延,机动车辆保险所承保的机动车辆是指汽车、电车、电瓶车、摩托车、拖拉机、各种专用机械车、特种车。

3.汽车消费信贷保证保险

保监会在 2004 年 1 月发布的《关于规范汽车消费贷款保险业务有关问题的通知》。

4.汽车流通方面的法律法规

1)《汽车产业发展政策》

为适应不断完善社会主义市场经济体制的要求以及加入世贸组织后国内外汽车产业发展的新形势,推进汽车产业结构调整和升级,全面提高汽车产业国际竞争力,满足消费者对汽车产品日益增长的需求,促进汽车产业健康发展,特制定《汽车产业发展政策》。

2)《缺陷汽车产品召回管理规定》

《缺陷汽车产品召回管理规定》经 2003 年 9 月 28 日国家质量监督检验检疫总局局务会议、2004 年 1 月 15 日国家发展和改革委员会委务会、2004 年 2 月 23 日海关总署署务会和2004 年 3 月 12 日商务部部务会审议通过并公布,自 2004 年 10 月 1 日起施行。

5.5 汽车驾驶培训服务

汽车驾驶培训服务是指以培训学员的汽车驾驶能力或者以培训道路运输驾驶人员的从业能力为教学任务,为社会公众有偿提供驾驶培训服务的活动。包括对初学汽车驾驶人员、增加准驾车型的驾驶人员和道路运输驾驶人员所进行的驾驶培训、继续教育以及汽车驾驶员培训教练场经营等业务。

5.5.1 汽车驾驶执照的种类

汽车驾驶执照分为三种,分别为中华人民共和国机动车驾驶证、学习驾驶证(有效期 2 年)、临时驾驶证(有效期不超过 1 年)。

5.5.2 准驾车型

为了保证交通安全,根据各种机动车辆的驾驶特点,车辆管理机关依据驾驶员考试的车类,经审查及考试合格后,在其所持有的驾驶证中相应准驾车类记录栏内予以签章,即表示该驾驶员准许驾驶此类机动车辆,称之为准驾,且用英文字母(大写)表示(表 5-2)。

表 5-2 准驾车型的代号及所代表的车型

准驾车型	代号	准驾的车辆	准驾车型
大型客车	A1	大型载客汽车	A3、B1、B2、C1、C2、C3、C4、M
牵引车	A2	重型、中型全挂、半挂汽车列车	B1、B2、C1、C2、C3、C4、M
城市公交车	A3	核载 10 人以上的城市公共汽车	C1、C2、C3、C4
中型客车	B1	中型载客汽车(含核载 10 人以上、19 人以下的城市公共汽车)	C1、C2、C3、C4、M
大型货车	B2	重型、中型载货汽车;大、重、中型专项作业车	

续表 5 - 2

准驾车型	代号	准驾的车辆	准驾车型
小型汽车	C1	小型、微型载客汽车以及轻型、微型载货汽车；轻、小、微型专项作业车	C2、C3、C4
小型自动挡汽车	C2	小型、微型自动挡载客汽车以及轻型、微型自动挡载货汽车	
低速载货汽车	C3	低速载货汽车(原四轮农用运输车)	C4
三轮汽车	C4	三轮汽车(原三轮农用运输车)	
普通三轮摩托车	D	发动机排量大于 50 mL 或者最大设计车速大于 50 km/h 的三轮摩托车	E、F
普通二轮摩托车	E	发动机排量大于 50 mL 或者最大设计车速大于 50 km/h 的二轮摩托车	F
轻便摩托车	F	发动机排量小于等于 50 mL，最大设计车速小于等于 50 km/h 的摩托车	
轮式自行机械车	M	轮式自行机械车	
无轨电车	N	无轨电车	
有轨电车	P	有轨电车	

5.5.3 报考汽车驾驶执照的流程

1.报考汽车驾驶执照的流程如图 5 - 4 所示

2.合格标准

(1)交通法规及相关知识(科目一)——笔试，100 分为满分，90 分以上为合格(包含 90 分)。

(2)场地驾驶(科目二)——场内，实车。只分合格和不合格。实行 9 项必考(全部无杆)，包括倒车入库，窄路调头，侧方位停车，坡道定点停车和起步，直角拐弯，曲线行驶，紧急刹车，隧道，收费站取卡。九项必考项目全部通过，才能通过科目二考试(上海市新的科目二项目，有的地方可能还在实行老的五项目)。

(3)道路驾驶(科目三)——公路或模拟场地，实车。考试全部实行电子眼监控 + 交警考试，路考考试更加公正。自 2013 年 1 月 1 日，新交规实施以来，考试增加了灯光使用考试，左右拐弯以及通过人行横道等项目，路考之后增加安全文明驾驶常识理论考试，与科目一不同的地方就是增加了图片分析、判断。考试有 50 道题，每道题 2 分。满分 100 分，90 分及以上合格。

5.6 汽车俱乐部服务

汽车俱乐部是汽车的伴生物，伴随着汽车的出现而出现，陪伴着汽车时代的发展而发

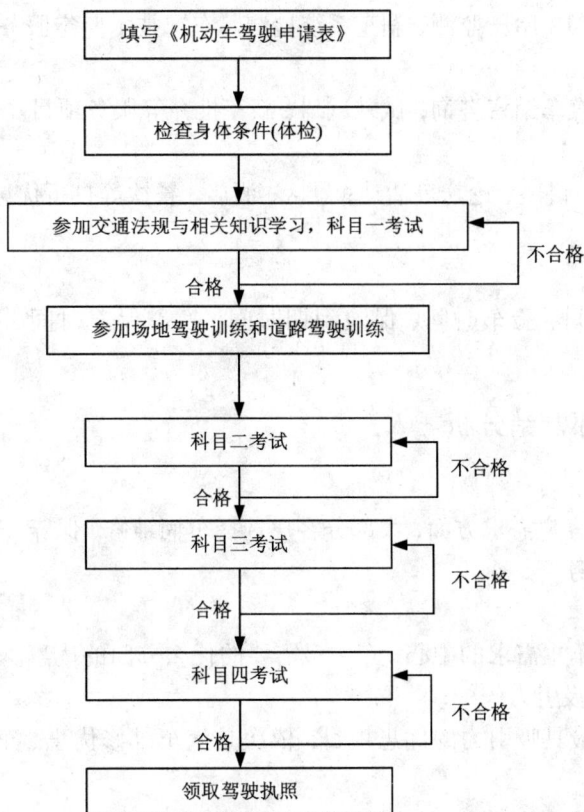

图 5 - 4　报考汽车驾驶执照的基本流程

展，汽车俱乐部需要在工商局、民政部注册，以盈利为目的团体组织。

5.6.1　汽车俱乐部的类型

汽车俱乐部大致可划分为以下几种类型：救援型、租赁型、文化娱乐型、企业型、汽车品牌、综合性俱乐部。

5.6.2　汽车俱乐部的主要服务项目

1. 汽车救援

包含送油服务、紧急救援(拖车服务、车辆泵电)、拖带服务、更换备胎、蓄电池亏电救援等服务项目。

2. 金融服务

包含违章缴费(电子违章提醒、违章缴费代办)、代办维修、代缴税费、补证审证、代办验车等服务项目。

3. 车辆保险

包含代办车辆保险以及代办定损理赔等服务项目。

4.维修保养

包含汽车四轮定位、胎压监测、刹车系统检测等车况技术鉴定服务项目。

5.展销咨询

包含汽车展览、汽车销售咨询、试乘试驾、新车推介等服务项目。

6.汽车旅游

包含自驾、聚会、讲座、论坛等活动；景区、酒店、餐饮等打折优惠以及自驾旅游等服务项目。

7.车务提醒

包含税费缴纳时间、验车时间、保险到期时间、换季保养时间、交通信息等提醒服务项目。

5.6.3 汽车俱乐部营销分析

1.车主需要什么

在通过问卷了解客户需求方面，大部分客户选择车辆维修、保养、美容、自驾游活动、汽车救援及会员综合服务。

2.优惠与免费

优惠与免费，是车主需求的中心，车主最需要的什么方面的优惠。

1）会员消费优惠吸引力

根据调查显示，最具吸引力的优惠项目，依次是汽车维修优惠、车务代办优惠、保险优惠、汽车救援优惠。

2）会员免费服务需求

最具吸引力的免费服务项目，根据调查显示，依次是免费洗车、免费违章代办、免费紧急送油和免费代缴税费。

3）车务代办

车务代办是车主需求的焦点，也是目前各大车主俱乐部的主打业务，其中交通违章最为普遍。

5.7 汽车运动

汽车运动是指以风冷或水冷型内燃机、电动机为动力，四个或四个以上轮子在地面行驶，至少以二个轮作为转向的方向盘式机动车辆作为器材进行的国际和国内竞争、训练、培训，以及带有竞技性质的汽车旅游、探险、娱乐和表演活动。

5.7.1 汽车运动的起源

世界上最早的车赛是在1887年4月20日由法国的《汽车》杂志社主办的，不过参赛的只有1个人，名叫乔尔基·布顿，他驾驶4人座的蒸汽汽车从巴黎沿塞纳河畔跑到了努伊伊。

世界上最早使用汽油汽车进行的长距离汽车公路赛，是在1895年6月11日由法国汽车俱乐部和《鲁·普奇·杰鲁纳尔》报联合举办的，路程为从巴黎到波尔多往返，全程长达1178 km。

最早的汽车跑道赛于 1896 年在美国的普罗维登斯举行。

5.7.2　汽车运动的分类

目前国际上正规汽车比赛主要分长距离比赛、环形场地赛。长距离比赛又可细分为拉力赛、越野赛等；环形场地赛又可细分为方程式汽车赛、耐力赛、无道路比赛等。

详细的汽车运动的分类如下：

1. 长距离比赛

（1）拉力赛：一级拉力赛、二级拉力赛。

（2）越野赛：巴黎—达喀尔赛、巴黎—莫斯科—北京赛。

2. 环形场地赛

（1）方程式汽车赛：F1、F3、FR3000、亚洲方程式、卡丁车方程式。

（2）耐力赛：法国勒芒 24 小时耐力锦标赛、日本铃鹿 8 小时耐力锦标赛。

（3）无道路比赛：特种车赛，大脚车赛。

其中，当属一级方程式汽车赛的影响力最大，也最被国内所熟悉。

5.7.3　汽车运动的作用

与通常的体育运动相比，汽车运动不仅是车手个人技艺、意志和胆量的竞争，而且是汽车设计、产品质量的角逐，这种独具特色的双重性运动，更能体现人类精英与高新科技最完美的结合，体现人类对自然的征服能力。汽车运动的作用可以表现为以下几个方面：

1. 有助于改善汽车的性能

汽车赛有助于改善汽车的性能，尤其是它的动力性。汽车诞生百年来，汽车技术得以不断的发展的原因，在很大程度上是根据各式各样车赛所做的大量实验。赛车场是汽车技术的试验场。汽车赛可以作为汽车新构造、新材料实验等的最重要的手段。在比赛中获得的赛车往往就是制造厂日后生产新车型的参考样本。20 世纪 50 年代，当日本汽车厂家决定加快汽车生产步伐时，首先选中的"基地"就是赛车场。20 世纪 60 年代，它们又将自己的赛车驶向国际赛场。向车坛霸主欧、美赛车宣战，在屡败屡战中吸收了对手的优点，找到了自己的不足，通过改进，它们不仅在赛车场获得了一席之地，而且为日本汽车工业的全面崛起奠定了坚实的基础。

如今，几乎所有赛车都采用了涡轮增压发动机，只有这种发动机才能达到 700~800 马力的输出功率。轮胎不断加宽、制动系统制冷及底盘的日臻完善，使赛车的速度日新月异。在高级赛车运动中，稳操胜券不仅仅靠驾驶者的天赋能力，还取决于发动机、底盘和轮胎三位一体的综合技术水准。从这个意义上讲，赛车活动是一场技术水准的大较量。

2. 强化的道路实验

汽车赛实质上是一种强化的道路实验。它能使汽车所有零部件都处于最大应力状态下工作，将正常使用条件下几年之后出现的问题在短短的几个小时之内就能暴露出来，节省了大量的时间。

3. 动态车展

汽车赛可喻为动态车展。一级方程式汽车比赛每年举行 16 场，分赛场遍布全世界。赛车几乎总是先进技术的结晶，今天，在汽车大赛中推出的每一部新的赛车，几乎都代表着一家汽车公司甚至一个国家在汽车方面的最新技术水平。不仅如此，赛车还体现了普通汽车发展的方向。比较当代新型轿车与 20 世纪 30 年代的赛车设计，不难发现它们之间有一些共同点，如较高的发动机转速、较大的压缩比、较小的汽车质量和流线型的车身等。从某种意义来说，赛车是汽车发展的先驱。最能代表赛车技术的一级方程式赛车，主要出自德国波尔汽车公司、意大利法拉利汽车公司、美国福特汽车公司和日本本田等汽车公司的精心杰作。福特汽车公司形象地把一级方程式汽车大赛称作高科技奥运会。在汽车大赛中推出的新型赛车，从设计到制造都凝聚着众多研制者的心血。在德国约有 2000 多名专门人才直接从事赛车的研制，设计和制造工作，美国约有 1 万人。正是这些专家使得赛车成为代表高新技术的精品。

4. 最佳广告

汽车赛是生动的广告。组织得好的汽车赛，尤其是国际性高水平大赛能够吸引成千万的观众。比赛中赛车和车队是汽车制造商和赞助商的最佳广告宣传载体，可以促进产品销售，为企业带来巨大的经济利益。正因为如此，许多车队才高薪争聘优秀的车手，大的公司才慷慨解囊赞助大型车赛。

5. 促进汽车大众化

汽车赛促进了汽车大众化。除职业性比赛外，世界各地的汽车爱好者们还自行组织进行一些小型的汽车比赛，这对汽车工业的发展有着另外一层意义。许多地方性的汽车俱乐部，联系着千千万万汽车运动爱好者，其广泛性和群众性是汽车大赛所无法比拟的，地方汽车俱乐部组织的汽车赛吸引大量参赛者和现场观众，通过比赛掀起了汽车热，把众多的人吸引到汽车上，传播汽车技术，扩大了汽车爱好者队伍，培育了潜在的汽车制造、使用、维修方面的人才和汽车市场。

6. 集人与车为一体的综合较量

汽车赛是集人与车为一体的综合较量。与通常的体育运动相比，汽车运动不仅是车手个人技艺、意志和胆量的竞争，而且是汽车设计，产品质量的角逐。这种独具特色的双重性运动，更能体现人类精英与高新科技最完美的结合，体现人类对自然的征服能力。

5.7.4　汽车运动的管理机构

国际汽车运动联合会由世界汽车运动委员会的 22 个小组掌管，此委员会负责制定、监督和管理全球一切有关赛车事宜。在国际汽车联合会之下还设有若干具体赛事委员会，协助世界汽车运动委员会处理事宜，这些机构是：

（1）赛车委员会	（2）国际小型赛车委员会	（3）越野赛车委员会
（4）越野吉普车委员会	（5）登山越野车委员会	（6）一级方程式赛车委员会
（7）轿车锦标赛委员会	（8）老式汽车委员会	（9）太阳能车及电动车委员会
（10）技术委员会	（11）赛车日程委员会	（12）安全及赛场委员会
（13）制造厂委员会	（14）记录委员会	（15）医药委员会

1.国际汽车联合会的主要赛事

1)国际汽联一级方程式锦标赛(FIA FORMULA ONE CHMPIONSHIP)

2)国际汽联方程式 3000 国际锦标赛 (FIA FORMULA 3000 INTERNATIONAL CHAMPIONSHIP)

3)国际汽联 GT 锦标赛(耐力赛)(FIA GRAND TOURING CAR CHAMPIONSHIP)

4)国际汽联三级方程式洲际杯(FIA FORMULA 3 INTERCONTINENTAL CUP)

5)国际汽联杯老爷车 GT 赛(FIA CUP FOR HISTORIC GRAND TOURING CARS)

6)国际汽联杯萨罗布莱德大奖赛(FIA CUP FOR THOROUGHBRED GRAND PRIX CARS)

7)国际汽联青少年方程式卢拉尼奖杯赛(FIA LURANI TROPHY FOR FORMULA JUNIOR CARS)

8)国际汽联老爷房车欧洲挑战赛(FIA EUROPEAN CHALLENG FOR HISTORIC TOURING CARS)

9)国际汽联世界拉力锦标赛(FIA WORLD RALLY CHAMPIONSHIP)

2.国内大学生参加的汽车相关比赛

1)大学生方程式汽车竞赛(Formula SAE of China)

2)本田"一升"节能竞技车大赛

3)飞思卡尔智能循迹车大赛

5.8　智能交通

智能交通系统(Intelligent Transportation System, 简称 ITS)是未来交通系统的发展方向,它是将先进的信息技术、数据通信传输技术、电子传感技术、控制技术及计算机技术等有效地集成运用于整个地面交通管理系统而建立的一种在大范围内、全方位发挥作用的,实时、准确、高效的综合交通运输管理系统。

ITS 可以有效地利用现有交通设施、减少交通负荷和环境污染、保证交通安全、提高运输效率,因而,日益受到各国的重视。

智能交通的发展跟物联网的发展是离不开的,只有物联网技术概念的不断发展,智能交通系统才能越来越完善。智能交通是交通的物联化体现。

21 世纪将是公路交通智能化的世纪,人们将要采用的智能交通系统,是一种先进的一体化交通综合管理系统。在该系统中,车辆靠自己的智能在道路上自由行驶,公路靠自身的智能将交通流量调整至最佳状态,借助于这个系统,管理人员对道路、车辆的行踪将掌握得一清二楚。

5.8.1　智能交通特点

智能交通系统与一般技术系统相比,智能交通系统建设过程中要求更加严格,体现出以下特点:

(1)跨行业特点。智能交通系统建设涉及众多行业领域,是社会广泛参与的复杂巨型系统工程,从而造成复杂的行业间协调问题。

（2）技术领域特点。智能交通系统综合了交通工程、信息工程、控制工程、通信技术、计算机技术等众多科学领域的成果，需要众多领域的技术人员共同协作。

（3）政府、企业、科研单位及高等院校共同参与，恰当的角色定位和任务分担是系统有效展开的重要前提条件。

（4）智能交通系统将主要由移动通信、宽带网、RFID、传感器、云计算等新一代信息技术作支撑，更符合人的应用需求，可信任程度提高并变得"无处不在"。

5.8.2 智能交通子系统

1. 车辆控制系统

车辆控制系统辅助驾驶员驾驶汽车或替代驾驶员自动驾驶汽车。该系统通过安装在汽车前部和旁侧的雷达或红外探测仪，可以准确地判断车与障碍物之间的距离，遇紧急情况，车载电脑能及时发出警报或自动刹车避让，并根据路况自己调节行车速度，人称"智能汽车"。美国已有3000多家公司从事高智能汽车的研制，已推出自动恒速控制器、红外智能导驶仪等高科技产品。

2. 交通监控系统

交通监控系统类似于机场的航空控制器，它将在道路、车辆和驾驶员之间建立快速通讯联系。哪里发生了交通事故，哪里交通拥挤，哪条路最为畅通，该系统会以最快的速度提供给驾驶员和交通管理人员。

3. 车辆管理系统

车辆管理系统通过汽车的车载电脑、高度管理中心计算机与全球定位系统卫星联网，实现驾驶员与调度管理中心之间的双向通信，来提供商业车辆、公共汽车和出租汽车的运营效率。该系统通信能力极强，可以对全国乃至更大范围内的车辆实施控制。行驶在法国巴黎大街上的20辆公共汽车和英国伦敦的约2500辆出租汽车已经在接受卫星的指挥。

4. 旅行信息系统

旅行信息系统专为外出旅行人员及时提供各种交通信息。该系统提供信息的媒介是多种多样的，如电脑、电视、电话、路标、无线电、车内显示屏等，任何一种方式都可以。无论你是在办公室、大街上、家中、汽车上，只要采用其中任何一种方式，你都能从信息系统中获得所需要的信息。有了该系统，外出旅行者就可以"眼观六路、耳听八方"了。

5.8.3 智能交通发展趋势

智能交通是当今世界交通运输发展的热点和前沿，它依托既有交通基础设施和运载工具，通过对现代信息、通信、控制等技术的集成应用，以构建安全、便捷、高效、绿色的交通运输体系为目标，充分满足公众出行和货物运输多样化需求，是现代交通运输业的重要标志。

在国外，日本的智慧道路系统、欧洲绿色智能交通、美国智能驾驶战略都是智能交通发展的有效实践。电子站牌、动态导航仪、电子不停车收费系统等智能交通应用也逐渐走进中国人的生活。

从战略性新兴产业发展形势来看，截至2015年上半年，我国手机用户超过10亿，其中智能手机用户2.5亿，手机首次超过计算机成为第一大上网终端。移动互联的迅速发展也为智能交通提供了新的手段和发展机遇。而城市智能交通快速发展的同时，随着我国交通基础设施的持续建设和不断完善，也将带动其他交通领域的智能化建设不断发展。

智能交通将在支撑交通运输管理的同时，更加注重为公众出行和现代物流服务；在为小汽车出行服务的同时，更加注重为公共交通和慢行交通出行服务；在关注提高效率的同时，更加注重安全发展和绿色发展。

5.9　汽车展览

5.9.1　汽车展览定义

汽车展览(Auto show)是由政府机构、专业协会或主流媒体等组织，在专业展馆或会场中心进行的汽车产品展示展销会或汽车行业经贸交易会、博览会等。

对于汽车工艺的呈现与汽车产品的广告，如同汽车制造业者和当地经销商的公共关系。消费者可经由汽车展览会场所展示的汽车或汽车相关产品，了解汽车制造工业的发展动向与时代脉动。

汽车厂商则可以通过车站对外宣传产品的设计理念，发布产品信息，了解世界汽车发展方向。

5.9.2　汽车展览的策划

汽车展销会策划过程如图 5－5 所示。

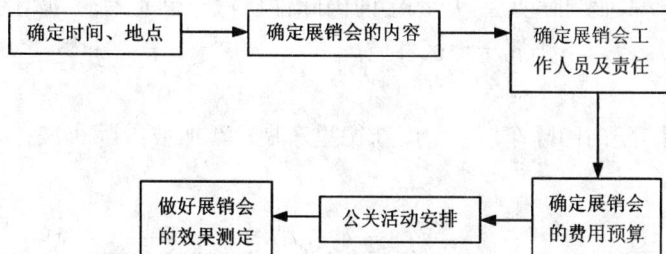

图 5－5　汽车展销会的策划过程

5.9.3　汽车展览会

1. 国际五大汽车展览会

1)日内瓦车展

日内瓦车展创办于 1924 年，是欧洲唯一每年度举办的大型车展。每年 3 月份举行，是各大汽车商首次推出新产品的最主要的展出平台，素有"国际汽车潮流风向标"之称。日内瓦车展在展览面积 7 万多平方米的室内展馆举行，面积虽然不大，却是生产豪华轿车的世界著名汽车生产厂家的必争之地。车展期间，日内瓦大小饭店均告客满，由于人数众多，许多人不得不住到洛桑、苏黎世、伯尔尼等城市甚至邻近的法国。因此，给这些地方带来不菲的旅游收入。

2）巴黎车展

巴黎车展起源于 1898 年的国际汽车沙龙会，是世界上第一个车展。自 1898 至 1976 年，每年一届，此后每两年一届。每年的 9 月底至 10 月初在巴黎举行。

3）北美车展

创办于 1907 年，起先叫作"底特律车展"，是世界最早的汽车展览之一，1989 年更名为"北美国际汽车展"。拉开每年车展序幕的是北美车展，时间固定在 1 月 5 日左右开始，举办地在美国的汽车之城——底特律。展览面积约 8 万 km^2 左右，会议室、会谈室近百个。车展每年为底特律带来了可观的经济收益，年平均在 4 亿美元以上。

4）法兰克福车展

法兰克福车展，创办于 1897 年，是世界最早举办的国际车展，也是世界规模最大的车展，有世界汽车工业"奥运会"之称。展览时间一般在 9 月中旬，每年举办一届，轿车和商用车轮换展出；展出的车辆主要有轿车、跑车、商务车、特种车、改装车及汽车零部件等，此外为配合车展，德国还举行不同规模的老爷车展览。

5）东京车展

第一次东京国际汽车展始于 1954 年。它的历史在国际五大车展中是最短的，作为亚洲最大的国际车展，被誉为"亚洲汽车风向标"。车展在日本东京千叶县举行，与其他国际著名车展相比，东京车展具有鲜明的特点——日本产的各种小型汽车历来是车展的主角。同时，各种各样的汽车电子设备和技术也是展会的一大亮点。

2. 区域汽车展览会

经由"世界汽车工业国际协会"所认定的国际性质汽车展览有逐渐增加。但仍尚未被国际社会普遍所公认，故以下仍属于地区性质。

1）亚洲

韩国首尔车展、釜山国际车展；印度新德里车展；新加坡国际车展；乌兹别克斯坦国际汽车展。

2）欧洲

英国国际车展，英国伯明翰车展；比利时布鲁塞尔国际汽车展；瑞典斯德哥尔摩国际车展；意大利博洛尼亚国际车展；俄罗斯莫斯科国际汽车展。

3）非洲

南非约翰内斯堡非洲车展。

4）北美洲

美国纽约车展、洛杉矶车展、芝加哥国际车展；加拿大蒙特利尔国际车展、温哥华国际车展、加拿大国际车展。

5）南美洲

巴西圣保罗国际车展。

6）大洋州

澳大利亚墨尔本国际车展。

3. 北京汽车展览会

北京国际汽车展览会(Auto China)于 1990 年创办,每两年定期在北京举办,已连续举办了十届,至今已走过 20 年的发展历程。

北京国际汽车展览会自创办以来,规模不断扩大,展会功能也由过去单纯的产品展示,发展到今天成为企业发展战略发布、全方位形象展示的窗口;全球最前沿技术创新信息交流的平台;最高效的品牌推广宣传舞台。展品品质逐届提高,影响也日趋广泛,众多跨国汽车企业将北京车展列为全球 A 级车展。

秉承展品精、品牌全、国际化的办展理念和特色,北京车展是国际上具有较高知名度的品牌展览会,为我国汽车工业的发展,自主汽车品牌的创立、发展发挥了重要的作用,并为促进中外汽车业界的交流与合作,为我国会展经济的快速发展做出了积极巨大的贡献。

另外,与汽车相关的展会有很多,如汽车改装展览会、汽车用品展览会、客车展览会、汽车工业展览会、天然气汽车展览会等。

本章小结

汽车其他延伸服务包括汽车租赁服务、汽车停车服务、汽车代驾服务、汽车法律服务、汽车驾驶培训服务、汽车俱乐部服务、汽车运动、智能交通、汽车展览服务等几方面内容。

汽车租赁按照租赁期长短划分为长期租赁和短期租赁,按照经营目的可划分为融资租赁和经营租赁。汽车租赁的经营模式有汽车租赁企业与汽车厂密切合作模式、特许经营模式、会员制模式、多元化经营模式等。汽车租赁作为一种服务产品,为了提高服务质量、规避运营风险,业务运行中的过程管理十分重要,因此汽车租赁企业应制定和实施合理、严格的业务流程。具体涉及租车、还车和实施救援三个方面。

汽车停车场是指从事汽车保管、存放,并可进行加注、充气和清洁的作业场所。按照不同的分类标准,汽车停车场具有不同的分类方法。按停车车辆性质分为机动车停车场和非机动车停车场,按停车位置分为路外停车场和路内停车场,按建筑类型分为地面停车场、地下停车库和地上停车楼,按服务对象分为公共停车场、配建停车场和专用停车场,按管理方式分为免费停车场、限时(免费)停车场和收费停车场。

经营性停车场均安装智能停车管理系统一般包括出入控制的挡车系统、车辆识别系统、车位显示系统、收费系统等几个子系统,并在相应的计算机管理系统的协调下工作。

汽车代驾服务是指服务者通过向"客户"提供代替驾车的服务而收取服务费的、新型的服务方式。汽车代驾服务包括商务代驾、旅游代驾、婚礼代驾、长途代驾、日常代驾、酒后代驾等。

汽车法律服务指汽车法律工作者或相关机构根据委托人要求进行的与汽车生产、投资、贸易、消费等各项法律业务,以维护当事人的合法权益,维护汽车服务法律、法规的正确实施,保障和促进汽车服务行业的法律建设而进行的活动。以解决如汽车产品责任纠纷、交通事故纠纷、汽车信贷保险纠纷等汽车法律服务问题。汽车法律服务具有专业性、地域性、信任性及差异性四个特征,这是因为汽车法律服务必须具有丰富的国内法律知识、国际法知识、外贸知识以及一定的汽车专门知识,才能有效地维护当事人合法权益。

汽车驾驶培训服务是指以培训学员的汽车驾驶能力或者以培训道路运输驾驶人员的从业能力为教学任务，为社会公众有偿提供驾驶培训服务的活动。包括对初学汽车驾驶人员、增加准驾车型的驾驶人员和道路运输驾驶人员所进行的驾驶培训、继续教育以及汽车驾驶员培训教练场经营等业务。

汽车运动是指以风冷或水冷型内燃机、电动机为动力，四个或四个以上轮子在地面行驶，至少以二个轮作为转向的方向盘式机动车辆作为器材进行的国际和国内竞争、训练、培训、以及带有竞技性质的汽车旅游、探险、娱乐和表演活动。

目前国际上正规汽车比赛主要分长距离比赛和环形场地赛。长距离比赛又可细分为拉力赛、越野赛等。环形场地赛又可细分为方程式汽车赛、耐力赛、无道路比赛等。

智能交通系统是未来交通系统的发展方向，它是将先进的信息技术、数据通讯传输技术、电子传感技术、控制技术及计算机技术等有效地集成运用于整个地面交通管理系统而建立的一种在大范围内、全方位发挥作用的，实时、准确、高效的综合交通运输管理系统。

汽车展览是由政府机构、专业协会或主流媒体等组织，在专业展馆或会场中心进行的汽车产品展示展销会或汽车行业经贸交易会、博览会等。

思考题

1. 汽车租赁有哪些经营模式？
2. 汽车停车场有哪些类型，各有何特点？
3. 智能停车管理系统一般包括什么内容？说明其工作原理与组成。
4. 汽车代驾服务有哪些类型？
5. 什么是汽车法律服务？列举与汽车相关的主要法律法规。
6. 汽车驾驶执照分为哪几种类型，各种驾驶执照如何兼容？
7. 汽车驾驶培训需要考试哪些科目？每个科目有何要求？
8. 列举汽车俱乐部的类型，说明各种汽车俱乐部的服务项目。
9. 汽车运动有何魅力？
10. 如何策划一场汽车展销会？
11. 列举国内主要汽车展销会，分析各自的特色。

第6章　汽车服务工程大学生创业与就业

6.1　汽车服务工程专业介绍

　　据中国汽车工业协会最新统计,2015年我国汽车产销总体平稳增长,全年汽车产销分别完成2450.33万辆和2459.76万辆,连续7年蝉联全球第一,创全球历史新高。伴随中国汽车产业的发展,汽车服务工程人才培养在我国的地位越来越重要,它逐渐成为行业间竞争的重要因素。目前,我国汽车市场面临的主要问题就是汽车服务人才少、整体素质不高等,急需大量优秀的汽车研发人才、专业维修人才、管理人才、营销人才等,这些都是未来发展需求的重点。为缓解当前汽车服务行业的人才缺口,如何加强对高素质人才的培养,不仅是汽车行业所要关注的问题,还是教育界关注的问题。汽车服务行业是近几年来新崛起的新兴行业,要培养符合社会需求、市场需求、产业需要的高素质汽车服务专业人才,就必须加强对汽车服务工程类专业知识的掌握,加强个人服务能力、提高服务质量,时刻关注社会对汽车服务行业的需求。

1.汽车服务工程专业起源与发展

　　1952年交通部倡议设立汽车技术使用维修专业(专科)。50年代中期吉林工大和西安公路学院设立本科。恢复高考后,变更为汽车运用工程本科专业,1988年武汉工学院设立汽车营销工程专业方向。1993年变为载运工具运用工程专业,1998年与交通运输管理和道路交通管理合并成立交通运输专业。2002年武汉理工大学申报了汽车服务工程专业。自从2003年首度得到国家教育部批准设置本科汽车服务工程专业以来,开办该专业的高等院校越来越多。据了解,目前全国本科层面有七十余所高校开办了该专业,招生规模逐渐加大,同时毕业生人数也越来越多。由于作为一门新兴专业,该专业建设和人才培养的探讨正处于初级阶段,国家对于专业的教学模式和培养方案没有统一的标准,各院校更多的是从本校的传统和特点出发,根据相关专业的办学情况,制定具有本校特色的人才培养方案,例如:武汉理工大学注重营销,长沙理工大学强调诊断、检测,同济大学则侧重贸易等等。尽管各院校的专业规划和人才培养各有所特点,但主要分为两类:一是承接原专业目录中的“汽车运用工程”,延续办学,并增加相关内容力求完善;二是抛开交通运输专业和汽车运用工程专业,设置汽车营销、汽车金融类内容成为“新”专业。

2.汽车服务工程人才的知识结构和要求

1)汽车服务人才

汽车服务行业指的是汽车产业的一种延伸业务，主要包括了汽车的基础性业务，汽车生产连接汽车生产与消费等业务。宏观上包括汽车行业相关的法律法规，如汽车产业政策、中外交易生产的环境、维护汽车技术创新法规等，为政府、企业提供了有效性的支持；微观上汽车服务也包括了对客户在进行购买汽车前的、购买时的、购买后的优质服务。由此可见，汽车服务人才在汽车产业中的定义是：对汽车具有一些基本的知识或者是基本技能，在汽车服务的某个领域中能够进行创造性的劳动，对汽车服务存在做出贡献的人。根据国家新颁布的 2012 年专业培养计划，汽车服务工程专业主要培养具有扎实的汽车服务理论知识，掌握现代信息技术和经营管理知识，熟悉相关法律法规，具备"懂技术、擅经营、会服务"的基本素质和能力，能够在汽车技术服务、汽车营销服务、汽车金融保险服务、汽车相关产品规划等。

2）汽车服务工程人才的知识结构

（1）文化知识。

汽车服务工程人才具有：道德法律基础知识；中文应用文写作基本知识；应用数学基础知识；实用英语和专业英语知识；计算机基础知识；体育运动和训练知识；思想道德修养与法律基础；应用文写作；应用数学、实用英语和专业英语知识；计算机应用基础；体育与技能。

（2）专业知识。

专业知识方面具有机械制图与 CAD 技术基础知识；汽车机械与电子技术基础知识；汽车构造知识；汽车检测与故障诊断技术知识；汽车整车与零部件营销策划及销售知识；汽车维修企业管理知识；汽车查勘定损与理赔知识；汽车旧车鉴定与交易知识；汽车整车及零部件物流管理知识等。

（3）社会知识。

社会知识方面具有：人类与社会发展的基本规律；党和国家的路线、方针政策；爱国主义思想、公民道德、职业道德和敬业精神；个人与他人、个人与集体、个人与社会的关系；心理健康教育；就业与创业；毛泽东思想、邓小平理论、三个代表重要思想、科学发展观；形势与政策；思想道德修养与法律基础；心理健康教育；现代礼仪与商务谈判；职业生涯规划与指导。

3）汽车服务工程人才的能力素质方面要求

（1）能力领域。

个人能力具有自我管理与发展能力，社会交往与合作能力，应用文写作能力。在专业职业能力方面具备具有识图与绘图能力及 CAD 技术应用能力；汽车基本维护和维修能力；汽车检测与故障诊断及维修能力；汽车电控技术应用能力；汽车整车及零部件营销能力；汽车维修企业的管理能力；汽车维修企业的经营管理；汽车物流管理能力；汽车查勘定损理赔能力；汽车国际贸易能力；汽车成本管理能力。

（2）素质要求。

身体素质方面：身体健康，体质好；心理健康，人格完善；有较强的协调能力；能承受一定压力，能吃苦耐劳；有独立的工作能力，勇于创新、敢于攀登的顽强意志。人文素质方面有：一定的自然科学和人文素养；有较高的审美情趣；懂得礼貌、道义、仁爱、智慧、诚信；思想道德修养与法律基础；相关的文化艺术讲座；自然科学讲座；文学欣赏课；相关的专业课程；经典书籍阅读。专业素质方面：掌握一定的专业理论知识，有科学的辩证唯物主义观，能运用专业理论知识分析问题和解决问题；具有搜集和整理信息处理信息的能力；在实际工作中有一定的自学能力，有较强的动手能力和解决实际问题的能力；掌握一门以上专业技能，获得一门以上专业技能职业资格证；能注重职业操守和职业岗位操作规范，注重工作安全和事故防护规定，注重环保规定。

6.2　大学生创新与创业

2015 年 3 月 5 日，李克强总理在政府工作报告中提出："推动大众创业、万众创新，既可以扩大就业、增加居民收入，又有利于促进社会纵向流动和公平正义。""大众创业、万众创新"被定义为实现经济提质增效升级的新引擎。国家出台的一系列鼓励创新创业的政策昭示着全民迎来了创新创业的黄金时期。2015 年 5 月 13 日，国务院办公厅发布《关于深化高等学校创新创业教育改革的实施意见》，全面部署深化高校创新创业教育改革工作。高校应该主动适应经济发展新常态，以推进素质教育为主题，促进高等教育与经济社会发展的紧密结合，加快培养富有创新精神、勇于实践的创新创业人才。

1. 创新创业教育概念及其重要性

1991 年，东京创业创新教育国际会议从广义上把"创业创新教育"界定为：培养最具有开创性个性的人，包括首创精神、冒险精神、创业能力、独立工作能力以及技术、社交和管理技能的培养。

要开展好创新创业教育，首先应搞清楚创新和创业之间的关系以及创新创业教育的由来。毫无疑问，创业与创新密切相关，"创业以创新为基础，创业教育的成败和创新教育的成效密切相关，而创新教育的成效也需要通过创业实践来检验，二者相互支撑，密不可分。有鉴于此，我们把创新教育与创业教育和在一起成为创新创业教育。"

相对于传统教育而言，创新创业教育的基本理念是从"接受、继承"向"发展创新"转化。创新创业教育的目的是不但使被教育者接受固定的知识，还要有开发、创造的能力，即培养创新型人才。这种人才培养理念和方式，是对传统人才培养模式重大改革，是素质教育的具体体现。创新创业教育已成为目前素质教育的焦点，创新创业能力培养，也是高校核心竞争力的重要组成部分，高校开展大学生的创业、创新意识能力已成为高校发展的重要目标和战略问题。所培养的具有创新精神和创业能力的创新型人才，是未来激烈的竞争社会对大学生的要求，更是民族创新能力提高的重要保证。

在我国深入推进经济结构转型，全力构建创新型国家的关键阶段，开展大学生创新创业教育有着十分深远的战略意义。教育部在《关于大力推进高等学校创新创业教育和大学生自主创业工作的意见》中明确提出"创新创业教育是适应经济社会和国家发展战略需要而产生的一种教学理念与模式"，要求通过加强创新创业教育课程体系建设、加强创新创业师资队伍建设、广泛开展创新创业实践活动等方式大力推进高等学校创新创业教育。

2010 年 10 月首届"互联网 +"大学生创新创业大赛在吉林长春召开。本届大赛经过校级初赛、省级复赛，最终产生 300 支优秀团队进入全国总决赛，其中创意组项目 111 项，实践组项目 189 项。本届大赛最终共决出冠亚季军 4 名，产生金奖 34 个、银奖 82 个、铜奖 184 个。大赛自今年 5 月启动至今，已吸引 31 个省份及新疆生产建设兵团 1878 所高校的 57253

支团队报名参加，提交项目作品 36508 个，参与学生超过 20 万人，带动上百万名大学生投入创新创业活动。比赛共吸引意向性投资 30 亿元，为项目成果转化提供了资金支持。据统计，大学生选择创业的比例从 2013 年的 2.8% 提高到 2015 年的 6.3%。2014 年 40 万留学归国人员中 15% 选择创业。因此，在国家鼓励全面创新的时代背景下，建立完善的大学生创新创业教育培养体系，提高大学生创新创业思维的养成就显得尤为重要。

2. 大学生创新创业的国际经验

鼓励大学生自主创业是各国的普遍做法，互联网物联网的出现正在催生新一轮的创业潮。

日本是人口大国，也是技术大国和经济强国。为了就业，日本大学生从大学入学后就开始参与各种各样的就业辅导和创新创业指导，包括通过专家分析个人的长处和短处，适合何种职业，如何进行职业选择。从大学一年级就开始接受职业规划，首先是认清自己的特点、性格、优势和劣势，在此基础上接受就业指导和职业训练。日本大学机构从职业训练到指导学生写就业申请书等各个方面帮助学生，例如，他们教学生如何在求职书中推销自己，如何在面试时回答雇主或面试者提出的问题，而这些都要大学生在平时学习和生活中锻炼自己随着科学技术革命和经济的发展，一些用人机构的观念也发生了巨大变化，他们更喜欢创新、活泼、独立、适应、拼搏性的人才。随着金融创新、新媒体和网络发展，风险投资、风险创业急需金融人才。谈到日本经济发展，辜朝明认为："那种资质均一、拥有相同知识结构和世界观的所谓主流型人才在今天的世界已经不再适用，因为不可能指望这类人才拥有太多创新思维。日本现在真正需要的是那种非均一资质，但是敢于挑战权威，创造新产品、开拓市场的人才。"2013 年日本大学生的就业状况有所好转，主要是大学生们放低身段，再就是得益于在大学校园中从创新创业项目中得到的实践锻炼。

英国政府于 2004 年创立了大学生创业促进委员会，旨在培养大学生企业家。随着影响的扩大，这个委员会已升级为创业教育中心，为英国百余所高校提供创业辅导，为毕业生创业项目提供贷款支持，为高校和企业牵线搭桥等。金融危机后，英国政府资助并大力推行全国学徒服务计划，为青年特别是大学毕业生提供过渡性就业岗位，积累工作经验和相关技能。

俄罗斯是一个在文化和教育方面积淀深厚的国家，高等教育也相当普及。2013 年，俄罗斯公共教育支出占 GDP 的比重为 4.3%，与中国大致相当。在俄罗斯，大学生活仅仅是个人成人生活的开始。俄罗斯总统普京对大学生参与实践活动非常重视，对大学生的就业问题也极为关心。由于学校和政府的高度重视，俄罗斯大学生对于未来的就业选择非常关注，通常在大学二年级就积极寻求锻炼和实习机会。俄罗斯大学生对于社会活动和实习看得很开，尽管希望和自己的专业挂钩，但对改行也习以为常。调查表明，俄罗斯大学生对于毕业后的职业选择是比较理性的，他们认为教育只是提供职业培训的场所和提高个人素质的机构，所以，毕业后很多人改行，或者出于挣钱的目的，或者考虑工作地点，或者考虑个人兴趣，选择的动机多种多样。2013 年 9 月 1 日，俄罗斯总统普京在远东联邦大学师生座谈会上说道："允许大学创办创新性的企业，之所以这样做，至少有两个出发点：让教学过程与人才市场对接，这就能够让人们找到工作、知道市场上需要什么样的人才，这也能帮助未来的用人单位获得最优秀的人才，此为一。第二，也为将来的工作进行多种多样的实习和实践。"普京主张不要限制学生在学期间的工作时间，要创造条件使学生和企业之间形成对接机制。建立这样的机制既是学校的任务，也是学生自己的任务。由于各种原因，俄罗斯大学生非常乐意参与各种社会活动和实习，有研究表明，50%的俄罗斯大学生在校期间都曾有过一定的实习经历。

2010年印度尼西亚政府为促进大学生就业发起了创业发展计划，政府每年拨款1000万美元鼓励和支持大学毕业生创业。政府支持大学生创业的程序主要有：首先，大学毕业生拿出一份创业计划书，一份类似于可行性研究报告的东西，根据计划书，政府考核学生的综合能力。然后，对符合要求的学生进行一定的培训，培训内容包括市场营销技术、市场分析、沟通与交往、心理素质等。经过培训，政府会选择那些他们认为具备创业条件的大学毕业生进入创业支持序列，给他们提供一定的资金，此后的半年中，政府有关机构会对大学生的创业进行跟踪和辅导。可以把创新和创造性作为倡导创业的竞争性手段以解决青年失业的问题，也就是说，青年人可以创建自己的企业，从而找到工作。根据经合组织（OECD）国家的研究，中小企业是当今主要的雇主，创造了过去10年33%的就业岗位，大企业不再成为就业的蓄水池，所以有必要发展中小企业，尤其是通过创业，来实现就业目标，让青年自己来掌握自己的命运，这意味着要教他们成为创业者所具有的领导力和管理能力，包括沟通、团队工作、决策、组织能力以及自信。这个解决方案与劳动力市场和法规的支持密切相关，需要很多改革来实现。市场能够灵活激励青年人去创造自己的事业，目标税收和经营刺激最为关键。

在荷兰等国家，高等院校专门搭建了以学校为依托的创业平台，帮助大学生开展创业活动。有的大学建立"创业孵化器"等组织形式，把学生提出的创业计划在仿真环境中加以模拟，组织学生、老师和实务界人士一道讨论、实践。

瑞典政府积极支持大学毕业生的创业活动。国家工业部、高教局、创新局、教育部、创业中心、学生商务机遇中心等多个部门和机构合作，以促进大学毕业生就业。工业部每年拿出约500万瑞典克朗（约合461万元人民币）资助在创新研发中取得突出成就、并乐于通过自主创业将研发成果转化成商品的大学生创业项目。各部门和机构联合举办与学生面对面交流活动，对学生自主创业者在创业活动中遇到的挑战，给予帮助和支持。

在美国，大学都设有毕业生就业指导中心等机构，为学生提供各种各样的职业训练和职业生涯规划，内容涵盖职业规划、入学专业选择、择业技巧、就业咨询以及就业信息等全面服务。为了提高学生适应市场的能力，美国许多著名院校设立各项专项资金，设立跨越学科的教学研究中心，使各类边缘学科纳入学校的教学和研究体系，拓宽学生的视野，为学生进入社会提供更加雄厚的知识基础。通常的情况是：大学一年级，就业指导服务中心就开始有计划地帮助学生了解市场和就业状况，对学生进行职业教育，帮助学生接触和了解就业状况；大学二年级，帮助学生了解和发现自己，包括自己的兴趣、特长、性格、专业，在此基础上帮助学生选择专业；大学三年级，帮助学生了解就业市场和有关雇主的情况，参加一些社会实践和就业招聘活动，这个阶段，学生开始介入就业市场和职业生涯；大学四年级，指导学生练习求职。荷兰高等院校除正常提供职业训练外，还邀请校外的专业人士来学校举办讲座，介绍经验。荷兰大学生在校期间也有机会到校外开展实习和社会活动。大学也鼓励和支持学生在业余时间开展社会实践和职业训练。

3. 大学生创新创业教育中遇到的主要问题

尽管目前国家层面对创新创业的重视程度不断加强，在实际开展创新创业及其教育工作的过程中，仍然遇到不少阻力，主要表现在以下几个方面：

第一，大学生创新创业意识较低。由于基础教育阶段以应试教育为主，学生只要掌握了考试所要求的基础知识就基本完成了学习任务，加之繁重的学习任务，大学生在进入大学前的基础教育阶段往往只关注课本知识，对于实践类及创新类的领域涉足较少，往往在大学教育阶段才逐步开始批判性思维的培养，创新创业意识较为淡薄。

第二，传统观念中对于创新创业理解的偏颇。一方面，由于传统文化及观念的影响，大学生进入大学阶段后往往以就业为主要导向，"就不了业才去创业"的观念影响较深；另一方面，大学生往往容易忽视创新，片面地将创业理解为"摆摊""开铺子""不务正业"等，而始终忽视创新创业与大学生自身的关系。值得注意的是，这类传统观念不仅在大学生群体中较为普遍，在大学生家长中更加根深蒂固，许多对创业有着较强兴趣的大学生往往迫于家长的压力而放弃。

第三，大学生创新创业培训的缺乏。在传统的高校教育中，往往只重视对大学生通识知识、专业知识及就业技能等的教育及辅导，缺乏对创新创业方面的科学指导，特别是对于创业这一实践性很强的主题，缺乏科学有效的平台及教育途径，从而进一步加深了大学生对创新创业的误读，也在操作层面进一步加大了推进大学生创新创业中的阻力。与此同时，由于系统科学的培训的欠缺，大学生在开展各类创新创业类实践活动的过程中，往往无法掌握科学的方法，这也从一个方面导致大学生创业过程中不必要的失败增多，进而影响大学生创业的热情和信心。

第四，大学生创新创业整体氛围不够浓厚。尽管目前国家对大学生创新创业及其教育的鼓励及扶持力度较大，然而近年来进展始终并不明显，其中一个重要的原因就是大多数高校中，鼓励大学生创新创业的氛围仍然不够浓厚，大学校园对于人才的评价标准仍然较为单一，对于创新创业，尤其是创业类人才的鼓励力度尚不明显，将创新创业作为大学人才培养目标之一的校园文化尚未形成。

4.构建高校创新创业思维养成体系

1）大学生创新创业意识的培养

在开展大学生创新创业教育的过程中，首先应注意对大学生创新创业意识的培养。针对目前大学生中普遍存在的认为"创业就是不务正业"的观念，应通过正面引导的形式告诉广大大学生什么是真正的创业，引导他们理解只有具备了创新精神、创业素质和能力的人才是创新创业的生力军。通过树立正面典型，激发大学生的创新意识和创业激情，引导他们正确认识创新创业，从思想层面克服创新创业的畏难情绪。与此同时，应进一步革新大学人才评价体系，鼓励具有强烈创新精神和创业实干精神的在校大学生，将鼓励创新作为大学精神的一部分，通过鼓励创新推动大学生创新创业教育。同时要做好大学生创新创业思维养成的根本是要做好对政府出台的重要文件的研读和理解。大学生应该把握国家政策导向，不能以简单的生活认知进行创新创业的出发点。例如：2015年全国两会李克强总理所作的《政府工作报告》中提到的"中国制造2025""互联网＋""移动互联网""云计算""大数据""物联网""创客"等最新关键词，就是创新创业灵感的来源，是未来国家大力扶持的产业方向。

2）完善创新创业课程体系建设

目前，很多高校在创业教育课程的设置及学科穿插互补上，还处在逐步探索阶段。创业教育课程体系的建构上，缺乏系统性及实践性。不妨成立虚拟的"创业教育学院"，完善课程体系，营造创新创业氛围。创业教育并不是面向每一个学生的教育，但高校要给有创业意愿的学生提供一个创业教育的平台。

3）建立创业导师队伍

当前，创业教育在各高校开展得如火如荼，但是师资队伍结构不合理、人员不稳定、专业素质不高等方面因素严重制约着创业教育的教学质量。专业教师缺乏实践经验，传授的知识更多地停留在理论层面。因此，高校在推动大学生创新创业教育的过程中，创新创业指导教师队伍的建设是最为关键的环节。高校应在已有的就业指导教师队伍的基础上，不断加大对就业指导教师的培训，将就业和创业工作更加有机地结合在一起，在指导学生具备一定的就业能力的基础上，加强对学生创业精神和创业能力的培养。同时，应逐步建立起专兼职相结合的创业导师团队，在当前"大众创业、万众创新"的大背景下，邀请一些成功的创业者走进校园，同广大同学分享自己的创业心得，从实践者的角度指导大学生创新创业。同时，由于创业是一项全面的系统性工程，创业精神的培养不仅包括了创业能力的培养，更应注重心理学、管理学等综合知识的运用，因此，在不断加强技能技巧性培训的基础上，应同时注意对大学生心理学、管理学等领

4）加强对大学生创新能力的培养

创新是创业的基础，要注重对在校大学生创新意识和创新能力的培养，应在鼓励大学生参与各类科研体验项目的基础上，进一步加大对实践类课外活动的组合。同时，要让创新创业成为国家经济社会发展的新动力，就需要结合国家需求开展真正具有独创意识和首创精神的高水平创业，应进一步致力于努力搭建学科前沿类科研创新项目或竞赛，通过各类创新类科研竞赛的举办，鼓励大学生将专业学习与社会实践结合起来，将科学研究成果应用在实践领域，激发广大学生的创新思维和成果。只有进一步加大创新平台的搭建，才能不断激发大学生创新创造能力，进而孵化出具有自主知识产权或具有独创或首创精神的创业项目，也就是说，应通过各类创新平台的搭建，不断加强大学生创新能力的培养。

5）努力构建积极向上、宽松活跃的创新创业氛围

目前，国内部分高校正加紧推行弹性学分制，鼓励大学生在校期间参与各类独创性创业活动，在创业期间为学生保留学籍；同时很多学校通过校友基金、银行合作等方式为大学生搭建创新创业的资金保障平台。以高校为主体建立大学生创新创业管理委员会，通过立项审批，对有较强创新意识、科研能力及社会实践能力，品学兼优、学有余力的创业团队给予创新性实验计划经费。同时可以以学生为创业主体，鼓励创业指导教师以股权投资方式参股学生创业企业。通过师生联合创业的方式，弥补大学生实践经验、社会经验不足的短板。有助于高校科研成果的转化，提高师生创业的积极性。聘请事业有成的校友组成校友创业专家辅导团，定期为学生开设"校友创业辅导班"，通过剖析国家政策环境，介绍创业政策，分析创业各种利弊因素，分享创业经历等形式，打造项目、资金、人才对接的全新平台。

通过此类政策及管理平台的搭建，大学生创新创业的后顾之忧不断减少，创新创业的活力得以进一步被激发。在此基础上，高校应进一步开放创新创业平台，进一步通过政策、管理、场地、资金等多方面的配套支持，激发在校大学生创新创业的活力和潜力，从而构建积极向上、宽松活跃的创新创业氛围，为大学生创新创业提供软环境的保障。

5. "互联网＋"时代大学生创新创业教育新模式

在"互联网＋"时代，高校要积极探索和构建多种适应时代发展要求的大学生创新创业教

育新模式。

1）构建"立体式"的创新教育模式

从三个维度出发，构建立体式的创新教育模式。"三维"指的是年级、学生和高校三个维度。在开展创新创业教育的同时，要尽可能做到因材施教，针对不同层次、不同阶段的学生的专业特点、成长特点，切实有效地开展教育，提高教育效果。

（1）根据年级特点开设不同的课程。

同一年级的学生有相似的生活、思想和思维特点。大一是学生意识和行为习惯养成的关键时期，这个阶段适合开设"创业基础""职业生涯规划"课程，让学生转变就业观念，了解创新创业，在课外组织创意比赛、小发明、科技竞赛等活动，增强他们的创业热情和信心。大二的学生已经有了创业的热情，这个阶段需要给他们讲解"创业指导""公共关系"和管理类、营销类的知识，培养他们的创新思维和素质，课外让学生组建自己的团队，尝试性地开展创业，并将其引入到大三、大四的学生团队中去观摩学习。大三和大四的学生需要进行实战训练，适合开设"企业管理""创业实战""就业指导"等课程，增强他们的创业能力；并选派专业老师进行指导，组织撰写商业计划书，参加创业大赛，深入企业和创业基地实地体验企业的运作，培养他们的实战能力。

（2）根据学生特点进行个性化教育。

创新创业教育要根据学生的特点和需求进行有针对性的个性化教育。对于大部分学生来说，重点在于培养其创新思维和创业素质；对于有较大兴趣和潜力的学生来说，要因材施教，提出更高的要求和标准，加强实践能力培养。

（3）根据高校特点设置课程和内容。

我国高校有综合型、研究型和应用型大学之分，有"985""211"和普通高校之分，在学科上还有理工类和文管类之分，学校定位不同人才培养的规格和目标就不同，所以教育的方法和培养目标也不同。对于不同类型和层次的高校来说，要针对不同的学科优势，根据实际情况结合专业教育开展创新创业教育。高校教育可以充分利用电脑和手机客户端等便捷的信息平台，补充传统教育方式的不足，使教育更加生活化、多样化。就完善创新创业教育体系而言，可以为学生开设创新创业教育公众号，在公众号上可以随时丰富更新创新创业相关信息，使创新创业微信公众号成为创业知识普及及师生创业互动平台。

2）构建"三位一体"的创新创业模式

"三位一体"，即"理论奠基＋模拟实践＋重在实战"。这种教育模式以通识教育为基础，以理论课程教学为途径；通过模拟实训和实践等教学手段和方法，让学生尝试开公司、办企业等，不断提升学生的创业能力。构建这种模式的需做好以下工作：

第一，着力营造创新社会氛围。高校要实施创新创业教育，更应重视营造浓厚的创业文化氛围；

第二，深入开展相关理论研究和实操训练，建设企业家型的师资队伍；

第三，校企合作，强化实践；

第四，加强组织保障。

3）构建"基于泛在学习"的教育模式

移动互联网的普及改变了人们的学习方式，使全民教育、优质教育成为现实，个性化学习、终身学习成为必然。特别是手持数码产品和无线网络的普及，使"泛在学习"成为趋势，如"微课"就是一种泛在学习方式，并将成为一种新型的教学模式，深刻影响传统的教学模式，通过这种模式学生可以进行自主创新学习。因此，教师迫切需要改变观念、实现蜕变，掌握微课程开发的方法和技巧，并运用到创新教育过程中去。

（1）开发 MOOC 课和微课，目前高等教育大众化，创新指导是群体性的，没有关注个性差异，未能进行因材施教。在移动互联网时代，知识是泛在的，学生的学习也是随时随地的，因此很有必要开发群体教育之外的创新创业教育 MOOC 课和微课，学生可以在手机上随时选择自己感兴趣的内容或喜欢的老师上课；同时建立创业教育平台，将网络上丰富多彩的创业信息和创业资源进行分类整理，提供给有创业热情和创业想法的大学生，帮助他们早日实现创业梦想。

（2）"创客教育"是创客精神和教育相结合的产物，它迎合了学生的好奇心和想象力。它以课程为载体，在创客空间平台下，培养学生的想象力、创造力。它使学生边玩儿边学，使学生回归到最自然的学习状态。学习者可以充满好奇地去发现问题、解决问题，这样就培养了新技能和创造力。在国外，很多学校都开设了创客课程和创客空间。在国内，清华大学、同济大学等高校也组建了自己的创客社团；一些中小学也不甘落后，走在时代的前列，如浙江温州中学搭建的"温州中学 DF 创客空间"，并开设了相应的课程，如"机器人"等。

4）构建"网络创新创业"教育模式

目前，人们上网已成习惯，娱乐不再是上网的首选，更多人选择网络创业，其中不乏大学生。在实体创业中，大学生往往因为缺少创业资金而半途而废，而网络创业的低成本甚至是零成本受到了众多大学生的青睐。如何选择适合自己的项目和网络途径，并获得成功已成为亟待解决的问题。

（1）网络购物引发新职业。

①自己做店主。只要你年满18周岁就可以免费申请并拥有一个网络店铺。要想成功，稳定的货源和有效的推广手段是关键。此外，店主还必须具备网络知识和相应的技能，有良好的沟通和语言表达能力，会使用网店营销推广的工具和方法，还要懂一点财务知识等。

②应聘淘宝客服。如果自己没有资金和稳定货源，或者还不具备网上开店的能力，可以先应聘做网店客服，在积累了一定的经验后再创业也是不错选择。随着网络购物的兴起，早先的网店业务量剧增造成人员不足，如淘宝开辟了"淘工作"栏目，在这里你可以应聘淘宝客服。网店客服就是通过互联网为买家提供服务，主要包括与买家聊天、进行产品介绍、整理发货凭证等。时间上比较自由，按业务量提成，能不断熟悉工作流程，为开店打下基础。

③做兼职网络模特。网络购物是通过图片和店主的文字描述来了解商品的，再通过与客服的交流和谈判从而决定是否购买。就服装网店来说，为提高产品竞争力，可以聘请模特进行真人实拍。对于那些个人条件不错的大学生这是一个兼职的好去处，目前活跃在众多网店的网络模特以在校大学生居多。

④做网购砍价师。网购砍价师的职责就是"你购物，我砍价"，凭借自己的购物经验和"三寸不烂之舌"，专门帮网购客户与店主砍价，从而获取差价提成。要成为网购砍价师，需要具备一定的电子商务知识，以及丰富的网购经验或开店经历。

⑤做淘宝设计师。做淘宝设计师的门槛较高，需要具备 PS（Photo Shop）、DW（Dream Weaver）、DIV + CSS、Javascript 脚本、Flash 动画制作、淘宝 SDK 平台安装包、NOTEPAD + +、PHP 或 Html 等方面的知识和技能。

⑥做淘客。网上数以亿计的商品质量参差不齐，如何从中找出自己感兴趣且质量可靠的商品成为众多网购人的难题。淘客是随着互联网络的发展而出现的一个新兴群体，他们在互联网中寻找自己感兴趣的商品，在进行网络购物的同时将自己的购物经验或心得与其他消费者分享，同时也可以将自己购物的店家推荐给其他消费者从中赚取佣金，这类新兴人群被称之为"淘客"或"淘宝客"。

（2）成为威客一族。"威客"是通过互联网将自己的知识、智慧、经验和技能换成实际经济收益的人，从而实现各取所需的互联网新职业。著名的威客网站有"任务中国""猪八戒威客网"等。目前"威客"已经成为在校大学生兼职的首选，计算机专业的大学生可以兼职网站建设、软件编程类的工作；经管专业的大学生可以兼职营销策划类的工作，艺术设计专业的大学生可以兼职平面包装设计类的工作，通过威客兼职不仅能将课堂理论运用于实践，而且能通过实践赚取工资，极大地提高了学生的学习兴趣，并为就业增加了筹码。

（3）成为网络写手。网络文学的兴起，造就了一批草根作者，成就了一批像"红薯小说网"一样的网站平台。通过网络平台将自己的作品发表供他人阅读，出版和销量等问题不用考虑和担心，作者的收益由小说阅读点击率来决定，小说风格自由，文体不限，主要以玄幻言情居多。对于喜欢写作的大学生来说不失为好的兼职方法，在课余时间写写网络小说，既锻炼了文笔又为自己增加了收入。

（4）开发电子商务网。21世纪要么电子商务要么无商可务。众多中小型企业纷纷开设自己的网站平台，宣传推广自己的产品和服务，这就给大学生创业提供了机会。计算机相关专业和艺术设计类专业的大学生可以联手，一起合作开发，一方开发后台，一方美化设计前台，利用课余时间开发并从事网站管理或维护工作。

（5）做网络推手。网络推手即网络策划师，就是通过互联网这种媒介对事件、企业、品牌以及人物进行推广，使之产生一定的影响力和知名度。网络洗底人作为互联网衍生的新兴职业，主要是帮助客户删除个人不愿意在网络上被别人看到的信息或者利用假信息掩盖真信息。这二者都要求从业者经常活跃在论坛、博客、QQ群等，对于那些热衷于"泡网络"的学生来说是一个很好的兼职。

6.3 汽车服务工程专业的创新与创业

1. 创新创业对汽车服务工程专业人才培养的重要性

汽车服务工程发展历史较短，专业教学体系和实践教学体系还不够完善。学科覆盖复杂，而课程设计不能涵盖所有内容，导致系统专业知识不能在课堂教育中获得，特别是创新能力不能直接获得。实践活动虽然在一定程度上能够加大学生的实践能力，但创业实践机会却得不到满足。可以说汽车服务工程专业的学生无法从专业实践环节得到创业能力的培养。对汽车服务工程专业大学生创新创业能力的培养，能有效填补专业教学体系和实践教学体系的漏洞，在现有教育基础上进一步促进学生综合能力构建。

2. 培养路径

（1）基础素质培养要跟得上。基础素质教育以通识教育课程为主，但应结合学科基础要求，并考虑专业技术特点。基础素质包含思想道德素质、心理素质及文化素质。其中文化素质包含了职业道德素质和专业技术基础。优秀的基础素质对学生的学习及今后的工作都会起到至关重要的作用。汽车是一个复杂的机电结合体，它与当前发展迅猛的科技紧密结合，学生只有拥有扎实的基本功和良好的心理素质和职业道德，方能在复杂多变的社会环境中，承受挫折并学会自我调节，克服困难。因此，注重基础素质的培养，比如在入学教育中除对基本的校园机构和管理体制进行讲解外，还加入了实验室、实训基地及合作企业参观和认识实习，让学生们对专业有初步认识；专门聘用了心理指导老师，以及时有效地解决学生心理和思想上的各种问题；毕业教育中结合汽车服务业的特点，对学生进行必要的就业指导；通识课程教学中加入了对职业素质的教育，并结合企业实际工作情况，加深学生的理解；此外，定期请汽车服务行业的从业人员来校举办讲座，并与学生进行交流互动，加深学生们对工作的体会。

（2）加强实践环节建设，架起理论与实践的桥梁。汽车服务工程专业课教学中，不仅需要有扎实的理论教学，还应有相应的实验、实习、实训等实践教学环节。汽车服务工程专业依托行业，实行各种形式的联合办学，探索产学合作等人才培养模式，与汽车企业和众多的汽车4S店等签约建立校外实训基地，提供本校汽车服务工程专业学生实习实训岗位；定期组织学生到汽车零件制造厂参观学习，生产一线学技术，在企业内部学管理，加强学生创业过程中对管理工作的把握。企业的资深专家作为专业的客座教授，为学生开设汽车技术或商务知识讲座；同时，让创业项目入驻孵化基地和高新区产业基地，在创业过程中，逐步提高项目创业者的能力，培养创业型汽车人才。还可以组织汽车维修与保养小组到社区进行义务服务，这种"面对面，一对一"的实践模式，打破了常规实践的枷锁，是对学生创新创业教育的一次有效尝试。只有这样才能保证知识的推陈出新，使学生将书本知识与该领域最新的技术和动向充分结合。

（3）注重考核体系的合理性。考核体系的改革的原则是考试应有利于改进教学，有利于学生创新意识和能力的培养，有利于学生个性别的发展，有利于提高学生的综合能力和素质。长期以来，由于受传统教育模式和体制的影响，我国高校在考试目的、内容、方式和评价等方面存在很多问题，导致学生只注重考试结果而不注重学习过程。汽车服务工程专业的核心课程汽车运用工程、汽车营销、汽车检测与诊断技术等对其考核形式和内容上都做了较大的改革。通过闭卷考试、半开卷考试、实验实习报告、单元考试、案例分析、研究报告等形式培养学生的创造性思维和创新性能力。考试内容减少标准化的、记忆为主的知识内容，加强学生理解、应用、分析、综合和评价能力的测定，使考试从知识测试转向素质测试，全面反映学生综合能力和真实水平。真正做到从不同环节、不同阶段、不同方面，系统地、综合地、过程性地引导、评价、诊断、督导学生的学习，全面评估和考核学生的学习过程。

（4）组织载体建设，营造创新氛围。结合学科特点，构建科学竞赛模式。结合汽车服务工程专业的特点，高校可以"汽车文化节"为背景，通过举办汽车知识竞赛，汽车合诊断比赛，汽车营销比赛，汽车广告策划比赛等，为大学生构建创意实践平台，达到培养学生的实践能力，拓展创新思维，提高创新能力目的。

在学生中成立汽车爱好者协会，方程式赛车与无碳小车竞赛小组，汽车营销与广告团队等。把汽车不同方向爱好和兴趣的学生通过团队模式组建起来，丰富第二课堂。在创新创业团队中开展讨论沙龙，交流创业观点和想法，解决创业项目问题。

（5）结合创新创业计划，走多样化创新创业项目道路。以"大创计划"为施展平台，开展创新创业能力培养工作。①鼓励组建跨专业跨学科跨年级队伍：结合专业知识范围不同的特点，组建多学科队伍，改善创业队伍单一知识储备和覆盖范围小的情况。通过各级学生的排列组合方式，调动学生参与热情，发挥各阶段学生的特点。②创业项目多形式多样化：兴趣是前提，注重学生自身兴趣所向，针对个体的不同特点，鼓励并支持学生在其所感兴趣的行业领域进行创业项目实践，汽车服务工程专业已经申报成功的项目囊括食品销售，汽车美容，旅游服务，居家设计等领域。

3. 汽车服务工程专业的创新创业方向

高速发展的汽车产业，培养相关的技术人才和管理人才，最终实现推动相关汽车行业的发展。相对于其他学科而言，汽车类本科生需要对多学科的理论知识进行学习，并予以综合运用，涉及的学科有材料、电气、机械等，学习周期长、实践性强。汽车后服务市场需要大量的从业人员，未来相当长的时间内，涉及汽车后市场的新车销售、附件销售、汽车运输、物流经营、企业业务管理、零部件供应、金融服务、二手车销售、交通驾驶教育的市场空间膨胀急需大量相关懂得汽车专业知识的专门人才。理论成绩好、动手能力强的学生，也可以直接去各类汽车维修、保养培训机构，也可以去各类汽车保险公司从事汽车保险与理赔等工作。在以上的就业方向卜和学习实践中都可以找到创新创业的突破口。

高校的各类实验中心、实验室，在满足正常科研、教学的基础上，也要尽量为有创新创业项目的学生提供试验场地和仪器设备。同时建立比较宽松的财务制度，为大学生创新创业活动提供灵活宽松的财务支持。外联机构应积极运作，为高校创新创业项目和企业牵线搭桥，联合各汽车制造厂、修理厂、4S店、汽车保险公司，建立校企合作基地，为学生创建一个与企业一线技术人员交流的平台，激发学生的创新灵感，分享创业经验。

6.4 汽车服务工程专业就业与发展前景

我国的汽车产业迅猛发展，但无论是技术还是销售都与国际不在同一起跑线上，汽车行业能否与国际接轨这就要求大量的相关专业人才来开发技术，开辟市场。从这个角度看，汽车服务技术与营销专业就业前景一片光明。汽车保有量的持续增长，随之而来的是汽车后市场的新车销售、汽车维修、零部件供应、金融服务、保险服务、附件销售、二手车销售、交通驾驶教育的市场空间的膨胀越来越大。从造车到买车再到售后服务，"人性化的服务"是当今时下最前沿的汽车服务理念，也是未来行业发展的趋势。很多汽车品牌企业都意识到这一重大趋势，纷纷都把汽车服务当成售后服务的重中之重的工作来做。自然，顺应汽车发展的需要，培养从事汽车技术服务及市场营销的应用型人才的汽车服务工程专业的火爆也应在情理之中。

2003年，教育部开始鼓励高校开设这个专业。当年第一个汽车服务工程专业亮相于武汉理工大学，近年来又陆续有其他一些高校开办。汽车服务工程专业毕业生要求能够适应汽车生产厂商销售和售后服务部门、汽车(含二手车)流通企业、汽车特约维修服务企业、保险公司汽车保险定损和保险公估部门、汽车运输与物流企业等企业或部门的技术与管理工作。这个专业致力于打造的高级人才，不但具有扎实的汽车产品及技术基础以及必要的国际贸易、工商管理理论知识，还具有一定的现代信息技术和网络技术知识，具备"懂技术，善经营，会服务"的能力素质,能够在汽车产品设计服务、汽车生产服务、汽车销售服务、汽车技术服务、汽车运输服务等多个领域施展才华,游刃有余(图6-1)。

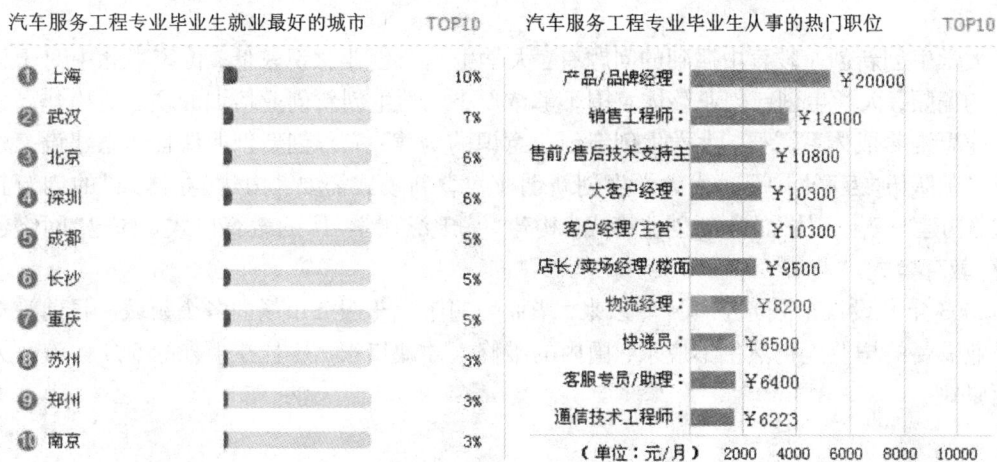

汽车服务工程专业毕业生就业最好的城市　TOP10　　汽车服务工程专业毕业生从事的热门职位　TOP10

汽车服务工程专业毕业生就业最好的城市		汽车服务工程专业毕业生从事的热门职位	
① 上海	10%	产品/品牌经理	¥20000
② 武汉	7%	销售工程师	¥14000
③ 北京	6%	售前/售后技术支持主	¥10800
④ 深圳	6%	大客户经理	¥10300
⑤ 成都	5%	客户经理/主管	¥10300
⑥ 长沙	5%	店长/卖场经理/楼面	¥9500
⑦ 重庆	5%	物流经理	¥8200
⑧ 苏州	3%	快递员	¥6500
⑨ 郑州	3%	客服专员/助理	¥6400
⑩ 南京	3%	通信技术工程师	¥6223

(单位:元/月)　2000　4000　6000　8000　10000

图6-1　汽车服务工程专业就业前景分析

汽车后服务市场需要大量的从业人员,未来相当长的时间内,涉及汽车后市场的汽车企业业务管理、汽车技术服务与贸易、汽车保险与理赔等内容的企业市场行为越来越多,也急需大量相关懂得汽车专业知识的专门人才。汽车技术服务与营销人员需求量将持续上升,人才需求将达到较大规模。但是,目前的人员素质远远满足不了行业发展需要,由于经过系统学习的专业人员供不应求,导致大量未经任何培训的人员进入汽车服务行业。我国从事汽车服务行业人员中,初中及以下文化程度的占38.5%,高中文化程度的占51.5%,大专及以上文化程度的则仅占10%(其中专科层次的占了大多数,而本科层次的更少),结构比例为4:5:1。在发达国家,这一比例一般为2:4:4。从业人员中的技能等级状况同样令人担忧,技师和高级技师仅占技工总数的8%。由于从业人员总体素质较差,导致劳动生产效率低、管理水平不高、服务质量不到位。最近几年由于汽车类的中职和高职专业毕业生进入市场,这一状况有所改观,但是高素质的专业人才尤其是掌握多种专业知识和技能的复合型人才仍然非常紧缺。汽车服务企业需要的毕业生仍然供不应求。

中国汽车人才研究会提供的数字显示,目前国内的维修人才缺口达80万,在未来的5年内汽车人才全面紧缺,包括汽车研发人才、汽车营销人才、维修人才、管理人才等。与此同时,全国设置汽车服务专业的高校还不多,规模也不大,再加上中国汽车产业的不断发展,这类人才非常重要,缺口非常巨大,所以收入相对较高。目前,国内大部分从事汽车服务工作的月薪在2000~5000元不等,一些优秀人才年薪甚至超过10万。

本章小结

大学生创新创业教育中遇到的问题有：大学生创新创业意识较低，传统观念中对于创新创业的偏颇，大学生创新创业整体氛围不够浓厚，大学生创新创业培训的缺乏。构建高校创新创业思维养成体系需要：大学生创新创业意识的培养，完善创新创业课程体系建设。建立创业导师队伍"互联网＋"时代大学生创新创业教育新模式需要：构建"立体式"的创新教育模式，构建"三位一体"的创新创业模式，构建"基于泛在学习"的教育模式，构建"网络创新创业"教育模式。

2003 年开设汽车服务工程专业以来，毕业生遍布汽车服务市场的各个领域。目前汽车服务企业需要的毕业生仍然供不应求，国内的维修人才缺口很大，且在未来的 5 年内汽车人才全面紧缺。

思考题

1.创新人才的培养需要具备什么素质？这些素质在大学中如何得到锻炼？
2.大学生的个人潜力如何激发？
3.思考汽车服务工程专业毕业生在"互联网＋"时代背景下的创新创业模式。
4.汽车服务工程专业学生在校如何提升就业竞争力？

参考文献

[1] 鲁植雄.汽车服务工程(第二版)[M].北京:北京大学出版社,2014.

[2] 田晟.汽车服务工程[M].广州:华南理工大学出版社,2014.

[3] 谭德荣,董恩国.汽车服务工程[M].北京:北京理工大学出版社,2007.

[4] 牛学军.道路交通事故现场勘查[M].北京:中国人民公安大学出版社,2007.

[5] 刘仲国,何效平.汽车服务工程[M].北京:人民交通出版社,2004.

[6] 张国方.汽车服务工程(专业)概论[M].武汉:武汉理工大学出版社,2008.

[7] 谢金法.汽车营销[M].北京:人民交通出版社,2014.

[8] 杜秀菊,贾长治.二手车鉴定与评估实用教程[M].北京:机械工业出版社,2013.

[9] 李纪珍,贾永轩.汽车零部件整合[M].北京:机械工业出版社,2006.

[10] 李向文.汽车物流信息化[M].北京:北京理工大学出版社,2013.

[11] 姚美红,栾琪文.汽车售后服务与管理[M].北京:机械工业出版社,2015.

[12] 左付山.汽车维修工程[M].南京:东南大学出版社,2007.

[13] 孙斌.汽车美容与装潢[M].杭州:浙江大学出版社,2009.

[14] 储江伟.汽车再生工程[M].北京:人民交通出版社,2007.

[15] 强添纲,孙凤英.汽车金融[M].北京:人民交通出版社,2012.

图书在版编目（CIP）数据

汽车服务工程概论／刘纯志，龚建春，李晓雪主编.
--长沙：中南大学出版社，2016.11
ISBN 978 - 7 - 5487 - 2460 - 5

Ⅰ. 汽…Ⅱ.①刘…②龚…③李…Ⅲ.汽车工业－销售管理－
商业服务　Ⅳ. F407. 471. 5

中国版本图书馆 CIP 数据核字(2016)第 238926 号

汽车服务工程概论

主　编　刘纯志　龚建春　李晓雪

□责任编辑	刘　辉
□责任印制	易红卫
□出版发行	中南大学出版社
	社址：长沙市麓山南路　　　　邮编：410083
	发行科电话：0731 - 88876770　　传真：0731 - 88710482
□印　　装	长沙市宏发印刷有限公司

□开　本	787×1092　1/16	□印张 15	□字数 378 千字
□版　次	2016 年 11 月第 1 版	□印次　2019 年 2 月第 2 次印刷	
□书　号	ISBN 978 - 7 - 5487 - 2460 - 5		
□定　价	40. 00 元		

图书出现印装问题，请与经销商调换

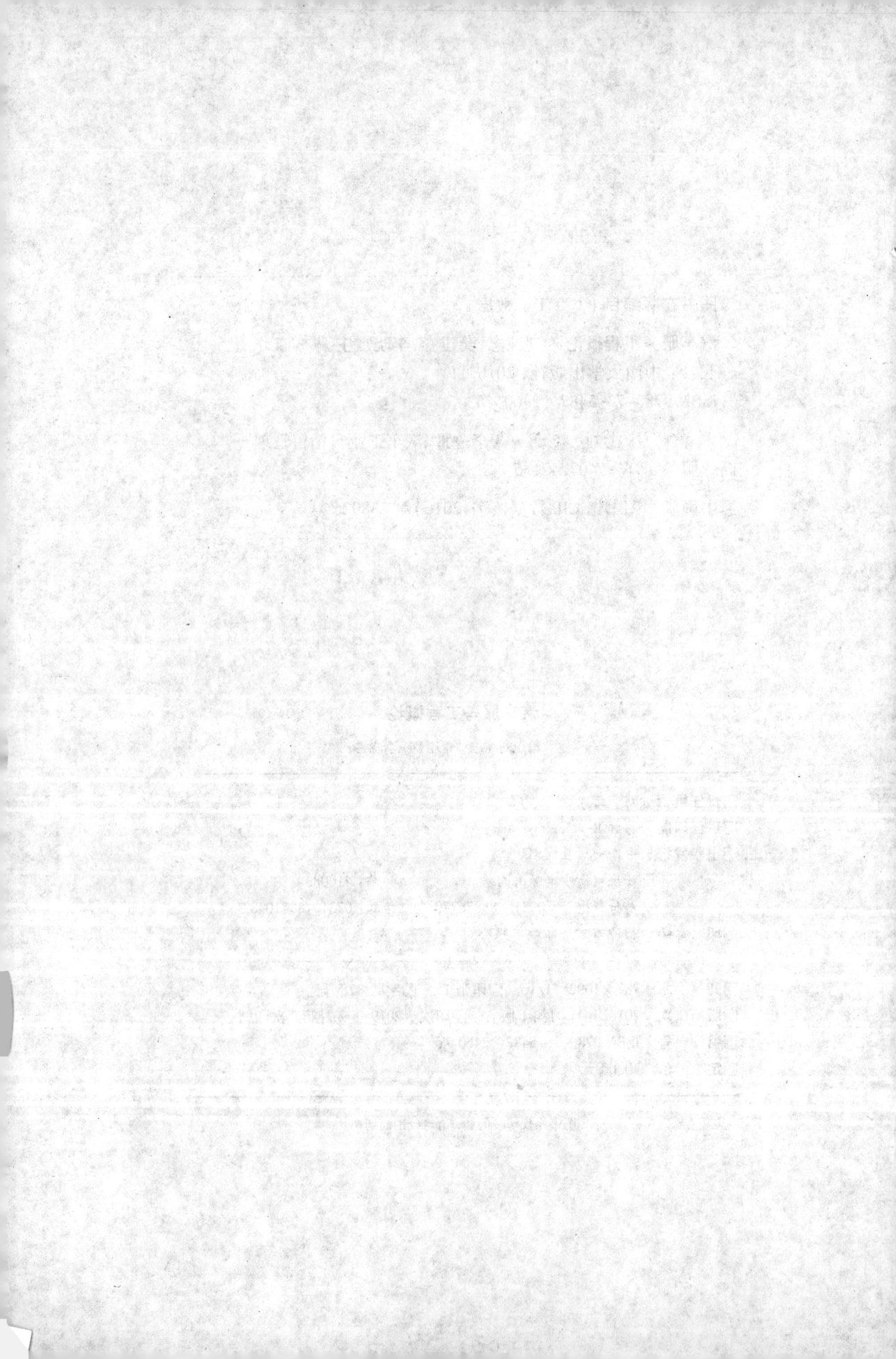